좋은 집 구하는 기술

누구나 갖고 싶은 집은 어디든 있다

좋은집 구하는 기술

직방 부동산
전문가 패널
김인만, 아임해피,
월천대사, 새벽하늘
지음

Winners Social Library World
WINNER'S BOOK

 # 추천사

빠송_김학렬 – 더리서치그룹 부동산조사연구소 소장

직방은 사람들이 원하는 집을 쉽고 빠르게 구할 수 있도록 돕는 대한민국 최고의 플랫폼입니다. 이 목적을 위한 좋은 칼럼도 매일 제공해주고 있습니다. 이 주옥같은 칼럼이 모여 책으로 탄생했습니다. 《좋은 집 구하는 기술》은 행복한 보금자리를 구하는 사람들의 합리적인 의사결정에 도움이 되는 알짜 정보로 가득한 책입니다. 꼭 읽어 보세요!

시네케라_민경남 – KN Properties 대표, 《지금부터 부동산 투자해도 부자가 될 수 있다》 저자

《좋은 집 구하는 기술》은 두고두고 찾아봐야 하는 좋은 통계자료와 그래프를 담았다. 그뿐만 아니라 계량화하기는 어렵지만 투자에 대한 의사결정을 하는 데 중요한 정책, 법, 호재 등을 잘 설명한다. 소장하여 필요한 부분은 달달 외워야 할 가치가 있는 책이다.

함영진 - 직방 빅데이터랩장

부동산만큼 다양한 기초 지식이 필요한 자산상품이 있을까? 이 책은 내 집 마련 시 필수적으로 알아둬야 할 상식부터 실전 응용 전략까지 친절하게 안내하는 탄탄한 초보자 입문서다.

제네시스박 - 주식회사 엠제이원 대표

'내 편이 한 명이라도 있었으면 좋겠다!' 돌이켜보면 설레었던 마음보단, 떨리고 살짝 무섭기까지 했었던 '첫 내 집 마련'의 기억. 어떤 집을 고를지, 대출은 과연 안전한지, 계약 과정에서 챙겨야 할 것은 무엇인지… 이제 이 한 권에 담긴 직방 전문가 칼럼니스트의 생생한 조언으로, 내 집 마련의 든든한 지원군을 마련하길 바랍니다.

김인만 - 김인만부동산연구소 소장

대한민국 No. 1 부동산 정보 플랫폼 직방과 최고 부동산 전문가들이 함께 만든 《좋은 집 구하는 기술》! 부동산시장의 정확한 예측과 다양한 내 집 마련 노하우 그리고 재미있고 유익한 부동산 스토리까지 담은 이 책을 읽는 당신은 이미 절반의 성공을 했다. 집 때문에 고민하는 사람이라면 꼭 읽어보기 바란다.

아임해피_정지영 - 유튜브 아임해피 부동산 TV

아임해피의 뉴스 속 아파트 돋보기를 통해 부동산 뉴스를 바라보는 방법을 이 책에 담았습니다. 부동산 공부를 시작했다면 제일 먼저 부동산 기사를 매일 봐야 합니다. 부동산 뉴스의 사실과 의견을 구별하고 제목보다는 내용에 집중하며 전문가의 여러 의견을 보고 자신의 생각을 정리한다면, 어느새 당신도 부동산 전문가가 되어 있을 것입니다.

월천대사_이주현 – 네이버 월천재테크 운영자

직방 칼럼을 처음 제안받았을 때가 엊그제 같은데 벌써 일 년이 지났습니다. 부동산에 막연한 두려움을 가진 입문자에게 추천합니다. 내가 하면 투자, 남이 하면 투기! 대한민국에서 부동산은 오래도록 뜨거운 감자인 자산 증식 상품이며, 부자들이 선호하는 자산 보유 방식 중 하나입니다. 100세 시대 노후 대비를 위해 부동산과 친해지면 지금 힘들어도 노후에 안전한 우산이 되어줄 것입니다. 직방 칼럼과 함께 조금 더 부동산에 다가와 보세요. 우리 전문가들이 손잡아 드릴게요.

새벽하늘_김태훈 – 주식회사 스카이던 대표, 《나는 부동산경매로 슈퍼직장인이 되었다》 저자

지난 몇 년간 서울 부동산시장이 활황을 누리면서 수많은 부동산 전문가가 두각을 드러냈고 양질의 칼럼도 많이 쏟아져 나왔습니다. 하지만 내 집 마련에, 그리고 한 발 더 나아가 부동산투자에 한 방향으로 치우친 시각은 매우 위험할 수 있습니다. 여러 전문가의 다양한 시각을 참조하여 자신에게 가장 적합하고 합리적이라고 판단되는 방향을 스스로 정해야만 후회 없는 선택을 할 수 있습니다. 그렇기에 이번 책은 단연코 여러분이 현명한 선택을 하는 데 최선이 될 것입니다.

 서문

처음 집을 구하는 사람에게 부동산의 문턱은 높습니다. 내 집 마련은 설레는 일이지만, 또 한편으로는 바다 한가운데 던져진 것처럼 막막한 일입니다. 예전보다 비교적 쉽게 부동산과 관련한 정보에 접근할 수 있고 많은 정보가 제공되지만, 너무 많은 정보가 여기저기 흩어져 있기에, 그것을 효과적으로 활용하여 나에게 맞는 집을 구하는 것은 여전히 쉬운 일이 아닙니다.

"어떻게 하면 많은 사람이 직방을 활용하여 더욱 쉽게 좋은 집을 구할 수 있을까?"

직방은 오랜 시간 이 질문에 대한 해답을 찾기 위해 노력해왔습니다. 이를 위해 어떤 콘텐츠를 어떤 방법으로 제공해야 집을 구하는 사람들에게 진정으로 도움이 되는지 고민하는 과정에서 국내 최고의 부동산 전문가들과 만나 이야기를 나누었습니다. 특히《좋은 집 구하는 기술》의 공동 저자인 김인만, 아임해피(정지영), 월천대사(이주현), 새벽하늘(김태훈)을 비롯한 국내 최고의 부동산 전문가들이 직방과 뜻을 같이 해주었으며, 그들의 소중한 의견을 받아 직방 서비스를 개선했습니다. 그리고 '직방 전문가 칼럼'을 발행하여 처음 집을 구하는 사람에게 필요한 정보를 제공함과 동시에, 직방의 다양한 빅데이터를 활용하는 방법을 제공하고자 했습니다.

이러한 노력을 거쳐 2017년 9월부터 2019년 2월 현재까지 발행한 약 칼럼 300개는 다음, 네이버 등 포털사이트에서 누적 2,000만 조회를 기록하며 많은 이용자에게 좋은 집을 구하는 훌륭한 가이드가 되었습니다. 이러한 성원에 힘입어, 지금까지 발행한 칼럼 중 내 집 마련을 꿈꾸는 사람들에게 꼭 필요한 내용만을 엮어 《좋은 집 구하는 기술》을 출간하게 되었습니다.

이 책은 부동산에 관한 기초 상식부터 최신 트렌드, 부동산을 논할 때 빼놓을 수 없는 학군과 법률, 재테크까지 부동산에 입문하는 사람이라면 알아야 할 기본적인 내용을 빠짐없이 담은 기본서입니다. 단편적인 정보를 전달하는 것을 넘어 다양한 사례와 데이터를 통해 부동산시장에 대한 이해를 넓힐 수 있도록 구성한 책입니다. 이 책과 직방이 부동산을 항해하는 독자 여러분에게 도움을 줄 수 있는 방향타가 되었으면 합니다.

부동산과 4차 산업혁명의 기술이 접목된 프롭테크(Proptech)는 프로퍼티(Property)와 테크(Tech)가 융합된 신산업으로, 앞으로 부동산 산업이 나아가야 할 방향입니다. 직방은 빅데이터와 기술을 활용한 고도화된 부동산 정보를 제공함으로써 부동산시장이 더 합리적이고 효과적으로 발전하는 데 기여하는 프롭테크 선도기업을 지향하고 있습니다. 또한,

최근에는 전통적인 부동산 산업에서 활동하는 굴지의 부동산 기업들과 프롭테크 영역에서 새롭게 도약하는 스타트업 50여 개가 모여 프롭테크 생태계 발전에 뜻을 함께하는 한국프롭테크포럼이 출범되기도 했습니다. 부동산시장은 어느 때보다도 빠르게 변하고 있습니다. 전문가들의 인사이트, 그리고 직방이 선도하는 프롭테크 기술을 통해 부동산시장의 트렌드를 빠르게 읽고, 더욱 합리적인 의사결정을 할 수 있기를 바랍니다.

안성우

직방 대표, 한국프롭테크포럼 의장

목차 ─────────────────────

01 ─────────────────────
김인만의 트루 내 집 마련 스토리

처음 내 집 마련하는 사람들을 위한 기초

김인만의 트루
내 집 마련 스토리

들어가기
전에

1장 김인만의 트루 내 집 마련 스토리는 내 집 마련을 처음 하는 사람을 위한 부동산, 특히 아파트 기초상식에 대한 내용이다.

첫 내 집 마련은 20여 년 전 부동산의 부자도 모르던 시절 그냥 얼떨결에 구입하게 되었다. 당시 다니던 회사에서 기숙사로 사용하던 아파트를 직원한테 시세보다 낮은 가격에 판매했는데 조망권이 없는 남향과 산 조망이 가능한 동향을 선택할 수 있었다.

필자는 산 조망이라는 말을 듣고 아침에 눈 뜨면 산이 보이면 얼마나 좋을까 하는 낭만적인 생각에 동향아파트를 선택하였는데 현실은 결코 낭만적이지 않았다. 산 때문에 일조권이 가려 어두워서 하루 종일 전등을 켜고 있어야 했고 그래서인지 첫 애는 감기를 달고 살았다. 몇 년 후 아파트를 팔 때도 남향보다 낮은 가격에 팔렸다.

아파트에 대한 기초상식이 얼마나 없었으면 같은 가격임에도 남향을 두고 동향을 선택했겠는가. 지역을 옮기면서 새로운 아파트를 구입했는데 이번에는 서향아파트를 구입했다. 첫 아파트가 동향으로 일조권에 너무 한이 맺혀서 이번에는 햇볕이 잘 드는 집을 구하리라 마음먹었고 마침 보러 간 집이 오후에도 햇볕이 너무 잘 들었다. 학군, 학교, 주변 환경 등을 고려하지 않고 오직 일조권과 출퇴근이 편한 교통만 보고 한 결정이었다. 지금 생각해보면 헛웃음이 난다. 아파트 향(向)도 몰랐고 학군 등 주변 환경도 고려하지 않았고 입지나 개발 호재의 중요성도 몰랐다. 아파트 세대 수, 향, 동, 층, 브랜드, 학군, 상권 등 아파트의 현재가치와 땅의 가치인 내재가치 등 아파트의 가치에 대해 제대로 알고 투자해야 오를 때 더 빨리 더 많이 오르고 내릴 때 잘 버틴다.

그리고 부동산시장 분위기와 흐름에 따라 아파트 가격은 오르기도 하고 내리기도 한다. 이런 부동산시장 흐름에 따른 가치인 시장가치를 잘 알아야 제대로 된 타이밍을 잡을 수 있다. 아파트 투자는 타이밍이다. 시장가치를 제대로 알려면 부동산 대책이 주는 시그널과 인구와 입주 물량 변화 등 주요 변수들에 대한 지식이 있어야 한다. 여기에 대규모 새 아파트를 분양하는 택지개발사업과 보유에서 거주로 변하는 패러다임에 발맞춰 공공임대아파트, 넘치는 규제 틈새에서 장기 보유자가 살아남기 위한 방법인 임대 사업자 등록까지 다양하면서 도움이 되는 내용을 담도록 노력했다.

마지막으로 현재 혼돈의 부동산시장 흐름 속에서 살아남기 위해 반드시 알아야 할 내용인 부동산 폭락과 오르는 아파트를 위한 미래가치, 서울 집값 전망을 김인만의 인사이트에서 소개하고 있다. 인플레이션에 따른 화폐가치 하락과 지가(地價) 상승 때문에 도심지역 아파트 가격은 장기적으로는 오르면서 우상향한다. 중간의 등락에 너무 일희일비해서 내 집 마련의 꿈을 버리고 전세로 거주한다면 결국에는 패배자가 될 수밖에 없다.

지금 당장 집이 없는 것은 괜찮다. 내 집 마련 기회는 언제든지 있으니까. 부디 이 책을 통해서 무주택자는 내 집 마련을 유주택자는 더 나은 집을 구할 수 있는 기회를 잡기 바란다.

아파트의 가치는 어떻게 매겨질까?

01

우리나라에서 주택, 특히 아파트라고 하면 부동산 투자라는 말이 연상될 정도로 아파트 구매는 주택 본연의 주거 목적보다는 투자 수단에 가깝다. 오직 투자 목적으로 거주하지 않고 전세를 끼고 집을 매입할 수도 있고 실제로 거주하면서 투자 수익을 기대할 수도 있다. 하지만 확실한 것은 어떤 경우든 집값이 오르는 것을 싫어하는 집주인은 없다는 것이다. 상담하다 보면 "저는 실수요자인데요. 이 아파트 어떨까요?"라고 물어보는 사람이 많다. 하지만 주택을 구입할 때 실수요자냐, 투자자냐는 본인이 직접 거주를 하느냐, 하지 않느냐가 다를 뿐이지 그에 따르는 투자 가치를 논하는 기준이 될 수는 없다. 아파트 가격은 누구에게나 중요하다.

수많은 아파트 중에서 가격이 높은 아파트와 낮은 아파트의 차이는 왜 생기는 것일까? 어떤 아파트의 가치가 더 높이 올라갈 수 있을까? 지금부터 아파트의 네 가지 핵심가치에 대해 알아보도록 하자.

아파트의 네 가지 '핵심가치'는?

아파트의 가치는 '시장가치', '현재가치', '미래가치', '내재가치' 이 네 가지로 판단할 수 있다.

시장가치는 부동산 정책, 금리, 입주 물량 등 부동산시장의 변화로 투자심리가 영향을 받으면서 형성되는 분위기와 흐름에 따른 아파트의 가치를 의미한다. 아파트 가격은 항상 상승하는 것이 아니라 오를 때도 있고, 내릴 때도 있기 때문에 시장가치를 알아야 주택을 매입하

는 타이밍을 제대로 잡을 수 있다. 시장가치에 따라서 흔히 상투를 잡는다고 표현하는 가장 높은 시세에 아파트를 매입해 고생하는 경우가 될지, 투자 이익을 얻는 경우가 될지가 결정된다.

현재가치는 아파트의 현재 가격을 형성하는 요소로 교통, 학군, 편의시설 등 주변 환경과 입주 연도, 세대 수, 브랜드, 동, 층, 라인, 타입 등 내부 환경으로 구분할 수 있다. 아파트의 현재 가격이 높다는 것은 주변과 내부 환경이 그만큼 좋다는 의미다. 돈이 많다면 당연히 가격이 높은 아파트를 선택하는 것이 좋다. 하지만 현실적으로는 제한적인 자금 계획 안에서 현재가치의 요소 중 필요한 가치의 우선순위를 정한 후, 선택과 집중을 하는 것이 현명한 현재가치 투자일 것이다.

미래가치는 아파트의 현재가치에서 향후 개선될 수 있는 가치를 말하는 것으로, 흔히 말하는 개발 호재가 미래가치라고 할 수 있다. 개발 호재는 교통 개발 호재와 지역 개발 호재로 구분하는데, 교통 개발 호재는 교통 여건이 개선되는 것으로 지하철역 개통과 도로 개통 등이 해당한다. 가장 효과가 큰 개발 호재인 지하철 개통은 골드라인이나, 더블 역세권이 되느냐에 따라 그 파급력이 달라진다. 떠오르는 골드라인인 9호선 연장 구간이나 GTX라인 아파트들이 유망한 이유도 바로 미래가치 때문이다.

도로 개통은 현재의 불편함이 얼마나 개선이 되느냐가 중요하다. 예를 들어 정보사령부 부지를 관통하는 장재터널은 강남에서 다소 소외되었던 방배와 사당 지역에 호재가 되는 것이다. 지역 개발 호재는 신도시 개발이나 제2롯데월드 등 굵직한 프로젝트를 말하는 것으로, 개발로 해당 지역의 상권이 발전하고 인구가 유입되어 인근 아파트 가치 상승의 원동력이 되는 것이다. 지하철 개통은 대표적인 개발 호재라고 할 수 있다.

내재가치는 아파트를 비롯한 주택이 품은 본연의 가치인 땅의 가치를 말한다. 부동산은 토지와 건물로 구성되는데, 우리는 눈에 보이는 콘크리트 건물만 보면서 해당 주택의 가치를 판단하는 경우가 많다. 하지만 30~40년의 감가상각 기간이 지나면 가치가 없어지는 건물보다는 변하지 않고 꾸준히 상승하는 토지 가치가 더 중요하다. 아파트 등 주택이 보유한 토지를 대지지분이라고 하는데, 이 대지지분이 큰 아파트일수록 시간이 지나 가치가 더 높아지는 좋은 아파트가 될 가능성이 높다. 다시 말해, 비슷한 가격이라면 용적률이 낮고, 대지지분이 높은 아파트가 내재가치가 높은 아파트다. 한때 부의 상징이었던 타워팰리스보다 반포, 압구정 아파트의 가격 상승이 높은 이유가 바로 내재가치 때문이다.

이렇듯, 아파트의 가치는 네 가지로 구분할 수 있다. 아파트 구매라는 일생일대의 결정을 앞두고 있다면, 이 가치들을 꼼꼼하게 따져봐야 후회 없이 결정할 수 있다.

부동산 대책 속
숨겨진 '시그널'

02

이번에는 부동산시장의 흐름을 알고, 한발 앞서 아파트 매매 타이밍을 잡을 수 있도록 부동산 대책 속에 숨겨진 '시그널'을 읽는 방법을 알아 보도록 하겠다.

부동산 대책, 시장 흐름을 알려주는 '바로미터'

미래를 정확히 예측할 수 있는 사람은 없다. 부동산 전문가도 예외는 아니다. 아무리 경험이 많고 이론적 지식을 갖추었다고 해도, 틀린 예측을 할 때가 많다. 부동산은 국내외 경제 상황과 정책 등 워낙 변수가 다양하고 심리적인 영향이 크기 때문에, 과학적인 근거에 따른 예측도

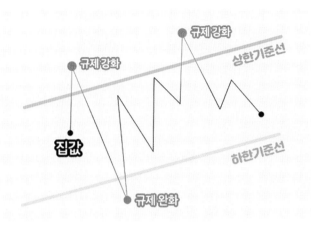

부동산 대책과 집값의 흐름

맞지 않는 경우가 많이 있다.

아파트를 구매할 때, 섣불리 시장 흐름을 예측하기보다는 부동산 대책을 보며 대응하는 것이 실패 확률을 줄이는 방법이다. 부동산 대책은 부동산시장의 흐름에 따라 발표된다. 위 그림에서 보듯이 부동산 규제 대책이 발표되었다는 것은 부동산시장의 흐름이 상한 기준선을 넘어 오버슈팅(Overshooting) 되면서 과열되었다는 신호다.

반대로, 부동산 규제를 완화하는 대책이 발표되었다면? 부동산시장의 흐름이 하한 기준선 아래로 내려와 언더슈팅(Undershooting) 되면서 냉각되었다는 의미다.

부동산 대책, 더욱 꼼꼼하게 확인하는 방법

부동산 대책은 정부의 각 부처 담당자들이 머리를 맞대고 고심해서 만

든 규제 정책이다. 또한, 현재 부동산시장이 과열되었는지, 냉각되었는지, 어느 지역이 문제인지, 어떻게 풀어나갈 계획인지를 구체적으로 알려주는 시그널이기도 하다.

　부동산 대책이 발표되면 온갖 매체에서 뉴스가 쏟아진다. 일반적으로는 부동산 대책을 이러한 뉴스만으로 접하는 경우가 많다. 만약 부동산 대책이 주는 시그널을 보다 정확하게 파악하려면, 뉴스에서 요약된 내용만 접하기보다는 정부가 국토교통부 홈페이지를 통해 직접 배포하는 보도자료를 읽어볼 것을 권한다. 보도자료에는 부동산시장의 현재 상황, 문제점, 규제 대상과 내용, 앞으로의 방향성 등이 상세하게 나오기 때문이다. 보도자료를 읽어볼 한두 시간이 아깝다면, 성공적인 내 집 마련에 대한 절실함이 부족한 것은 아닌지 생각해봐야 한다.

부동산 대책, 실제 사례는?

역대 정부에서 실제로 발표했던 부동산 대책 사례를 통해 부동산 대책이 어떤 시그널을 보냈는지 알아보자. 문재인 정부는 2017년 '6·19 부동산 대책'을 통해 서울, 부산, 경기, 세종 등 40개 지역을 조정대상지역으로 지정해 청약과 대출 규제를 강화했다. 이는 조정대상지역의 청약과 재건축 시장이 과열되었음을 알려준다.

　'6·19 대책' 발표 후에도 과열이 지속되자, 문재인 정부는 더 강력한 '8·2 부동산 대책'을 발표했다. 서울 전 지역을 비롯한 30개 지역(8·2 부동산 대책 당시 대책 27개, '9·5 부동산 대책'으로 3개 지역 추가)을 투기과열지구로 지정하고 강남4구 등 서울 11개 구를 투기지역으로 지정했다. 이것은 이 지역의 청약, 재건축, 일반 아파트 등 주택시장 과열이 위험수위에 도달했음을 의미한다. 또한 2018년 9·13 대책에서 유주택자와 임대사업자, 전세자금 대출을 축소 제한하고 종합부동산세를 강화한 것은 고가 및 다주택 보유자의 갭 투자(전세를 끼고 투자)가 부동산시장의 안정을 해치는 원인이 됨을 말해준다.

부동산 대책으로 알 수 있는 아파트 매매 '타이밍'

현명하게 내 집을 마련하고 싶다면 부동산 대책이 주는 시그널을 읽을 수 있어야 한다. 부동산 대책 발표는, 부동산시장이 과열되거나 냉각되어 정부가 개입할 정도로 문제가 심각해졌다는 것을 의미한다.

2013~2014년, 박근혜 정부는 양도세 한시적 면제, 취득세 영구 인하, LTV·DTI 완화, 재건축 초과이익환수제 유예, 분양가상한제 폐지 등 강력한 규제 완화 대책을 시행했다. 이런 강력한 규제 완화 대책의 표면적인 신호는 부동산시장이 하한 기준선 아래로 떨어졌다는 것이다. 즉, 기존 아파트를 비롯해 청약과 분양권, 재건축 아파트 할 것 없이 거래량이 줄어들고, 가격이 하락하면서 내수경제에도 악영향을 미쳐 정부가 개입하지 않으면 안 되는 상황이 된 것이다.

이는 곧, 침체한 부동산시장을 정상화하기 위해 과감하게 규제를 풀어줄 테니 아파트를 매수하라는 시그널이기도 했다. 지금 부동산시장이 지나치게 냉각되어 바닥 가까이 왔으니 양도세를 안 내도 되며, 살 때 취득세 부담도 줄여주고 돈이 부족하면 대출도 더 받게 해줄 테니 아파트를 사라는 의미다. 또 재건축 규제도 풀어주고 분양가도 더 올리게 해줄 테니 강남 재건축 아파트도 매수하라고 부동산 대책으로 친절히 알려준 것이었다.

하지만 그 의미를 미처 알지 못하고 좋은 타이밍을 놓친 사람이 많았다. 노무현 정부는 2003~2007년 임기 동안 분양권 전매 제한, 재건축 초과이익환수제, 양도세 중과세, 비과세 요건 강화, LTV·DTI 강화, 투기과열지구 및 투기지역 지정 등 부동산 규제 대책만을 발표했다.

이는 임기 5년 동안 부동산시장의 과열이 지속되어 부동산 투자를 자제하라는 의미였는데 그것을 무시하고 무리하게 아파트를 매수했다가 시장 분위기가 꺾이면서 어려움을 겪은 사람도 많이 있었다. 이렇게 부동산 대책이 주는 시그널을 읽으면 내 집 마련 타이밍을 잡는 데 도움이 된다.

부동산 대책으로 부동산시장 예측하기

부동산 대책이 주는 시그널을 다시 한번 정리해보자. 부동산 규제 대책이 계속 발표된다는 것은 부동산시장이 과열되었다는 의미다. 당장이야 더 오를 수 있다 해도, 몇 년 후 시장 분위기가 침체할 가능성이 높아진다는 시그널이다. 이런 시그널을 무시하고 정책에 맞서서 혼자 예측하고 판단해서 아파트 매매 타이밍을 잡는다면 향후 손해 볼 가능성이 커진다. 반대로, 부동산 규제 완화 대책이 발표된다는 것은 부동산시장이 지나치게 냉각되었다는 것으로, 지금은 어렵지만 몇 년 후 반등할 확률이 높다는 시그널이다. 정부에서 규제 완화 대책이 나와도 이제는 어렵다고 혼자 단정 짓고, 보유하던 부동산을 팔거나 계속해서 전세만을 고집한다면, 역시 몇 년 후 후회하는 일이 생길 가능성이 크다.

실제로, 2012년 부동산시장 침체가 극심했던 시기에 잠실주공5단지와 개포 주공아파트를 매수한 사람이 있는 반면, 보유하던 대치동 아파트를 판 사람도 있었다. 결과는? 정부의 부동산 대책이 주는 시그널을 믿었던 사람의 승리였다.

"소장님, 인구가 줄어들고 있는데 아파트 가격이 계속 오를 수 있을까요?" 종종 이런 질문을 듣는다. 맞기도 하고 틀리기도 하다. 인구 감소와 아파트 가격의 상관관계를 하나하나 따져보자.

저출산 문제의 현주소는?

'아들딸 구별 말고 둘만 낳아 잘 기르자.' 1970년대 당시, 남아선호사상이 팽배하면서 아들을 낳기 위해 자녀 여러 명을 출산하는 일이 사회문제가 되면서 당시 인구 정책의 기조는 '출산 억제 정책'이었다. 1980년대 들어 표어는 '하나만 낳아 잘 기르자'로 바뀌며 출산 억제

정책은 더 강화되었다.

하지만, 1960년대 6명에서 1983년 2.1명 아래로 평균 출산 수가 떨어지면서 우리나라는 저출산 국가가 되었다. 2001년부터는 초저출산 국가가 되면서 '아빠! 혼자는 싫어요. 엄마! 저도 동생을 갖고 싶어요.'라는 표어가 등장했다. 인구정책이 출산 억제에서 출산 장려로 전환되었다. 정부는 지금도 막대한 예산을 쏟아붓고 있지만, 출산율은 오히려 감소하고 있다.

현재 우리나라는 OECD 전체 회원국 중에서 저출산 문제가 가장 심각한 국가다. 2018년 기준 출산율은 0.9명으로 2015년 1.24명에서 급격히 감소해 1명 선이 붕괴되었다. 또한, 산모들의 평균 출산 연령 역시 32.4세로 매년 증가하고 있다. 저출산 국가의 대표주자였던 일본마저 우리보다 높은 1.45명이니 저출산 문제가 심각한 것은 사실이다. 더 큰 문제는 이런 인구 감소가 일시적 현상이 아니라는 데 있다. 요즘 젊은 층 사이에 연애, 결혼, 출산을 포기한 세대를 의미하는 '삼포세대'라는 신조어가 일반화된 것으로 보더라도 저출산의 근본 원인은 불안정한 경제적 상태에서 찾을 수 있다.

점점 더 좁아지는 취업 문, 부담되는 사교육 비용, 불안한 노후 문제가 해결되지 않는 한 정부의 출산 장려 정책만으로 출산율이 높아지는 일은 희망 사항일 뿐이다.

인구가 줄어들면 아파트값은 떨어진다?

아파트 가격이 오르는 이유는 여러 가지가 있지만, 궁극적으로는 수요가 늘어나기 때문이다. 서울 집값이 다른 지역에 비해 높은 이유 역시 주택공급 물량 대비 수요가 많아서다. 신도시 아파트 가격이 시범 단지 분양 가격보다 올랐던 이유는 허허벌판에 대규모 아파트단지가 개발되면서 수요 유입으로 인구가 증가했다. 그리고 증가한 인구에 비례하여 소득이 늘어나고 인프라가 확충되면서 지가 상승이 뒷받침되었기 때문이다.

인구가 늘어나면 집값이 상승하는 것이 원칙이다. 이 말은 곧, 인구가 줄어들면 집값이 상승하기 어렵다는 말이기도 하다. 인구 감소는 궁극적으로 수요 감소에 따른 내수경제 규모 축소로 주택 수요를 감소시킨다. 이는 빈집 증가와 주택 가격 하락 등 심각한 사회문제로 이어질 수 있기 때문에, 정부에서 출산율을 늘리기 위해 막대한 예산을 투입하며 노력하고 있다. 하지만 앞서 언급했듯이 취업, 교육, 노후 문제 등 우리 사회 근본적인 문제와 맞물리기 때문에 풀기 어려운 숙제다.

인구는 감소해도 수요는 늘어난다?

아래 그림에서 보듯이 우리나라 인구는 2000년 4,701만 명, 2005년 4,814만 명, 2010년 4,887만 명에서 2020년 4,933만 명을 찍고 2030년 4,863만 명으로 감소할 것으로 예상된다.

뭔가 이상하다. 인구가 줄어들면 주택 가격 하락의 원인이 된다고 했는데, 이미 출산율은 OECD 국가 중 최하위 수준이고 인구가 정점이 되는 2020년이 바로 코앞이다. 그런데 2015~2018년 아파트 가격은 왜 이렇게 상승한 것일까? 1980년대 집값이 폭등한 이유는 베이비

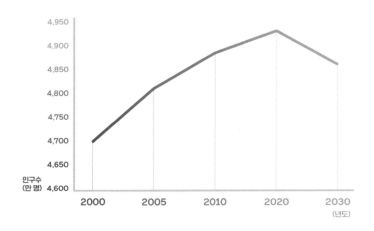

연도별 인구 변화 추세

붐 세대가 성장하여 취업, 결혼을 하면서 본격적인 주택 수요자가 되었기 때문이다. 출산율은 1950년대 후반부터 많이 늘어났지만, 집값은 30년 정도가 지난 1980년대부터 본격적으로 상승했다. 이 이야기는 단순 인구수 변동보다 주택을 사는 실질 수요의 흐름이 더 중요하다는 의미다.

아파트 수요를 분석할 때 단순 인구 변화보다 실제 부동산을 살 능력이 되는 연령층인 40~59세 인구 변화를 알아보는 것이 아파트 시장 수요를 예측하는 데 더 도움이 된다. 능력 있는 부모를 운 좋게 만난 금수저가 아니면 10~20대에 아파트를 사기는 현실적으로 어려운 일이다.

다음 그림에서 40~59세 인구 변화를 보면, 2022년 882만 명을 정점으로 점점 감소해서 2030년 837만 명 수준으로 감소하지만 2010년보다는 높은 수준이다. 주택 구매 연령대인 40~59세 인구 감소는 전

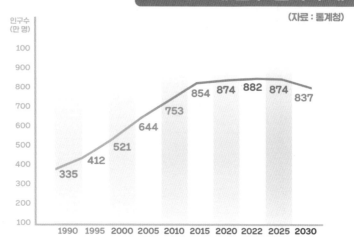

40-59세 인구 변화 추세

(자료 : 통계청)

인구수
(만 명)

335	412	521	644	753	854	874	882	874	837
1990	1995	2000	2005	2010	2015	2020	2022	2025	**2030**

체 인구 감소 폭보다는 완만하다.

더군다나 의료 기술의 발달로 인한 평균 수명 증가로 본격적인 고령화 사회로 접어들었다. 그리고 60대가 최대 주택 구매 연령대로 등극했다는 통계가 나오면서, 주택 구매 연령대를 40~69세로 범위를 넓혀야 한다는 주장도 있다.

인구는 감소해도 가구 수는 늘어난다?

계속 낮아지는 출산율과 2030년 이후 마이너스로 전환되는 인구증가율과 달리 가구 수는 늘어나고 있다는 것도 주목해야 할 부분이다. 1~2인 가구 등 가구 분화 및 가구 해체 진행에 따라 가구 수는 2010년에 1,735만 9,000가구에서 2035년에는 2,226만 1,000가구로 1.3

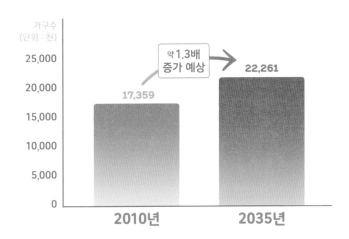

2035년 가구수 변화 예상

가구수
(단위 : 천)

약 1.3배
증가 예상

17,359

22,261

25,000

20,000

15,000

10,000

5,000

0

2010년　　　　　2035년

배 증가할 것으로 예상된다.

　또한, 인구 통계에는 아직 포함되지 않지만, 외국인 노동자와 이민 가구의 유입이 계속 늘어나서 우려하는 것과 같은 인구절벽에 따른 수요 급감 가능성은 크지 않다. 1인 가구의 주택 구매력이 떨어질 수 있고 외국인은 내국인과 달리 주택 구매에 적극적으로 나서지 않는다는 반론이 있을 수 있다. 물론, 그럴 수 있지만 집을 사지 않더라도 전세나 월세 등 임대로 거주는 해야 하므로 탄탄한 임대수요는 될 수 있다.

인구 감소만으로 판단은 금물

2012년 서울 아파트 시장 분위기가 바닥이었을 때, 인구도 줄어드는데 이제 아파트 시장이 끝난 것이 아니냐는 질문을 하는 사람이 많았다.

아직 문제없다고 말해도 인구 감소로 인한 부동산 종말론을 그대로 믿고 보유하던 부동산을 팔거나 주택 구매 시기를 놓친 사람 중 후회하는 사람이 많았다. 심지어 집을 사지 말라는 부동산 종말론을 주장하던 전문가가 집값이 상승하자 아파트를 구매했다고 한다.

결국, 출생률은 감소하고 인구는 줄어든다. 하지만 실질 주택 구매 연령대인 40~60세 인구와 가구 수 증가, 외국인 유입 등을 고려하면 적어도 15년 이상은 '절대 수요' 감소로 인한 주택 가격 하락 걱정은 접어두는 것이 좋을 것 같다.

하지만, 인구 감소 문제를 이대로 방치하면 아파트 시장만의 문제가 아니라 우리나라 전체의 문제가 된다는 것이 더 심각하다. 정부와 민간 모두 힘을 합쳐 젊은 세대의 결혼과 출산 문제에 더욱 관심을 두고 적극적으로 개입해야 할 것이다.

주택 보급률 높은데 집값은 왜 올라갈까?

04

주택 보급률이 높은데 과연 집값은 계속 오를 수 있을까? 주택 보급률이 높다는 것은 주택이 많이 공급되었다는 것인데 왜 주택 가격은 올라가는 것일까? 주택 공급 물량과 아파트 가격의 미묘한 관계에 대한 답을 찾아보도록 하자.

주택 보급률 속 숨은 의미는?

아파트 공급이 늘어나면 가격 상승 폭이 줄어들며 가격이 안정되는 반면, 공급 물량이 줄어들면 상승 폭이 커지면서 아파트 가격이 상승한다. 그런데 우리나라의 주택 보급률은 이미 100%가 넘었다. 2015년

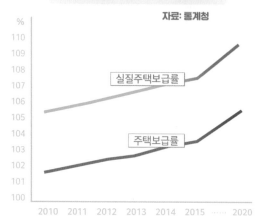

연도별 주택 보급률

자료: 통계청

우리나라 전국 주택 보급률은 103.9%였고 다가구주택을 1채로 보고 산정한 행정구 기준으로는 113%였다.

참고로 주택 보급률은 주택 재고의 과부족을 비율로 나타내는 지표로, 총 주택 수를 가구 수로 나누어 계산한다. 2008년부터는 1인 가구를 포함하여 다가구주택을 1채로 보지 않고 개별 가구 모두를 주택 수에 넣어 산정한다. 오피스텔, 원룸, 고시원 등 대안 주거 형태까지 주택 수에 포함한 실질 주택 보급률은 107.9%로 더 올라간다. 이제는 주택 공급이 부족한 상황은 아니다. 2020년이 되면 주택 보급률은 105.8%(실질 주택 보급률은 110%)까지 상승할 것으로 예상된다.

주택 보급률과 집값의 상관관계는?

노무현 정부 시절 2006년으로 돌아가 보자. 당시 서울 아파트 가격은 천정부지로 올랐지만, 지방 아파트 시장은 잠잠했다. 2006년 서울의 주택 보급률은 91.3%였던 반면, 지방의 주택 보급률은 100%가 넘었다.

지방 부동산시장은 끝났다는 말이 나오는 것이 당연해 보였다. 그런데, 그로부터 불과 몇 년 후인 2009년부터 부산을 중심으로 아파트 가격이 오르는 것이 아닌가? 아니, 주택 보급률이 100%가 넘어 주택이 부족하지 않을 것 같은데 왜 지방 아파트 가격은 상승했을까? 그 요인에는 지방의 두터운 40~69세 수요, 서울보다 저평가된 아파트 가격, 서울에 집중된 규제의 칼날을 피한 것, 그리고 주택 보급률의 함정까지 복합적 요인이 있었다.

주택 보급률의 함정?

주택 보급률은 주택 재고와 가구 수로 산정한다. 하지만 한 가구가 주택 여러 채를 보유하는 경우도 많아, 주택을 소유하지 않은 무주택 가구가 여전히 많이 있다. 이런 주택 보급률의 함정을 피하려면 1,000명

당 주택 수와 자가 보유율을 다른 국가와 비교해보는 것이 좋다. 그림을 보면 우리나라 주택이 예전보다는 많이 공급된 것이 사실이지만, 그렇다고 일부에서 우려하는 것처럼 많은 수준이 아님을 알 수 있다. 주택 보급률보다 1,000명당 주택 수와 자가 보유율을 보자.

주택 보급률 vs 입주 물량

아파트 공급 물량을 따질 때는 주택 보급률보다 시장 수요자들이 원하는 새로운 주택의 공급 물량인 입주 물량이 더 중요하다. 주택 보급률은 예전에 공급된 오래된 아파트부터 빌라, 지하 단칸방까지 모두 포함한 통계자료다.

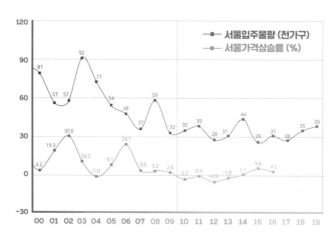

입주 물량과 주택 가격의 상관관계

현재의 젊은 세대와 그 부모는 오래된 주택이 아니라, 쾌적한 환경의 새 아파트를 원하는 경향이 많다. 상담하다 보면, 귀한 우리 딸을 위해 모 지역 모 아파트를 사지 않으면 결혼을 승낙할 수 없다는 부모를 심심찮게 볼 수 있다.

2006년 신규 아파트 공급 물량이 서울을 비롯한 수도권에 집중되었지만, 미분양 우려가 높았던 부산, 대구 등 지방은 오히려 신규 공급 물량이 줄어들면서 2009년부터 입주 물량 부족이 현실화되었고 부산을 시작으로 지방 새 아파트 전성시대가 열린 것이다.

그림과 같이 입주 물량이 늘어나면 주택 가격은 하락하고 입주 물량이 줄어들면 가격은 오르는 경향이 있음을 알 수 있다.

입주 물량으로 보는 아파트 시장

아파트 가격은 입주 물량에 영향을 받는다. 물론 아파트 가격이 입주 물량에만 영향을 받는 것은 아니고 부동산 정책, 경제 상황, 형성된 투자심리, 최근 가격 흐름 등이 종합적으로 영향을 주는 것이다. 하지만 입주 물량이 공급 측면에서 중요한 요인인 것은 분명하다.

그렇다면 최근 입주 물량은 어느 정도일까? 2016년까지는 입주 물량이 30만 가구를 넘지 않았다. 당연히 입주 물량 영향이 크지 않았고 서울을 비롯해 전국적으로 아파트 시장 분위기가 좋았다. 하지만 2017년부터 서서히 입주 물량이 늘어나는 추세다. 2015년부터 큰 폭으로 증가했던 분양 물량이 입주 물량 증가로 이어지고 있다. 2017년 전국 아파트 입주 물량은 37만 9,000여 가구로 2016년 29만 3,000여 가구 대비 30% 정도 늘었다. 2018년에는 역대 최대인 44만 가구 정도가 입주했는데, 1990년대 이후 입주 물량이 40만 가구를 넘은 것은 처음이다. 최근 5년간(2012~2016년) 연평균 입주 물량인 24만 가구의 2배 가까운 입주 물량이며 2019년도 40만 가구 이상의 입주 물량이 예상된다.

그나마 투자 열기가 있고 희소성이 있는 서울로 줄어든 수요가 몰리면서 서울과 수도권, 지방의 온도 차이가 벌어지고 있다. 하지만 서울보다 지방의 상승이 먼저 시작된 점을 고려하면 최근 서울 아파트의 분양 성적이 좋다고 해서 서울 아파트 시장의 온기가 영원할 것이라는 착각에 빠지지는 말자. 구매 목적과 자금계획이 안정적인지를 반드시 체크해야 한다.

입주 물량, 예측할 수 있을까?

신규 입주 물량은 아파트 가격에 많은 영향을 미친다. 그런데 입주 물량이 현실이 될 때는 이미 엎질러진 물이다. 물이 엎질러지기 전 반발 앞선 예측을 하려면 분양 물량 흐름을 보는 것이 도움 된다.

우리나라는 먼저 분양한 후 공사하는 선(先)분양제도를 도입하고 있기 때문에 2~3년 전 분양 물량이 현재 입주 물량이 되고 현재 분양 물량이 2~3년 후 입주 물량이 된다. 2019년 규제가 시행되기 전에 쏟아진 분양 물량 역시 부담스럽다. 2018년 11월 전국 분양 물량은 6만 47가구로 2017년 같은 기간 3만 9,922가구보다 50.4%가 늘어났다. 분양 물량 증가는 2~3년 후 입주 물량으로 지금 당장 영향을 주지는 않지만 현재의 입주 물량 증가는 부담이 된다. 입주 물량이 늘어난다는 것은 전세와 매물 공급이 늘어나면서 가격 약세로 이어질 수 있기 때문이다.

하지만 실수요자라면 지나친 걱정을 할 필요는 없다. 변수가 많은 아파트 가격 흐름을 입주 물량 하나만 가지고 판단할 수는 없고, 설사 조정기가 온다고 해도 실수요자들은 거주할 집에 살면서 기다린다면 다시 흐름이 전환될 수 있기 때문이다.

특히, 인플레이션에 따른 화폐가치 하락을 고려하면 실수요자들은 너무 단기 흐름을 계산하면서 예측하기보다, 필요할 때 자금에 맞춰서 내 집 마련을 하면 된다. 다만, 무리한 투자를 한 다주택자라면 지역별 입주 물량 흐름을 고려한 리스크 관리가 필요하다.

아파트 옵션 선택, 전략이 필요하다!

05

연이은 규제 대책으로 부동산시장의 열기가 한풀 꺾인 듯 보이지만, 인기 아파트의 청약 열기는 여전히 뜨겁다. 2018년 일반 분양을 한 '디 에이치자이개포' 사례만 보더라도 모델하우스에 수만 명이 몰려 장사진을 이루었고, 청약 결과를 두고도 '금수저 당첨' 논란을 빚었다. 아무래도 주변 시세보다 낮은 가격에 분양을 받으면, 입지에 따라 많게는 수억 원의 차익을 얻을 수 있는 게 현실이다 보니, 일부 분양 단지를 '로또 아파트'라고 부르기도 한다.

실거주자 입장에서 아파트 청약을 할 때는 어떤 점을 고려할 수 있을까? 면적과 평면구조 외에도 선택할 수 있는 추가 '옵션' 사항이 있다. 그런데 대부분 청약자는 면적과 평면구조는 신중히 선택하는 반면, 옵션은 쉽게 결정하는 경우가 많다.

풀옵션을 선택한다고 해서 옵션 가격을 그대로 인정받을 수는 없다고 판단해 선택을 꺼리는 사람도 있고, 또 이왕 비싼 아파트 청약하는 거 풀옵션으로 해보자는 사람도 있다. 아파트 청약 시 어떤 옵션이 있는지, 꼭 선택해야 할 옵션은 어떤 것인지 알아보자.

발코니 확장, 선택해야 할까?

청약 시 선택할 수 있는 옵션은 발코니 확장, 시스템에어컨, 가전, 붙박이장 등의 가구, 바닥 대리석 등 추가 비용을 내야 하는 유상 옵션과 드레스룸 또는 다용도실 바닥 타일 등을 추가 비용 없이 선택할 수 있는 무상 옵션이 있다.

발코니 확장은 2006년 합법화되면서, 발코니 확장으로 실내 공간을 넓히고 채광 효과를 높일 수 있어 많이 신호한다. 요즘에는 건설사도 확장을 전제로 내부 평면구조를 뽑기 때문에 아파트 청약 시 발코니 확장은 특별한 이유가 없다면 필수로 선택하는 옵션이다.

처음부터 시공사의 확장 공사가 아닌 완공 후 자체적으로 확장 공사를 하는 경우 공사 비용이 많이 들고, 공사 소음 문제로 이웃 주민과 충돌이 생길 수 있다. 만에 하나 부실 공사가 될 경우 하자 수리에 어려움을 겪을 수 있어 가급적 청약 시 발코니 확장 옵션을 선택하는 것이 좋다. 발코니 확장 비용은 전용 84m² 기준 평면구조와 자재에 따라 2,000~3,000만 원 정도다.

참고로 발코니는 건물 외벽에 설치된 서비스 공간으로 1.5m가 넘지 않으면 전용 면적에 포함되지 않는다. 우리가 흔히 베란다라고 말하는 것의 정확한 명칭은 발코니가 맞다.

베란다는 건물의 아래층과 위층의 면적 차이에서 생긴 공간으로 아래층 면적이 넓고 위층 면적이 좁을 경우 아래층의 지붕 부분을 활용한 공간을 말한다. 발코니 확장은 합법이지만 베란다 확장은 불법이다.

시스템에어컨, 선택해야 할까?

예전보다 더 길고 무더운 여름을 보내야 하는 요즘, 에어컨 없는 여름은 생각조차 하기 싫을 정도로 에어컨은 필수 가전이 되었다. 시스템에어컨은 천장 매립형 에어컨을 말하는데, 예전에는 에어컨 실외기 공간과 배관 구멍 정도를 확보하는 설계를 했지만, 요즘은 실내 공간 활용도를 높이고 냉방 효과를 극대화하기 위해 천장 매립형 에어컨인 시스템에어컨을 선호하는 추세다.

시스템에어컨 또한 발코니 확장과 마찬가지다. 입주 후 시스템에어컨을 추가로 하면 설치 공사도 번거롭고 아파트 천장과 벽면 훼손이 발생할 수 있으며, 공사 비용도 처음에 옵션으로 선택했을 때보다 더 많이 들어가는 경우가 많다. 그래서 필요하다면 처음 청약 시 옵션으로 선택하는 것이 합리적이다. 시스템에어컨 옵션 비용은 전용 84m² 기준 500~1,000만 원 정도다.

가전, 가구, 바닥 자재 선택해야 할까?

가전은 양문형 냉장고, 김치냉장고, 오븐 일체형 레인지후드, 스마트패드, 홈 로봇 등을 선택하는 것으로 최근에는 벽면에 매립하여 설치하는 빌트인 가전을 많이 선택해 설치하는 추세다. 다만, 가전제품은 개인별 취향과 선호도가 다른 경우가 많아서 추가 설치를 해도 크게 문제가 되지 않는다면 굳이 옵션으로 선택할 필요는 없다.

가구와 관련해서는 붙박이장, 가족 서재, 드레스룸 등을 선택할 수 있다. 붙박이장은 수납공간 확보를 위해 필요한 경우가 많다. 그래서 가급적 선택하는 것이 좋다. 반면에 드레스룸이나 가족 서재는 개인별 선호도 차이가 있다. 이는 필수사항이라고 보기 어렵다. 필요한 사람만 선택하면 된다.

바닥 자재는 비싼 대리석을 선택할 경우, 추가 비용이 발생하는 유상 옵션이지만 마룻바닥과 폴리싱타일을 선택하는 경우는 추가 비용없는 무상 옵션이다. 바닥 대리석이 되어 있으면 고급스러운 분위기를 연출할 수 있지만, 미끄럽기도 하고 겨울철에 차가운 느낌을 줄 수 있으며 개인별 선호도 차이도 있다. 꼭 대리석으로 하고 싶은 게 아니라면 굳이 돈을 더 주면서까지 대리석 바닥을 선택할 필요는 없다.

그 외 다른 옵션은?

내부 구조를 선택할 수 있는 옵션도 있다. 화장실 하나를 없애고 다용도실로 구조변경을 하거나 거실과 주방 공간을 줄이고 방을 하나 더

만드는 경우도 있고, 현관 중문을 없애고 거실을 더 넓게 사용하는 경우도 있다. 개인 취향에 따라 선택하면 되지만 화장실은 가급적 없애지 않고 유지하는 것이 좋다.

마이너스 옵션은 건설회사가 바닥, 벽면, 가구 등 인테리어를 하지 않고 그 비용만큼 분양 가격에서 빼주는 옵션이다. 아파트에 인테리어를 하지 않으면 어떻게 하냐고 반문하는 사람도 있겠지만, 입주할 때 취향에 맞게 인테리어를 할 계획이 있다면 매우 유용한 옵션이다. 멀쩡한 인테리어를 철거하는 낭비를 줄이고 비용을 절약할 수도 있기 때문이다.

옵션 비용은 한 번에 내는 것이 아니라 분양가 납부처럼 계약 시 옵션 비용의 10% 정도를 납입하고 중도금과 잔금으로 나누어서 나머지 비용을 내면 된다. 중도금을 10%로 책정하는 경우도 있고 여러 회 차로 나누는 경우도 있다.

아파트 옵션, 전략적으로 선택하려면?

앞에서 말했듯이, 옵션은 무상 옵션과 유상 옵션이 있는데, 특히 유상 옵션은 신중하게 선택할 필요가 있다. 유상 옵션은 중고차와 비슷하다. 향후 매매 시 내가 지불한 옵션 가격의 100%가 매매가격에 반영되지는 않는다. 예를 들어, 옵션 가격이 2,000만 원이 들어갔다면, 팔 때는 500만 원~1,000만 원 정도 더 받을 수 있을 것이다.

그러면 군이 돈을 주고 옵션을 선택할 필요가 없는 것 아니냐고 반문할 수 있지만, 매매 시 옵션이 없는 아파트보다는 같은 값이면 옵션

구 분	옵 션	비 고
필수	발코니 확장	반드시 하는 것이 좋음
	시스템에어컨	
추천	현관중문	가급적 하는 것이 좋음
	화장실/다용도실	화장실은 유지하는 것이 좋음
	마이너스 옵션	풀 인테리어 공사 시에만 선택
취향	드레스 룸/다용도실	개인 취향 하고 싶은 분들만 하면 됨
	가전	
	바닥 타일/대리석	

아파트 청약 시 옵션 선택 권장 사항

이 있는 아파트가 먼저 선택을 받아 거래되는 경우가 많다. 게다가 추가 공사가 어려운 옵션을 선택하지 않은 경우 매수자가 꺼리는 경우도 있어서, 꼭 선택해야 하는 필수 옵션과 내 마음대로 취향에 따라 선택해도 되는 옵션을 전략적으로 구분할 필요가 있다.

추후 매매까지 고려한다면, 이왕 조금 더 대중적인 옵션을 선택하는 것이 좋다. 가끔 집을 보러 가보면 정말 눈이 아플 정도로 알록달록한 벽지를 붙여놓거나, 사용하기 불편한 옵션을 선택한 경우를 종종 본다. 사는 동안 본인이 행복하다면 할 말은 없지만 향후 매매 시 대부분 매수자가 꺼리기 때문에 군이 돈을 들여서 불리한 옵션을 할 필요는 없다. 내가 사는 집이지만 언젠가는 팔아야 하는 집이기도 하니, 특별한 경우 아니면 나의 기준이 아닌 타인의 기준에서 옵션을 선택하는 발상의 전환이 필요하다.

아파트 가치를 떨어트리는
마이너스 요인은?

06

조망권, 쾌적성 등은 아파트 현재가치의 플러스 요인이 된다. 다만 플러스 요인은 어디까지나 플러스요인이다. 학교, 교통, 편의시설 등 생활 인프라의 기본 요소가 충족되어야 아파트 가치 상승에 도움이 되는 조건이라는 의미다.

현재가치가 제대로 형성되지 않은 상태에서 조망권 등 플러스 요인만 좋다고 아파트 가치가 높아지는 것은 아니다. 그러면 소음, 악취 등 마이너스 요인은 아파트 가치에 얼마나 영향을 주는 것일까? 이번에는 아파트 가치를 떨어트리는 마이너스 요인에 대해 자세히 알아보도록 하자.

조망은 좋지만, 소음이 있는 아파트?

2015년쯤으로 기억하는데, 경기도 군포시 D 아파트를 보러 간 적이 있었다. 골프장 조망에 눈이 시원해질 정도였다. 경기도 용인 죽전 I 아파트나 화성시 동탄 2신도시 V 아파트 등 골프장 조망이 좋은 아파트들이 있는데 군포 D 아파트는 정말 골프장 조망이 기가 막히게 좋았다. 조망을 보는 순간 빨리 계약하라는 외침이 들리는 듯했다.

아마 부동산을 모르던 시절이었으면 덥석 계약했을 것이다. 하지만 고객과 함께 아파트를 분석하러 간 전문가 입장에서 뭔가 이상한 점이 있었다. 이렇게 좋은 조망권은 분명 엄청난 플러스 요인이고 아파트 매매가격이 더 비싸야 하는데, 이 아파트 가격은 조망권이 확보되지 않은 뒤 동의 같은 면적 아파트와 비슷했기 때문이다.

조망권과 같은 플러스 요인에도 가격이 저렴하다는 것은 분명 이유가 있을 터였다. 아니나 다를까 열린 창문 밖에서 엄청난 굉음이 들려왔다. 밖을 내다보니 지하철도 아닌 화물열차가 지상으로 지나가고 있었다. 이 소음이 바로 D 아파트의 마이너스 요인이었다. 이 때문에 골프장 조망이라는 플러스 요인이 시세에 전혀 반영되지 못한 것이다. 한편으로 생각하면 조망권이라는 요인이 없었다면 소음으로 더 낮은 시세가 형성되었을지 모르지만, 그 소음을 듣고 선뜻 계약서에 사인할 수 없었다.

같은 조건의 현재가치를 가진 아파트라면 조망권이나 쾌적성 등 플러스 요인이 있으면 추가 가치 상승이 가능하지만, 반대로 소음 등 마이너스 요인이 있다면 아파트의 가치는 하락하게 된다. 그렇다면 조망

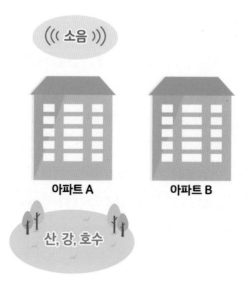

권과 같은 플러스 요인과 소음 등 마이너스 요인이 동시에 있는 아파
트와 플러스 요인도, 마이너스 요인도 없는 아파트가 있다면 과연 어
떤 아파트를 선택해야 할까? 그림을 보자.

　A 아파트는 앞서 사례로 들었던 D 아파트처럼 조망권이라는 플러스
요인이 있으면서 소음 등 마이너스 요인도 있다. 반면 B 아파트는 특별
한 플러스 요인이 없지만, 마이너스 요인도 없다. 이런 경우에는 조망권
과 소음의 정도를 따져야 한다. 아파트에서 골프장이나 한강, 산 등 좋
은 조망이 나오고, 소음이 있긴 하지만 생활에 큰 지장을 주지 않을 정
도의 도로 소음 정도라면 조망의 영향으로 가치가 상승할 수 있다. 올림
픽대로나 강변북로의 소음에도 한강 조망 아파트의 시세가 높은 것이
그 사례다.

반면, 조망이 좋다고 하더라도 도로 소음이 매우 크거나 D 아파트처럼 지하철뿐만 아니라 화물열차가 수시로 지나가고, 심지어 비행장이 가까이 있는 등 생활에 불편을 줄 정도의 심각한 소음이 있다면 일부 조망만으로 마이너스 영향을 극복하기 힘들다.

소음이 있긴 하지만 생활 인프라가 갖춰진 아파트?

그렇다면 아래 그림과 같이 지하철역과 편의시설, 학교 등 생활 인프라가 잘 갖춰졌지만, 소음이나 악취 등 마이너스 요인이 있는 아파트와 생활 인프라는 부족하지만, 소음도 없는 아파트가 있다면 둘 중 어

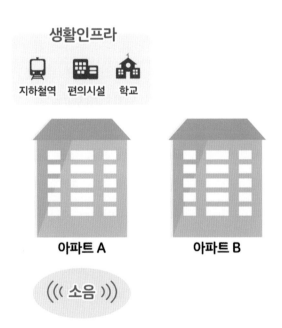

느 아파트를 선택하는 것이 좋을까?

지하철역, 편의시설, 학교 등 생활 인프라는 아파트의 네 가지 가치 (시장가치, 현재가치, 미래가치, 내재가치) 중 하나인 현재가치를 구성하는 아주 중요한 요소다. 현재가치는 아파트의 가치를 결정하는 기본 요소로 기본이 되지 않은 아파트의 가치가 높게 형성될 리가 없다. 강남에 소음이 있는 아파트와 외곽 허허벌판에 소음이 없는 아파트가 있다면 어느 아파트를 선택할 것인가?

확인할 필요도 없다. 물론 비슷한 지역에 생활 인프라가 큰 차이가 없다면, 당연히 소음이 없는 아파트가 더 좋을 수 있다. 또한, 소음의 정도가 생활이 힘들 정도로 심각한 수준이라면 형성된 생활 인프라의 수준에 따라 달라질 수 있다. 하지만 감당할 수 있는 수준이라면 생활 인프라 등 현재가치가 더 큰 영향을 준다. 생활 인프라는 전제 조건이지만, 마이너스 요인은 어디까지나 옵션이라는 것을 기억해야 한다.

아파트 가치를 떨어트리는 요소는 어떤 것이 있나?

아파트 가치를 높이는 플러스 요인은 산, 강, 호수, 바다, 골프장 등의 조망, 공원, 녹지 등 주변 환경의 쾌적성, 공공기관, 병원, 쇼핑몰 등이 있다. 그러면 가치를 떨어트리는 마이너스 요인에는 어떤 것이 있을까?

마이너스 요인은 소음을 유발하는 도로, 철길, 비행장 등과 악취를 유발하는 화학 공장, 쓰레기 소각장, 축사 등이 있다. 그 외 교도소, 장례식장 등 혐오시설과 교통체증을 유발하는 버스터미널도 마이너스

플러스 요인	마이너스 요인
조망권 (산, 강, 호수, 바다, 골프장)	소음 (도로, 철길, 비행장 등)
쾌적성 (공원 등)	악취 (화학 공장, 쓰레기소각장, 축사 등)
공공기관 (병원, 경찰서, 주민센터)	혐오시설 (교도소, 장례식장 등)
편의시설 (도서관, 쇼핑몰, 문화센터)	교통체증 (버스터미널 등)

현재가치에 영향을 주는 플러스 요인과 마이너스 요인

요인이다.

또한 층간 소음 등 생활에서 발생하는 문제도 있을 수 있다. 그래서 실제로 살아본 사람의 평가를 확인해보거나, '임장(臨場)'이라고 하는 현장 조사를 통해서 아파트의 현재가치뿐만 아니라 플러스 요인과 마이너스 요인을 꼼꼼하게 분석해보고 판단해야 한다.

마지막으로 플러스 요인과 마이너스 요인은 개인마다 느끼는 정도에 차이가 있다. 소음에 민감해서 너무 심각한 문제라고 생각할 수 있지만, 이 정도 소음이 뭐가 문제냐고 하는 사람도 있을 수 있다. 이런 개인차가 있으니 현장 조사를 할 때는 가급적 혼자보다는 부부나 친구, 지인과 같이 가서 의견을 교환하고 판단의 오차를 줄이는 것이 좋다.

왜 대단지가 더 가치가 높을까?

07

1,000세대 대단지 아파트!

미니 신도시급 아파트!

이런 아파트 분양 광고를 한 번쯤은 봤을 것이다. 이런 문구가 익숙하다는 것은, 그만큼 아파트가 지닌 여러 가지 조건 중 '많은 세대 수'라는 조건이 실제로 분양에 도움이 되기 때문일 것이다. 그런데 아파트 세대 수가 많으면 정말 좋은 것일까? 아파트 세대 수에 대해 알아보자.

아파트 가치에 영향을 주는 필수 요소

앞에서 설명했듯이 아파트 가치에 직접 영향을 주는 필수 요소는 현재 가치, 미래가치, 내재가치, 시장가치다.

미래가치는 얼마나 더 발전하고 성장할 수 있을지에 대한 기대감이다. 지하철 개통, 재건축 또는 재개발 가능성이 해당한다. 내재가치는 아파트가 가진 땅, 대지지분의 가치를 말하는 것이다. 일반적으로는 주거 목적으로 사용하는 공간인 전용면적을 아파트 면적 기준으로 삼는다. 하지만 건축한 지 30~40년이 지나 재건축을 추진할 때가 되면 콘크리트 가치는 감가상각이 되고 결국 땅의 가치가 아파트 가치의 기준이 된다.

시장가치는 입주 물량, 부동산 정책, 금리, 최근 가격 흐름 등 여러 가지 원인이 투자심리에 영향을 끼쳐 아파트 가격이 오르고 내리는 흐름에 따라 형성되는 가치다. 시장 상황에 따라 등락을 거듭하면서 장기적으로 인플레이션에 따른 화폐가치 하락만큼 우상향하는 것이 아파트 시장가치의 특징이다.

현재가치는 교통, 학군, 편의시설 등 아파트 주변 환경과 입주 연도, 세대 수, 브랜드, 동, 층, 라인, 타입과 같은 조건에 따라 형성되는 아파트의 가치다. 현재가치의 여러 가지 요소 중에서도 아파트 세대 수는 입주 연도와 함께 수요자들이 가장 쉽게 아파트의 현재가치를 판단하는 기준이 된다.

아파트 정보를 확인할 때 가장 먼저 보는 것이 세대 수와 입주 연도다. 지하철역, 학교, 편의시설 등 주변 환경이 같거나 큰 차이가 없으면 세대 수와 입주 연도에 따라 가격이 달라지는 경우가 많기 때문이다.

조망권 등 플러스 요인은 아파트 가치에 직접 영향을 주는 필수 요소라기보다는 없어도 그만이고 있으면 좋은 옵션 요소다. 조망권이 안 나온다고 아파트 가격 형성에 손해를 볼 일은 없다. 하지만 세대 수가 적으면 아파트 가격 형성에 불이익을 받는다. 왜 그럴까?

아파트 세대 수, 실질적인 영향은?

아파트의 최소 세대 수는 20세대지만 세대 수 규모에 따라 아파트 가치가 달라진다. 도대체 아파트 세대 수가 어떤 영향을 주기 때문에 아파트 가치 차이가 발생하는 것일까?

우선 관리비에서 큰 차이가 난다. 아파트 관리비는 거주민들이 매달 내야 하는 비용으로 체감상 와닿는 부분이 크다. 아파트를 볼 때 꼭 묻는 말이 관리비가 얼마인지다. 관리비는 일반관리비, 청소비, 경비비, 공동 전기료 등 공동 비용과 세대별 사용량에 따른 전기료, 난방비 등으로 구성되는데 세대 수가 많아질수록 공동 비용의 절감 효과가 나타난다.

200세대 전용면적 84m²(분양면적 34평 정도)의 관리비와 2,000세대 전용면적 135m²(분양면적 50평 정도)의 관리비가 비슷하게 나오기도 한다. 이러한 관리비 차이는 무시할 수 없는 부분이다. 그렇지만, 관리비 차이가 난다고 해도 순전히 관리비에서 이득을 보자고 매매가격을 더 준다는 것은 이해하기 어렵다. 관리비 외 다른 영향은 무엇이 있을까?

관리비 외 다른 차이는?

아파트 세대 수에 따라 편의시설의 차이가 발생한다. 대체로 세대 수가 많은 단지일수록 편의시설도 더 다양하다. 편의시설은 아파트 내 커뮤니티시설과 외부 상가로 구분할 수 있다. 2000년대 들어 고급화된 브랜드 아파트가 도입되면서 500세대 이상 어느 정도 규모가 되면 헬스장, 골프 연습장 등의 커뮤니티시설이 기본적으로 들어간다. 세대 수가 더 커지면 커뮤니티시설의 규모뿐만 아니라, 수영장, 사우나, 공연장 등의 시설이 갖춰진 대형 커뮤니티시설이 형성된다.

또한, 세대 수는 아파트 인근 상권에도 영향을 준다. 아파트 내에는 아파트 거주민의 편의성을 위하여 단지 내 상가가 입점한다. 보통 500세대 이상이 되면 편의점 하나 정도는 돌아갈 만한 유효수요가 확보되기 때문에 2층 정도 규모의 단지 내 상가가 형성된다.

여기서 아파트 세대 수가 더 커져 1,000세대 이상이 되면 단지 내 상가가 2개 정도 들어올 수 있다. 그리고 주변 상권에도 긍정적인 영향을 주면서 추가적인 상가 시설이 형성된다. 2,000세대 이상이 되면 단지 내 상가가 3개 정도 들어오면서 주변 상권도 조금 더 활발해진다. 4,000세대 이상이 되면 미니 신도시급으로 인정되면서 주변 근린 상가가 없던 지역도 상가건물이 생겨 하나의 상권이 형성될 수 있다.

세대 수가 어느 정도 규모가 되면 단지 내 초등학교가 들어오는 경우가 많다. 보통 3,000세대 이상 대단지 아파트는 초등학교가 들어올 가능성이 커진다. 초등학생을 둔 학부모는 자녀의 안전을 위하여 초등학교가 있는 아파트를 선호하기 때문에 아파트 단지 내 초등학교가 있으면 수요층이 두꺼워지면서 가격 형성에 훨씬 유리하다.

마지막으로 세대 수가 큰 아파트의 경우, 그 지역의 대표 랜드마크 이미지가 형성된다. 규모의 경제가 세대 수에도 통하는 것이다. 많은 거주민이 이미지 형성에 도움을 주는 것은 덤이다.

2018년 12월 말부터 입주 시작한 9,510세대 헬리오시티의 경우 입지적으로 우위에 있는 잠실 지역과 비슷한 아파트 가격이 형성되고 있는데, 이는 입주 연도 차이와 더불어 미니 신도시급 세대 수도 무시할 수 없는 이유다.

아파트 세대 수, 절대 기준은 아니다!

세대 수가 아파트 가치에 영향을 주는 것은 분명하다. 다른 조건이 비슷하다는 전제하에, 세대 수에 따른 가치판단은 대략 아래 그림과 같이 이루어진다.

100세대 미만이면 소위 '나 홀로 아파트'라고 해서 선호도가 낮아진다. 나 홀로 아파트는 같은 조건이어도 매매가격 차이가 크게 벌어지기 때문에 실거주 목적으로 접근하는 것이 좋다. 다만, 나 홀로 아파트라 하더라도 서울 핵심지역 또는 역세권 등 특별히 입지가 좋거나 개발 호재가 있는 지역의 저평가 아파트라면 부동산시장 분위기에 따라 투자 대상이 되는 경우도 있다.

500세대 이하는 다소 아쉽다고 할 수 있다. 치명적인 단점이라고 말할 수는 없지만, 500세대 이상이면 단지 내 상가도 형성되어 세대 수 때문에 크게 불이익을 겪는 일은 없다. 1,000세대가 넘어가면 세대 수

아파트 세대 수에 따른 가치판단

측면에서는 좋은 아파트라고 할 수 있고 2,000세대 이상이면 대단지 아파트라고 할 수 있다. 보통 2,000세대 이상이면 기존에 상권이 형성되지 않았던 곳도 생활하는 데 불편함이 없는 생활 인프라는 형성될 수 있다. 4,000세대 이상은 미니 신도시급으로 근린상업지역 상권이 형성될 수 있는 수준이다.

하지만, 세대 수만으로 아파트 가치가 결정되지는 않는다. 아파트 가치는 세대 수가 포함된 현재가치뿐만 아니라 미래가치, 내재가치, 시장가치가 종합적으로 반영되어 결정되기 때문이다. 분양 광고를 볼 때도, 크게 쓰인 세대 수 문구만 볼 것이 아니라 여러 조건을 찬찬히 따져봐야 후회 없는 선택을 할 수 있다.

KTX, SRT역 생기면 아파트 가격이 오를까?

08

지하철역은 아파트의 현재가치에 큰 영향을 주는 중요한 요소가 분명한데, 과연 기차역이나 고속철도 KTX, SRT역도 지하철역처럼 아파트 가격에 큰 영향을 주는 것일까?

실제로 강남 수서나 동탄2신도시는 'SRT역' 개통 효과로 아파트 가격이 많이 상승했다고 한다. 정말 이 말이 사실일까?

KTX, SRT 등 기차역이 단순히 사람들의 투자심리를 자극하는 '호재거리'인지, 아니면 실제로 아파트의 현재가치에 긍정적인 영향을 주는 요소인지 제대로 따져보자.

지하철역과 기차역은 다르다

지하철은 서민의 발이라고 불릴 정도로 중요한 교통수단이기 때문에 지하철역이 아파트 가까이 있다는 것은 '역세권 프리미엄'이 발생하는 긍정적인 현재가치가 된다. 하지만 기차가 철로(레일)를 이용한 교통수단이라는 점은 지하철과 비슷하지만 이동 거리나 사용 빈도 측면에서 근본적인 차이가 있다.

지하철은 수도권의 경우 천안까지 연장된 1호선이나 춘천까지 연결된 경춘선, 용문과 파주까지 연결된 경의·중앙선 등 비교적 먼 거리를 이동하는 노선을 제외하고는 대부분 서울을 중심으로 50km 이내 범위 내에서 운행되는 시내 도심 근거리 교통수단이며 운행 간격은 대부분 5~10분 이내다.

그런데 기차는 서울을 중심으로 대전, 부산, 대구, 광주 등 전국 주요 도시를 연결하는 원거리 교통수단이며 운행 간격은 지역마다 차이가 있지만 길게는 30분~1시간 간격으로 운행된다. 서울 거주자의 경우, 출퇴근이나 개인적인 일로 하루에 지하철을 여러 번 이용하는 경우가 다반사지만, 기차는 잦은 출장 업무가 있는 특별한 경우가 아니면 한 달에 한 번도 채 이용하지 않는 경우가 많다. 사용 빈도가 높은 지하철이 그만큼 생활에서 중요하고, 아파트의 가치에 더 큰 영향을 주는 것은 어쩌면 당연한 결과다. 몇 달에 한 번 정도 이용하는 기차역이 가깝다는 이유만으로 더 비싼 아파트를 사는 것이 과연 합리적인 선택일까?

이런 측면에서 보면 지하철역은 현재가치의 필수 요소지만, 기차역은 조망권과 같은 옵션 요소다. 가까이 있으면 좋지만, 없어도 현재가치에 큰 영향을 주지는 않는다. 오히려 철도 소음으로 마이너스 효과가 발생할 수도 있다. 그렇다면 SRT 수서역 인근 아파트 가격이 오른 것은 어떻게 받아들여야 할까?

개통 전 기대감이 아파트 가격을 밀어 올리는 역할을 한 것은 맞다. 하지만, 일부에서 생각하는 것처럼 전적으로 SRT 수서역 개통 효과 때문에 큰 폭으로 상승했다기보다는 역 신설과 더불어 서울 아파트 시장 분위기가 좋아지면서 아파트 가격이 올랐다는 것이 맞을 것이다. 동탄2신도시 복합환승센터 주변 아파트 가격이 높은 이유는 SRT 때문이기도 하지만 GTX(광역급행철도) 호재가 더 큰 영향을 주었다.

일반 기차역과 고속철도역도 다르다

고속철도 KTX나 SRT역은 기존의 기차역과는 다르다. 무궁화호, 새마을호 등이 정차하는 기차역은 전통적으로 기존 도심 상권의 중심에 있으며 음식점, 유흥업소, 숙박 시설, 업무 시설 등 전통적인 상권이 형성되어 있다. 그래서 기차역 주변 아파트는 주로 기존 구도심 상권에 있는 경우가 많고 새로운 부지 확보가 어려워 요즘 수요자가 선호하는 새 아파트는 찾아보기가 쉽지 않다.

반면 KTX, SRT역은 서울역, 용산역, 대전역, 동대구역, 부산역 등을 제외하고는 대부분 새롭게 지은 역으로 기차역이라는 말조차도 쓰지 않고 KTX역이나 SRT역이라고 한다. 위치도 도심에서 떨어진 외곽에 대규모 역사를 건축하면서 역사만 짓는 것이 아니라 중장기적인 도시

개발계획을 수립하여, 역 주변 지역을 미니 신도시 형태로 개발한다.

KTX 광명역의 경우, 2004년 개통 당시 허허벌판에 덩그러니 KTX 역만 개발되어 이런 역을 누가 이용하냐, 차라리 기존 영등포역을 활용하는 것이 좋다는 비판이 많았다. 하지만, 2019년 현재 광명역은 수도권 서남권 교통의 요지가 되었다. 게다가 대단지 아파트와 코스트코, 이케아, 롯데프리미엄아울렛 등 대규모 상업 시설도 들어와 미니 신도시로 거듭나고 있다. 광명역 인근 아파트들이 분양했던 2015년 당시만 해도, 학군 등의 이유로 반신반의하던 시각이 많았지만, 지금은 억대 프리미엄이 형성되었을 정도로 인기가 높다.

지하철역과 달리 기차역은 현재가치에 직접적인 영향을 미치는 요소가 아닌 옵션 요소라 했는데, 왜 광명역 주변 아파트들은 억대 프리미엄이 형성될 정도로 인기가 높은 것일까? 그것은 기차역 자체가 아닌 기차역 주변 인프라로 설명할 수 있다. KTX역만 보면 사용 빈도가 낮아 굳이 가까이에 있지 않아도 상관없지만, KTX역을 중심으로 지하철(1호선 광명역)이 연결되고, 대규모 상업 시설이 개발되면서 생활 인프라가 크게 개선되었다. 또한 요즘 수요자가 선호하는 새 아파트가 들어서면서 신도시와 같은 인프라가 형성되었기 때문이다. 지방에서도 KTX역이 들어설 예정이거나, 최근 개발되어 허허벌판이 있는 곳은 머지않아 미니 신도시급으로 성장할 가능성이 높다. 단기간 차익을 노리는 것이 아닌 실거주가 목적이라면 새로 들어서는 KTX역 주변 아파트 분양에 관심을 가져도 좋을 것 같다.

만약 SRT 수서역도 광명역처럼 대규모 편의시설과 지하철까지 연결되는 미니 신도시급으로 개발되어, 오피스텔이 아닌 새 아파트가 공

김인만의 트루 내 집 마련 스토리

급되었다면 주변 지역 아파트 가치에 훨씬 많은 도움이 되었을 것이다. 물론, 옵션 요소가 추가되는 것도 긍정적인 일이다. SRT역 신설이 아파트 시장 분위기 상승과 더불어 그동안 강남권에서는 다소 소외되었던 일원, 수서 지역 아파트 가치 상승에 큰 힘이 된 것은 분명하다.

아파트 광고 속 호재,
제대로 읽으려면?

09

'보이는 것만 믿으세요.' 어느 증권회사의 광고 문구다. 그런데 과연 눈에 보이는 것은 믿어도 될까? 착시나 편향된 사고 때문에 사람은 같은 현상을 보더라도 각자 다르게 판단할 수 있다. 실제 길이가 같은 두 선 끝의 모양을 다르게 하면 길이가 다르게 보이기도 한다. 하물며 처음부터 목적을 가지고 눈을 속이고자 하는 것이 있다면, 오히려 눈에 보이는 것을 더 조심해야 할 수도 있다.

이번에는 아파트 광고에 관한 이야기를 할까 한다. 아파트 광고는 보이는 것이 전부가 아니다. 홈쇼핑을 보다가 좋아 보여서 물건을 샀다가 생각보다 다르다면? 반품하거나 그런가 보다 하고 넘어갈 수 있다. 하지만 금액부터 억 단위가 넘는 아파트 분양은 차원이 다르다.

대형 쇼핑몰, 과연 호재일까?

S 사의 대형 쇼핑몰이 생길 예정이라는 이유로 아파트 분양권 프리미엄이 오르다가, 막상 쇼핑몰이 생기자 오히려 아파트 가격이 내려갔다고 하소연하는 고객을 만난 적이 있다. 쇼핑몰이 생기면 좋은 일인데 아파트 가격이 왜 내려갔을까?

자, 생각해보자. 대형 쇼핑몰이 아파트 인근에 있으면 편하고 좋기는 할 것이다. 하지만 일주일에 몇 번이나 이용할까? 처음에는 호기심으로 자주 갈 수 있지만 두세 번 정도 다녀오고 나면 그다음부터는 필요할 때만 이용하게 된다. 필요하면 차나 연계된 대중교통을 타고 가도 된다. 군이 도보로 갈 이유는 없다. 잘해야 한 달에 한두 번 이용할 텐데 군이 프리미엄을 더 주고 쇼핑몰 인근의 아파트를 살 이유가 있을까? 글로벌 가구 매장이 내 아파트 근처에 생기면 좋긴 하겠지만, 군이 돈을 더 주고 가구 매장 인근 아파트로 갈 이유가 있을까? 항상 투자는 본인이 아닌 타인, 제삼자 관점에서 보고 생각해야 한다.

교통 호재, 시기를 잘 살펴야

지하철도 개발 호재의 단골 메뉴다. '지하철 개통 예정' 또는 '지하철 착공 예정'이라는 문구는 분양 광고에서 흔히 볼 수 있다.

수년 전 모 신도시 아파트 분양을 할 때 지하철 9호선이 연장될 것이라고 홍보했는데, 결국 9호선이 아닌 도시철도로 확정이 되었다. 그마저도 5년이 지난 지금도 개통이 안 되고 있다. 수원 광교 신도시까지 연결된 신분당선 연장 사업도 애초 계획은 2019년에 수원 호매실까지 개통 예정이었지만 아직 착공의 기미도 없다.

지하철 신설 및 연장 사업은 지방자치단체장이나 국회의원의 한마디로 되는 사업이 아니다. 국가철도망 구축계획에 포함되어야 하고, 예비타당성 조사도 해야 하는 등 상당히 긴 시간이 걸리고 어려운 사업이다. 예비타당성 통과 플래카드가 붙으면 '이제 시작이구나, 앞으로 개통까지 10년은 걸리겠구나.' 생각해야 하고 실제로 더 오랜 시간이 필요할 수도 있다. 인덕원에서 동탄으로 연결되는 인덕원선도 최근 속도를 내고 있지만 10년 전에도 금방 될 것 같은 기대가 있던 호재였다.

공공기관 이전, 때에 따라 다르다

법원이나 도청 등 공공기관 이전도 분양 광고에서 자주 볼 수 있는 개발 호재다. 물론 공공기관이 이전되면 수요가 늘어나고 인프라가 좋아지니 당연히 좋다. 하지만, 실제 공공기관 이전이 아파트 가격 상승에 큰 영향을 줄 만한 것인지는 따져볼 문제다.

도청을 이전한다고 가정해보자. 도청에 근무하는 인원이 꼭 근처 아파트에 거주해야 할 이유는 없다. 물론 일부는 근처 아파트를 구하겠지만 출퇴근이 가능한 거리라면 대부분은 굳이 이사하지 않을 것이다. 세종시처럼 출퇴근이 어렵고 공공기관과 신도시가 동시 개발되어 특별 분양 자격을 주는 경우라면 문제가 다르겠지만, 이미 아파트가 개발된 지역에 추가로 공공기관이 이전하는 경우에는 이전 효과가 기대보다는 그리 크지 않을 것이다.

법원 이전도 마찬가지다. 법원이 이전된다고 아파트 가격이 크게 오르는 것은 기대감일 뿐이다. 이전 효과가 없다고 할 수는 없지만, 과대 포장이 아닌지 생각해봐야 한다. 그런 논리면 서울시청 주변 아파트가 서울에서 가장 비싸야 하는 것이 아닐까? 물론, 아파트와 달리 상가 부동산은 큰 영향을 받을 수 있어서 개발 호재에 더 민감한 경향이 있다. 대학교, 도청, 법조 타운, 대형 쇼핑몰, 지하철 등 개발 호재는 지나친 기대를 하기보다는 냉정하게 생각해볼 필요가 있다. 실제 개발 호재가 단시간에 실현된다면 좋겠지만, 아무것도 확정된 것이 없는 추진 단계거나 소문 단계라면 상당히 긴 시간과의 싸움을 각오해야 한다.

또, 개발 호재의 효과에 대해서도 현실적으로 들여다봐야 한다. 대학교가 이전되면 자녀가 그 대학교에 갈 수 있는 것도 아닌데 왜 아파트에 호재가 되겠는가? 물론 상권이 활성화될 수 있고 대학교수나 교직원의 임대수요는 늘어날 수 있어 긍정 효과는 있지만, 지나치게 부풀려지는 경향이 많다.

거리와 시간, 실제로 따져봐야

미래가치인 개발 호재에 대한 기대감을 부풀리는 것도 주의가 필요하지만, 지하철역이나 학교 등 현재가치를 과대평가하는 경우도 주의해야 한다. 도보 10분 거리 역세권 아파트라고 해서 실제 현장에 가서 걸어보면 10분 이상 걸리는 경우가 허다하다.

사실 물리적 거리가 아닌 시간적 거리는 편차가 있기 때문에 논란의 여지가 있다. 도보 기준이 성인 남자인지 성인 여자인지 초등학생인지에 따라 시간 차이가 발생하기 때문이다. 그래서 일반적으로 도보 시간은 성인 여자 걸음 기준으로 하는 것이 가장 보편타당하다. 실제 도보 15분 거리임에도 도보 10분이라거나, 도보가 아닌 차량 이용 10분 거리를 차량 이용 글자를 작게 표기해 10분 거리만 강조하는 경우도 있다. 게다가 지도상 직선거리를 그어서 물리적 거리가 가깝다고 홍보하는 경우도 있다.

학교는 초등학교 이용 거리가 중요하다. 중학교나 고등학교는 청소년들이 좀 걸어 다니거나 버스를 타도 크게 문제가 되지 않지만, 초등학교는 도보 10분 이내 거리인지, 통학길이 안전한지에 따라 아파트 가치에 영향을 준다. 초등학교 거리는 지하철역과는 달리 초등학생 걸음걸이 기준으로 생각해야 한다.

강남과의 거리를 강조하는 경우도 종종 눈에 띈다. 강남과 50분 거리라고 되어 있는데, 실제는 고속도로를 타고 정체 없이 시속 100km 이상 달려야 가능한 시간이라면, 현실적이라고 할 수는 없을 것이다. 지하철역이나 학교, 강남까지 거리는 현장 조사를 통해 시간을 측정해 보는 것이 좋다.

뿌리치기 힘든 투자 수익의 유혹

아파트 분양을 받을 때 아무리 실거주 목적이라고 해도 투자가치를 생각하지 않을 수는 없다. 내가 당첨된 분양권에 프리미엄이 붙는다는데 싫어할 사람이 있을까? 그래서 무조건 프리미엄이 붙는다, 계약만 하면 프리미엄을 받고 바로 전매해 줄 수 있다는 달콤한 유혹의 속삭임에 넘어가는 경우가 있다.

인기가 높은 분양 현장에 가보면 이런 투자 수익의 달콤함으로 분양 시장을 교란하는 '떴다방'이 등장하곤 한다. 물론 결과가 좋으면 성공적인 투자가 될 수는 있지만, 기대와 달리 프리미엄이 붙지 않거나 전매가 되지 않아 본의 아니게 입주 시점까지 끌고 가면서 마음고생하는 경우도 발생할 수 있는 것이 분양권 투자다.

부동산시장 분위기가 좋지 않거나, 미분양 떨이의 경우 조금 더 믿음을 주기 위해 관계자 본인의 도장을 찍은 투자 책임 확인서를 써주는 경우도 있는데, 향후 문제가 생기면 아무런 안전장치가 되지 못한다. 실제로 책임을 지는 경우는 거의 없으며, 소송하더라도 해결되기 쉽지가 않다.

무조건 쉽고 확실하게 투자 수익이 생길 수 있다는 말은 운이 좋으면 진실이 되지만 운이 나쁘면 거짓이 되는지라, 감당할 수 있는 만큼의 위험에 투자하는 것이 바람직하다. 분양 광고는 어디까지나 계약을 성사시키기 위한 목적이 있다는 것을 염두에 둬야 한다. 물론 모든 아파트 분양 광고가 앞서 말한 경우처럼 과대광고는 아니겠지만, 거액의 소중한 자산이 들어가는 일인 만큼 광고를 맹신하기보다는 신중한 접근이 필요하다.

주거비 부담 ↓ 나에게 맞는 공공임대주택은?

10

대통령이 바뀔 때마다 서민 주거 안정을 위해 대규모 공공주택 공급 계획을 발표한다. 문재인 정부 역시 2017년 주거복지로드맵과 2018 년 9·21 대책을 통해 3기 신도시를 비롯한 30만 호의 대규모 주택을 공급할 계획이다.

주거복지로드맵에는 공공분양과 금융지원 등 다양한 프로그램이 있지만, 핵심은 임대주택이다. 임대주택에 대한 부정적인 이미지가 있는 것은 분명한 사실이지만, 예전과 달리 임대주택에 대한 인식이 점점 개선되고 있다. 부동산 투기로 인한 사회적 부작용을 최소화하고 미래 사회 주역이 될 젊은 층의 주거 안정을 위해서 임대주택의 확대 공급은 정권이 바뀌더라도 반드시 추진해야 할 국가 프로젝트다.

임대아파트가 아주 많이 공급되어 임대아파트에 거주하는 사람이 많아지고, 집을 소유하는 것이 부담스러운 사람은 합리적으로 임대아파트를 선택하는 것이 자연스러운 사회가 되었으면 한다. 반드시 내 소유의 집을 보유해야 한다는 것 역시 고정관념이 아닐까?

그런데 공공임대주택을 잘 알지 못하는 사람이 의외로 많다. 임대주택에 한번 입주하면 영원히 임대로 거주할 수 있는 영구 임대만 있을까? 아니다. 공공임대, 장기전세, 행복주택 등 공공임대주택의 종류는 다양하다. 뭐가 이리도 많은지 몰라서 못 하겠다는 사람도 많다. 임대주택의 종류와 차이점에 대해 꼼꼼하게 파악해보자.

공공? 민간? 매입? 임대주택의 종류는?

임대아파트는 시세보다 저렴한 가격으로 거주할 수 있는 장점이 있지만, 아직은 임대아파트에 대한 부정적인 선입견도 있다. 무주택, 청약통장, 소득 및 자산 등 자격요건 또한 까다롭고 입주 기간 무주택을 유지해야 하는 등 번거로움이 많은 것도 사실이다.

임대아파트에 관심이 있다면 자격요건을 갖추었는지 먼저 확인해봐야 한다. 임대주택의 종류는 다음 표에서 보듯이 임대주택법상 건설임대주택과 매입임대주택으로 크게 구분할 수 있다.

매입임대주택은 주택을 구매하여 임대 사업자를 등록한 후 임대로 나오는 주택으로, 임차인 입장에서는 특별한 자격요건이나 규제는 없고 임대 사업자와 협의하여 임대주택의 가격과 기간을 결정하면 된다. 건설임대주택은 국가나 민간이 임대를 목적으로 건설하는 주택으로

구분	건설 임대 주택		매입 임대 주택
	공공 건설 임대 주택	민간 건설 임대 주택	
임대료	국토부 고시 준임대보증금 및 임대료 적용 중형공공임대주택(전용 85㎡ 초과) 및 민간건설 공공택지 외 85㎡ 이하, 10년 임대주택 제외	제한 없음	제한 없음 준공공임대주택은 최초 임대보증금 및 임대료를 시세 이하로 제한
임대 의무 기간	5, 10, 20, 30, 50년	4, 8년	5~30년
임차인 자격	무주택 세대 구성원	임대 사업자가 결정	임대 사업자가 결정

임대주택법상의 임대주택 구분

공공건설 임대주택과 민간건설 임대주택으로 구분된다.

공공임대주택은 국민주택기금이나 국가 또는 지자체의 재정으로 LH나 지방공사가 건설하는 임대주택이며, 민간임대주택은 민간자금으로 건설하는 임대주택이다.

민간 임대아파트는 기존 5년 또는 10년 민간건설 공공임대, 10년 준공공 매입임대, 5년 민간건설 일반임대, 5년 민간 매입임대로 구분되었는데, 최근 일반형 임대(8년 장기임대와 4년 단기임대), 뉴스테이라고 부르는 기업형 임대로 단순화되었다.

공공임대주택에는 어떤 것들이 있나?

공공임대주택은 아래 표에서 보듯이 영구 및 50년 공공임대, 국민임대, 장기전세, 5년 또는 10년 공공임대, 행복주택이 있다.

분양전환이 되는 공공임대주택은 당첨과 동시에 청약통장 효력이

구분	영구임대	국민임대	장기전세	공공임대	행복주택
임대 기간	영구/50년	30년	20년	5년(10년)	30년
공급 조건	보증금+임대료 시세 30% 수준	보증금+임대료 시세 60~80% 수준	전세금 시세 80% 수준	보증금+임대료 시세 90% 수준	보증금+임대료 시세 60~80% 수준
공급 규모	40㎡ 이하	85㎡ 이하 통상 60㎡ 이하	85㎡ 이하 통상 60㎡ 이하	85㎡ 이하	45㎡ 이하
공급 대상	생계급여 또는 의료급여 등 소득 1분위	무주택세대 소득 2~4분위	무주택세대 소득 3~4분위	무주택세대 소득 3~5분위	무주택세대/ 무주택자 소득 2~5분위

상실되지만, 분양전환이 되지 않는 국민임대나 장기전세주택 등은 당첨되어도 청약통장은 살아 있기 때문에 추후 청약에 활용할 수 있다. 임대아파트 관련 정보는 LH청약센터(apply.lh.or.kr)에 접속하여 참고하거나 LH공사에서 운영하는 주거복지포털 마이홈(www.myhome.go.kr)에서 확인할 수 있다. 공공임대주택에 대해 조금 더 상세하게 알아보자.

1. 영구임대아파트

기초생활수급자 등 취약계층의 주거 안정을 위해 임대하는 주택으로 임대의무기간은 영구 또는 50년이다. 국가, 지자체, LH, 지방공사 등이 공급 주체로 영구임대아파트는 전용 40m² 이하, 50년은 전용 60m² 이하로 공급된다. 영구는 소득 1분위 즉, 가장 어려운 계층이 대상인만큼 보증금+임대료는 시세의 30% 수준에서 결정된다.

공급 대상은 무주택세대주로서 기초생활수급자, 유공자, 일군 위안부, 북한 이탈 주민, 장애인등록증이 교부된 자, 65세 이상 직계존속 부양하는 자로 수급자 선정 기준 소득 인정 이하, 아동복지시설에서 퇴

영구임대아파트 입주 절차

① 입주 신청(수급자 → 지자체)
② 예비입주자 명단작성(지자체 → 수급자)
③ 계약안내(LH → 예비접수자)
④ 임대차계약체결
⑤ 입주

소하는 자로 아동복지시설의 장이 추천하는 자, 전년도 도시 근로자가구 월 소득의 50% 이하인 자, 국토부 장관 또는 시도지사가 영구임대주택 입주가 필요하다고 인정하는 자 등이다.

입주 자격에 해당하면 영구임대 단지가 속해 있는 지역의 지방자치단체(동사무소나 구청)에 입주 신청을 하면 해당 지방자치단체에서 예비입주자 명단을 작성하여 LH에 통보하고 영구임대주택 입주자 중 퇴거 세대 발생 시 예비 입주 순서에 따라 관리사무소가 계약 안내를 통보한다.

신청자(세대원 전원 포함)의 소득 및 자산 자료는 사회보장정보시스템의 조사 결과에 의하며 적격으로 판단되면 임대차계약을 체결하고 입주 잔금, 관리비 예치금을 납부한 후 입주한다. 그리고 주민등록 이전을 하면 비로소 영구임대아파트의 거주자가 될 수 있다. 영구임대아파트 입주 절차는 위와 같다.

2. 국민임대아파트

무주택 저소득층의 주거 안정을 위해 재정, 기금 지원을 받아 임대하는 주택으로 임대의무기간은 30년이다. 국가, 지자체, LH, 지방공사 등이 공급 주체로 공급면적은 전용 85m²다. 보증금+임대료는 시중 시세의 60~80% 수준에서 결정된다. 무주택세대로서 소득(전년도 도시 근로자 가구원 수별 가구당 월평균 소득 100% 이하)과 자산 기준(보유 부동산, 자동차 가액이 기준 금액 이하)을 충족하는 자가 공급 대상이다.

입주자 모집 건별 공급 여건에 따라 현장과 인터넷으로 신청을 받은 후 인터넷 접수자에 한해 서류제출 대상자를 발표한다. 인터넷 접수를 한 서류제출 대상자의 서류를 신청받아 사회보장정보시스템을 이용하여 신청자(무주택세대구성원 전원 포함)의 소득과 자산 자료를 조사하는데,

국민임대아파트 입주 절차

① 신청(현장, 인터넷)

② 서류제출대상자 발표(인터넷접수자 한함)

③ 서류제출대상자 서류접수(인터넷접수자 한함)

④ 소득/자산조사(사회보장정보망)

⑤ 소득/자산 소명 요청(개별통보)

⑥ 소명접수 및 심사

⑦ 당첨자 발표

부적격이거나 이상이 있다고 판단되는 사람만 개별적으로 소득 및 자산에 대한 소명을 요청한다.

전산 검색 결과 부적격자로 판명된 자가 통보 내용과 다르거나 이의가 있으면 재확인 기간 내 객관적인 증명 서류를 제출해야 하며 기간 내 증명 서류를 제출하지 못하거나 부적격 사유에 대한 이의가 없으면 당첨자에서 제외된다. 이렇게 당첨자가 선정되면 홈페이지에서 당첨자를 발표한다.

3. 장기전세주택

전세 계약 방식으로 공급하는 임대주택으로 임대의무기간은 20년이다. 국가, 지자체, LH, 지방공사 등이 공급 주체로 공급면적은 전용 85m² 이하이며 보증금은 시중 시세의 80% 수준에서 결정된다.

공급 대상은 무주택세대로서 소득(전년도 도시 근로자 가구원 수별 가구당 월평균 소득 100% 이하)과 자산 기준(보유 부동산, 자동차 가액이 기준 금액 이하)을 충족하는 자다. 신청 및 대상자 선정은 국민임대아파트와 같이 입주자 모집 건별 공급 여건에 따라 현장과 인터넷으로 신청을 받고 요건 확인을 한 후 소명을 받아 당첨자를 발표한다.

4. 5년(10년) 공공임대아파트

임대 기간 종료 후 입주자에게 우선 분양전환이 되는 임대주택으로 임대 의무 기간은 5년 또는 10년이다. LH, 지방공사, 민간 건설업체 등이 공급 주체이며 전용 85m² 이하로 공급된다. 시세의 90% 수준에서 임대료가 결정된다.

공공임대아파트 입주 절차

1. 입주자모집공고
2. 청약접수(현장, 인터넷)
3. 당첨자발표
4. 자격심사
5. 소득/자산 등 소명
6. 계약체결

　공급 대상은 무주택세대구성원으로서 소득(전년도 도시 근로자 가구원 수별 가구당 월평균 소득 100% 이하)과 자산 기준(보유 부동산, 자동차 가액이 기준 금액 이하)을 충족하는 자로 해당 주택건설지역에 거주하여 자격요건이 되는 일반공급과 3자녀, 신혼부부, 생애 최초, 노부모 봉양, 국가유공자 등 특별 공급으로 공급된다.

　공급 주체의 홈페이지에서 입주자 모집 공고가 나오면, 입주 자격을 확인하여 청약통장 순위와 자산 및 소득 등으로 정한 입주자 선정 기준에 따라 입주 대상자가 선정되며 입주 자격 검증 결과 적절한 자에 한하여 임대차계약이 체결된다. 예비 당첨자는 당첨자의 미계약 또는 해지 발생 시 순차적으로 계약이 체결된다. 공공임대아파트 입주 절차는 위와 같다.

5. 행복주택

대학생, 신혼부부, 고령자, 산업단지 근로자 등의 주거 안정을 위한 임대주택으로 의무 기간은 30년이지만 입주 계층에 따라 거주 기간은 다르다. 보증금과 임대료는 시세의 60~80% 수준에서 결정되며, 대상자 특성상 전용 면적 45m² 이하로 공급된다. 자격요건은 국민임대와 공공임대 기준에 준용된다.

6. 분납임대주택

임대의무기간 동안 주택 대금을 나눠서 내고, 임대의무기간이 종료된 후에는 소유권을 취득하는 주택이다. 소유권을 취득하는 점은 5년(10년) 공공임대주택과 비슷하지만, 주택 대금을 분할 납부하는 점은 차이가 있다. 분납금과 임대료는 시중 시세 이하로 결정되지만, 간혹 높게 책정된다는 반발이 발생하기도 한다.

계약 시 최초 주택 가격의 30%, 입주일로부터 4년 후 20%, 입주일로부터 8년 후 20%, 최종 분양전환 시 30% 비율로 분납한다. 임대 자격과 절차는 5년(10년) 공공임대주택과 같다.

택지개발사업, 도시개발사업 차이점은 무엇?

11

현재보다 가치가 더 높아지리라는 기대감이 있는 아파트를 사고 싶은 마음은 인지상정이다. 아무리 실거주가 목적이라고 하더라도, 내 재산 가치가 높아지는 것을 마다할 사람이 있을까? 가치가 높아질 아파트를 선택할 때, 가장 중요한 것이 해당 아파트가 지닌 미래가치다. 미래가치는 곧 개발 호재가 있는지와 직결된다고 볼 수 있기 때문이다.

개발 호재 또한 다양한 요소가 있는데, 그중에서도 사람들이 흔히 혼동하는 택지개발사업과 도시개발사업에 대해서 알아보려고 한다. 택지개발과 도시개발은 무엇인지, 또 어떤 차이가 있는지 하나씩 알아보자.

택지개발사업이란?

택지개발사업은 정부가 주도하여 서민의 주거 생활을 안정시킬 목적으로 도시 지역과 그 주변 지역을 중심으로 대규모 주택 건설에 필요한 택지를 취득해, 비교적 저렴한 가격으로 택지를 개발, 공급하는 사업이다. 택지개발사업을 위한 택지개발지구는 원칙적으로 10만m² 이상의 규모로 택지개발촉진법에 따라 국토해양부 장관 또는 특별시장, 광역시장, 도지사, 특별자치도지사가 지정 고시한다. 1980년 택지개발촉진법이 제정된 이후 1981년부터 전국적으로 택지개발사업이 시행되었다.

서울의 개포, 고덕, 목동, 상계, 중계, 가양지구 등과 경기도 화성시의 봉담, 향남지구, 남양주 진접지구 등이 모두 택지개발사업이다. 또 분당, 일산으로 대표되는 1기 신도시와 위례, 광교 등 2기 신도시도 모두 택지개발사업으로 문재인 정부는 신규 택지를 개발하여 3기 신도시를 비롯한 30만 호 정도의 대규모 주택을 2021년부터 점차 공급할 계획이라고 한다.

과거의 택지개발사업

그렇다면, 1980년 택지개발촉진법이 제정되기 이전에는 대규모 아파트 공급이 없었던 것일까? 그렇지 않다. 박정희 정부 시절 경제 성장과 주택 공급을 위해 도시계획에 따라 시가지 주택개발사업이 추진되었다. 그에 따라 1962년 건축법, 도시계획법 등이 제정되었고, 대한주택

공사가 설립되면서 본격적으로 대규모 공급이 시작되었다.

한국 최초의 아파트인 마포 아파트를 비롯해 한강맨션, 반포 1단지, 여의도, 압구정 현대아파트 등 대규모 주거 단지가 이 시기에 차례로 건설되었다. 특히, 1966년 기존의 도시계획법에서 토지구획정리사업법이 분리 제정되면서 강남(영동지구 개발)에 대규모 택지와 공공용지가 개발되었다.

토지구획정리사업은 택지조성을 하면서 원래 토지 면적의 일부를 공공용지로 활용하고, 일부 땅을 체비지로 바꾼 후 매각해서 사업비를 충당하는 방식으로 진행되었다. 재정 부담이 적지만 땅값 급등으로 사업 기간이 길어지는 문제도 있었다. 이런 토지구획정리사업은 1980년 개발예정지구를 정부가 일괄 매수해 택지로 개발하는 공영 방식의 택지개발촉진법 제정으로 역사 속으로 사라졌지만, 토지구획정리사업법이 없었다면 아마 현재의 강남이 존재하지 못했을 것이다.

2014년 9월 1일 부동산 종합대책이 발표되었는데, 부동산시장의 안정을 위해 대규모 개발을 억제하고 과도한 주택공급을 막으려는 목적으로 택지개발촉진법이 폐지되면서 신규 택지 공급도 중단되었다. 물론 최근에도 작은 규모의 택지가 개발은 되고 있지만, 신도시급의 대규모 택지지구 개발은 진행되고 있지 않다. 하지만 최근 서울 집값 안정을 목적으로 수도권 주택공급을 늘리기 위해 3기 신도시를 비롯한 신규 택지지구 개발을 다시 추진하고 있다.

택지개발사업은 각종 기반 시설과 주거, 상업, 업무 시설 등이 체계적으로 개발되기 때문에, 젊은 수요자의 선호도가 높고 그만큼 주변 구도심보다 집값도 강세를 보이는 경우가 많다.

도시개발사업이란?

정부 주도의 대규모 신규 택지개발이 중단된 이후, 도시개발사업이 새로운 대규모 주거 단지 공급 방식으로 떠오르고 있다. 도시개발사업은 말 그대로 도시개발과 도시환경 조성을 목적으로 하는 사업으로 도시개발구역 지정을 받는 동시에 개발 계획을 수립해 진행한다.

도시개발사업의 시행자는 국가나 지방자치단체, 공공기관, 정부출연기관, 지방공사, 도시개발구역의 토지 소유자다. 공공이 주도하는 택지개발사업과 달리 도시개발사업은 민간이 주도할 수 있는 주택개발사업이다.

도시개발사업이 되는 도시개발지구는 택지지구보다 전매 제한 등 규제에서 다소 유리한 점이 있고, 민간과 지방자치단체가 공동으로 추진하는 경우도 많아서 최근 활발한 움직임을 보인다.

의왕시 백운호수 주변에 대규모 아파트 단지인 의왕백운밸리가 개발 중인데, 도시개발사업의 사례다. 분양 당시 환경파괴를 우려하는 목소리가 있었고, 나 역시 이런 개발은 이제 그만했으면 하는 바람이지만 현재 제법 높은 프리미엄이 형성되었다. 또 안산시 사동의 그랑시티자이 역시 성공적인 도시개발사업으로 평가받고 있다.

도시개발사업, 택지개발사업 차이점은?

그 외에도 안산, 김포, 의정부 등 다양한 지역에서 도시개발사업이 진행 중이다. 현재 공공주도의 택지개발사업은 전국적으로 19곳이 시행 중이고, 3기 신도시가 추진 단계에 있다. 반면에 도시개발사업은 218곳이 시행 중이고 신규 지정도 8곳 정도가 된다.

대규모 주택 공급을 목적으로 정부 주도하에 도시 외곽 지역에 신도시를 개발하는 택지개발사업과 달리 도시개발사업은 도시개발법에 따라 조성되기 때문에, 택지개발사업보다 규모가 작지만 입지 제한이 없다. 평택시의 경우 무려 15개 도시개발구역을 민간 제안 사업으로 지원하고 있다. 아무래도 공공이 아닌 민간이 개발을 진행하니 개발 속도가 빠르고 이미 갖춰진 생활 인프라를 공유할 수 있어 초기 개발 단계에 입주해도 생활에 큰 불편함이 없는 점이 장점이다.

하지만 도시개발사업에 무조건 장점만 있는 것은 아니다. 사업 방식에 따라 환지 방식(수용된 토지주인에게 보상금 지급 대신 개발구역 내 조성된 땅을 주는 방법)의 경우 기간이 오래 걸리는 경우가 있고 개발로 인한 이익이 낮을 경우 추가 분담금이 발생할 수도 있다.

평택, 인천 등 다양한 지역에 걸쳐 7,200세대 규모의 도시개발사업

구 분	도시개발사업	택지개발사업
관련 법령	도시개발법	택지개발촉진법
사업목적	다양한 용도 및 기능의 단지나 시가지 조성	주택공급을 목적으로 도시 외곽이나 신도시 개발을 통해 대규모 주거단지 조성
개발 주체	공공, 민간, 민·관 공동	공공
사업방식	수용, 환지, 환용방식	수용

도시개발사업과 택지개발사업 비교

아파트가 곧 분양에 나설 계획이다. 무조건 청약보다는 기존 도심 생활 인프라 공유 여부나 기반 시설 확충, 입지, 주변 새 아파트 시세 등 미래가치를 따져 옥석을 가려야 한다.

임대 사업자 등록, 득과 실은?

12

2018년 9·13 부동산 대책 발표 이후 서울 집값 상승이 주춤했다. 대출 규제 강화와 종합부동산세 인상 외에도 임대 사업자 혜택 축소가 눈에 띈다. 조정대상지역 신규 취득 임대주택 양도세 중과 및 종합부동산세 합산 과세 면제가 불가능해졌고, 집값의 최대 80%까지 해주던 임대 사업자 대출한도를 40%로 줄인 것이다.

2017년 12월 다주택 보유자가 임대 사업자 등록을 하면 세금 감면을 확대해준 지 불과 8개월 만에 정부 정책이 번복된 것이다. 주택임대 사업자는 무엇일까? 주택임대 사업자에게 어떤 혜택이 있기에 정부에서 혜택을 거두려는 것인지, 어떤 사람이 임대 사업자 등록을 하는 것이 좋은지 알아보자.

주택임대 사업자 얼마나 등록했나?

국토교통부에 따르면 2018년 7월 기준 임대 사업자 등록자 수가 321만 명을 넘어섰다. 2014년 10만 1,350명이던 임대 사업자 등록자 수는 2015년 13만 9,625명, 2016년 17만 9,713명, 2017년 24만 1,405명을 찍고 2018년 7월 32만 224명으로 껑충 늘어났다.

국내 최다 주택자는 서울이 아닌 부산에 거주하는 60대로 무려 604가구나 보유하고 있다고 한다. 604가구면 무슨 집을 가졌는지 기억하기도 어려울 것 같다. 또 2018년 7월 한 달간 등록한 임대 사업자는 6,914명으로 2017년 동월 대비 52.4%, 전월 대비 18.7% 증가했다. 지역별로 보면 서울(2,475명)과 경기도(2,466명)에서만 총 4,941명이 등록해 전국 신규 등록 사업자 중 71.5%를 차지했는데 이 통계로 지금 주택시장 분위기를 가늠해볼 수 있다. 7월 임대 사업자가 등록한 임대주택 수는 2만 851채로 2017년 동월 대비 28.2%, 전월 대비 18.7% 증가해 총 117만 6,000채가 임대주택으로 등록되었다. 6월 급등하는 서

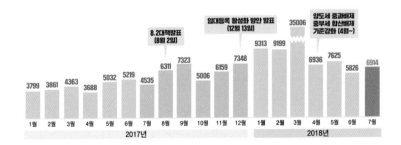

월간 임대주택 등록자수 변화

울 집값을 잡기 위해 임대 사업자 혜택을 축소할 것이라는 정부 발표가 나오자 7월 임대 사업자 등록이 늘어난 것이다.

주택임대 사업자, 어떤 혜택이 있나?

임대 사업자는 상가나 업무용 오피스텔이 임대 대상인 일반임대 사업자와 주택이 임대 대상인 주택임대 사업자가 있는데, 여기서는 주택임대 사업자를 중심으로 이야기하도록 하겠다.

　주택임대 사업자는 공공주택 사업자가 아닌 자로서, 주택을 임대하는 사업을 할 목적으로 '민간임대주택에 관한 특별법령'에 따라 등록한 자이고, 민간임대주택은 임대 목적으로 제공하는 주택으로 임대 사업자가 같은 법에 따라 등록한 주택을 말한다. 주택임대 사업자는 다시 건설임대주택(300세대 이상)이나 매입임대주택(100세대 이상)을 8년 이상 의무 보유해야 하는 기업형 임대 사업자와 준공공임대주택(8년 이상), 단기임대주택(4년 이상)의 일반형 임대 사업자로 구분할 수 있는데 기업형은 잠시 접어두도록 하자.

　2018년 7월 17일 단기임대주택은 단기민간임대주택으로, 준공공임대주택은 장기일반민간임대주택으로 용어가 변경되었으며, 편의상 단기임대, 장기임대로 사용하도록 하겠다. 주택임대 사업자를 등록하면 다음 표에서 보듯이 재산세, 임대소득세, 종합부동산세, 양도소득세 등 다양한 세제 혜택이 주어진다.

　특히 많은 다주택자가 임대주택 등록에 관심을 가질 수밖에 없는 부분이 2019년부터 강화되는 임대소득세와 종합부동산세에 대한 혜택

임대주택등록에 따르는 세제 혜택

구 분	대상	단기임대	장기임대
재산세	전용 85㎡ 이하 2가구 이상	전용 60㎡ 이하 50% 60~85㎡ 25% 감면	전용 60㎡ 이하 75% 60~85㎡ 50% 감면
임대소득세	제한 없음	필요경비율 70% (미등록 50%) 공제금액 400만 원 (미등록 200만 원)	
	전용 85㎡ 공시가격 6억 원 이하	30% 감면	75% 감면
종합부동산세	공시가격 6억 원 이하	없음	합산배제 보유 주택 수 제외
양도소득세	제한 없음	없음	장기보유특별공제 70% 중과 배제

때문이다. 2018년부터 연 임대소득 2,000만 원 이하 소액 임대소득 과세가 본격 시행되는데 임대 사업자 등록 여부에 따라 필요 경비율(등록 70%, 미등록 50%)과 공제금액(등록 400만 원, 미등록 200만 원)에 차이가 발생하고 전용 85m², 공시가격 6억 원 이하 주택은 단기임대 30%, 장기임대 75% 감면 혜택도 주어진다. 고가 다주택 보유자를 무겁게 누를 것으로 예상되는 종합부동산세 역시 임대 사업자 등록에 따라 무게가 달라진다.

정부에서 발표한 종합부동산세 인상안에 따르면 2018년부터 공정시장가액비율이 현행 80%에서 매년 5%p씩 올라, 2022년에는 100%까지 오른다. 게다가 과세표준 6억 원 초과분에 적용하는 세율은 구간별로 최대 0.7%p 오르고 3주택 이상 및 조정대상지역 2주택에는 추가로 가산된다. 공시가격 6억 원 이하 장기임대의 경우 종합부동산세 합산 배제와 보유 주택 수에서 제외되고 양도소득세는 장기보유특별

공제 70%와 중과배제도 가능하다. 이 정도 혜택이면 등록을 안 하는 것이 이상할 정도다.

하지만 9·13 대책을 통해 혜택이 조금 줄어들 전망이다. 조정대상 지역 신규 취득 임대주택에 대해서는 양도세를 중과하고, 종합부동산세 또한 합산 과세한다. 또한 양도세 감면 혜택을 받으려면 전용면적 85m² 이하라는 면적 조건뿐만 아니라 공시가격이 수도권 6억 원(비수도권 3억 원) 이하여야 한다는 조건도 함께 충족하는 주택이어야 한다. 또, 최대 80%까지 해주던 사업자 대출은 40%까지 줄어든다.

혜택에 따르는 의무는?

정부가 이렇게 많은 혜택을 주면서까지 임대 사업자 등록을 권장하는 이유는 투명 과세를 실현하는 동시에 서민 주거 안정에도 도움이 된다고 판단하기 때문이다. 하지만 아직도 많은 다주택자가 임대 사업자 등록을 하지 않는 이유는 소득 노출을 꺼리기 때문일 것이다. 지금 당장이야 다양한 세제 혜택을 주지만 한번 등록하여 임대소득이 노출된 후 혜택을 없애거나 줄여버릴 수 있다고 걱정하는 사람도 많다. 또 최근 임대 사업 활성화 대책이 나온 지 1년도 되지 않아 혜택 축소를 발표한 영향도 있을 것이다.

임대 사업자 등록으로 얻는 혜택에 따르는 의무도 등록을 주저하게 한다. 보유한 주택이 임대주택이 되면 의무 보유 기간이 적용되어 장기임대의 경우 8년 동안 팔면 안 된다. 만약 의무 보유 기간을 어기고 팔아버리면 집 1채당 최대 과태료 1,000만을 내야 하고 그동안 받은 세제 혜택을 모두 토해내야 한다. 또 의무 보유 기간에는 임대료를 연간 5% 이상 올릴 수 없다. 세입자 입장에서는 장기임대주택에 전세로 들어가면 8년 동안 집주인이 집을 팔지도 못하고 임대료도 많이 올리지 못하니 마음 편하게 살 수 있어, 임대주택 등록이 늘어나면 서민 주거 안정에 도움이 될 수 있다. 어떻게 보면 정부가 해야 할 역할을 민간에서 수행해주는 것이다.

임대 사업자 등록, 어떻게 해야 할까? 임대 사업자 등록을 하는 것이 득이 될지, 실이 될지는 보유 주택 수와 공시가격에 따라 차이가 있어서 계산해본 후 판단해야 한다. 예를 들어 서울에 있는 시세 15억 원(공시가격 12억 원) 아파트에 살면서 전용 84㎡ 8억 원(공시가격 5억 9,000만 원)인 아파트를 사서 임대 후 10년이 지나 양도차익이 3억 원 발생할 경우, 양도소득세는 얼마나 차이 날까?

임대주택으로 등록하지 않으면 조정대상지역 2주택으로 장기보유특별공제를 받지 못하고 중과 10%p를 적용받아 1억 3,500만 원 정도의 양도세를 내야 한다. 만약 8년 장기임대로 등록 후 10년 후 양도하면 장기보유특별공제는 70%까지 올라가 양도세 1,700만 원 정도만 내면 된다. 주택 수와 등록 대상 요건(전용 85㎡, 공시가격 6억 원 이하)에 따라 종합부동산세와 임대소득세도 혜택의 편차가 큰 만큼 비용이 좀 발생하더라도 세무사를 찾아가서 세금을 예상해보고 결정하는 것이 현명하다. 9·13 대책으로 임대 사업자 대출 축소, 조정대상지역 양도세 중과, 종합부동산세 과세, 양도세 감면 가액 기준 적용 등 규제가 강화되었지만, 그래도 여전히 세제 혜택이 남았으니 오래 보유할 가치가 있는 주택이 있다면 임대 사업자 등록을 하는 것이 좋다.

'집값 떨어질까' 불안한 유주택자의 선택은?

13

2018년 9·13 부동산 대책 발표 이후 서울 집값은 숨 고르기에 들어 갔다. 한국감정원 조사에 따르면 서울 집값의 주간 상승률이 9월 3일 0.47% 고점을 기록한 이후 계속 하락했고, 서울 일부 지역은 마이너스까지 떨어지면서 단기간에 둔화되었다. 서울 집값이 이렇게 갑자기 냉각된 데는 6월 박원순 서울시장의 여의도 용산 마스터플랜 발언 이후 9월 중순까지 가파른 상승에 대한 피로감이 누적된 영향과 연이은 9·13 대책과 9·21 대책의 영향이 크다.

정책을 통해 종합부동산세와 대출 규제 강화, 임대 사업자 혜택 축소 등 강한 수요 억제 방안을 제시했고, 3기 신도시를 비롯해 수도권에 30만 호를 공급하겠다는 계획을 발표하면서 매수 대기자에게 심리적 안정을 준 것이다. 관망세가 길어지면서 집값 상승을 주장하다 집값 조정 전망을 하는 전문가도 늘어나고 있으며, 각종 뉴스의 기조도 안정으로 바뀌고 있다. 2018년 가을까지만 해도 집을 사지 못해 불안과 허탈 우울증을 호소하던 사람들은 심리적인 안정을 찾고 있지만, 집을 사서 다행이라고 안도의 한숨을 쉬던 사람들은 혹시나 하는 걱정과 불안감을 조금씩 느끼고 있다. 집을 산 사람도 걱정이 앞서는 요즘이다.

집이 있어도 걱정, 없어도 걱정

"너무 많이 상승한 거 아니에요? 지금 들어가도 될까요?" 2018년 1월 걱정과 불안에 사로잡힌 한 고객이 찾아왔다. 어차피 미래는 모르는 것이고, 시장 분위기가 꺾이지 않았으며 무엇보다 무주택이니 필요하시면 내 집 마련하는 것이 좋겠다는 의견을 주었다. 2018년 9월 전화가 왔다. 정말 감사하다고. 만약 1월에 서울에 집을 사지 않았다면 땅을 치고 후회할 뻔했다면서 이번에는 투자 목적으로 집을 한 채 더 마련하고 싶다는 것이었다. 1월보다 집값이 무려 5억 원 이상 올랐으니 더 투자하고 싶은 마음이 드는 것이 정상이다.

하지만 이번에는 만류했다. 얼마나 더 오를지는 아무도 모르지만, 지금 부동산시장은 단기간에 너무 급등했고 무엇보다 그 고객이 리스크 관리가 너무 안 되어 있었다. 자금이 부족해서 대출을 많이 받아야 하는데 대출이 그만큼 나와줄지도 의문이고 혹시라도 집값 조정기가 와서 떨어지기라도 한다면 대출이자 부담을 감당하기 어려워 보였기 때문이다. 그리고 얼마 전 다시 전화가 걸려왔다. 그때 추가로 한 채 더

김인만의 트루 내 집 마련 스토리

사지 않은 것은 잘한 것 같지만 혹시나 1월에 산 집값이 내려가면 어떻게 하나며 걱정하고 있었다. 집을 사도 걱정, 사지 않아도 걱정, 살아가는 것은 걱정의 연속인 것 같다.

유주택자의 부담은 점점 늘어가고….

집이 있는 사람도 혹시 집값이 내려갈까 고민이 깊어가는 요즘이다. 연이은 부동산 대책으로 심리적 부담뿐만 아니라 실질적인 부담도 점점 늘고 있다. 종합부동산세는 집값이 오르든 내리든 상관없이 매년 증가할 것이다. 종합부동산세를 내던 사람들은 더 많이 내야 하고, 안 내던 사람 중 상당수가 종합부동산세를 내야 할 수도 있다. 만약 2주택 이상이면 팔 때 양도소득세도 중과되며, 2017년 8월 2일 이후 계약한 집은 양도세 비과세를 받으려면 2년 거주 요건도 충족해야 한다. 재건축사업을 진행하는 단지는 초과이익환수도 부담스럽고, 조합원 지위 양도금지로 입주권을 팔 수도 없다.

미국 경제 상황에 따른 변수는 있지만 미국 기준금리가 더 오르면, 한국은행도 어쩔 수 없이 기준금리를 따라 올릴 수밖에 없다. 그렇게 되면 대출이자 부담은 더 늘어날 것이다.

유주택자라면? 선택과 집중이 필요한 시기

이래저래 부담이 늘어날 수밖에 없는 상황인지라 선택과 집중이 필요하다. 대한민국에서 아파트 하나는 보험이다. 장기적으로 서울 도심지역 아파트는 인플레이션에 따른 화폐가치 하락 정도 또는 그 이상 오른다. 무주택 전세로 장기 거주하는 것보다는 그래도 언젠가는 내 집 마련을 하는 것이 좋다. 불안하다고 해서 다 정리해버리고 무주택 상태가 되는 것은 바람직하지 않다. 양도세나 종합부동산세 중과 대상은 조정대상지역 내 다주택 보유자다. 조정대상지역에 보유 가치가 높은 아파트 한 채를 가졌다면 장기 보유하는 것이 좋다. 하지만 소위 '똑똑한' 아파트가 여러 채라면 고민이 필요하다.

임대 사업자 등록 요건에 해당하는 주택이라면 장기임대 등록하는 것이 좋다. 의무 보유 기간과 임대료 상한이 부담스럽지만 그래도 세제 혜택도 있고, 양도세 중과배제와 종합부동산세 합산배제 혜택은 분명 장점이다. 물론 9·13 대책 이후에 취득한 주택은 임대 사업자 등록을 하더라도 양도세 중과배제와 종합부동산세 합산배제 혜택을 받을 수는 없다. 조정대상지역이 아닌 지역에 주택을 보유한다면 양도세 중과 주택 수에 포함되는지 여부를 따져보는 것이 좋다. 조정대상지역이 아니어도 경기도, 광역시, 세종시의 주택은 양도세 중과 주택 수에 포함된다. 2019년 2월 기준 조정대상지역은 아래와 같다.

조정대상지역 현황

서울	전 지역 (25개 구)
경기도	과천, 성남, 하남, 고양, 광명, 남양주, 동탄2신도시, 구리, 안양 동안구, 광교신도시, 수원 팔달구, 용인 수지, 기흥
기타	부산(해운대, 동래, 수영), 세종

예를 들어 조정대상지역인 서울에 1채, 비조정대상지역인 광주광역시에 1채를 가졌다고 치자. 서울 집을 팔면 2주택 양도세 중과 대상이 되어 10%p 추가 과세가 적용된다. 광주광역시 1채가 비조정대상지역이어서 광주 집을 팔 때는 중과가 안 되지만 서울 집을 팔 때는 광주에 있는 집이 중과 주택 수에 포함되어 양도세 중과 대상이 되는 것이다. 이런 집들은 정리하거나 임대 사업자 등록을 하는 것이 유리할 수 있다.

하지만 경기도, 세종(읍, 면), 광역시(군), 기타 지방의 기준 시가 3억 원 이하 주택은 양도세 중과 주택에 포함되지 않는다. 즉, 중과 주택에 포함되지 않는 집을 가졌다면 서울 집을 팔 때 중과되지 않는다. 예를 들어 서울에 1채, 해남에 기준시가 3억 원 이하 1채를 가졌다면, 서울 집을 팔면 2주택이지만 중과가 적용되지 않아 일반세율로 양도하면 된다. 서울 집이 양도차익이 커서 양도세 비과세를 받는 것이 유리하다면 그 외 주택을 정리하는 것이 좋다.

투자를 생각한다면? 신중해야

실거주 목적으로 갈아타기 위해 추가 구매를 하는 것은 괜찮지만 여러 채를 보유 중인 사람이 추가로 더 투자하는 것에는 다소 신중할 필요가 있다. 2013년부터 6년 정도 꾸준히 아파트 가격이 올랐고, 특히 2016년부터 2018년까지 상승 폭이 커서 이제는 다소 부담스러운 시점이 찾아온 것이다.

전세자금 대출로 전세금 인상이 예전보다 쉽지 않은 상황에서 최근 매매가격 급등으로 매매가격과 전세가격의 비율인 전세가율이 낮아진 것은 전세를 끼고 투자하는 '갭투자' 여건이 악화되었다는 의미다. 1주택 이상 유주택자의 대출이 사실상 원천 봉쇄되었고 갭투자 여건까지 어려워진 만큼 신규 투자 수요 유입은 예전만 못할 수밖에 없다. 이제는 숨 고르기를 해야 할 때다. 차면 기울고 오르막이 있으면 내리막이 있고 내리막이 있으면 또 오르막이 온다는 것이 세상 이치다. 쉬어가야 할 때는 쉬어가면 된다. 투자 못 해서 죽은 사람은 없다. 굳이 정부의 정책에 맞설 필요도 없다. 그렇다고 당장 집값이 큰 폭으로 하락할 가능성은 작다. 너무 불안해하거나 초조해할 거 없다. 서울의 집값은 탄탄한 수요와 전세가격이 뒷받침하고, 오르는 폭보다 내리는 폭이 제한적인 하방 경직성이 있기 때문이다.

아파트 가격이
폭락한다고?

아파트 가격 폭락은 올까? 실제로 아파트 가격이 폭락할 것이라고 전망하는 사람도 있는데, 이 주제를 놓고 의견이 분분하다. 하지만, 아파트 가격 폭락은 쉽게 오지 않을 것이라는 게 나의 예상이다. 아파트 가격 폭락설은 어떤 근거로 생기는 것일까? 폭락설의 근거와 아파트 가격 폭락이 쉽게 오지 않는 이유를 알아보자.

아파트 가격 폭락설의 근거는?

"2018~2019년에 아파트 가격이 폭락할까요?" 이런 질문을 하는 사람이 제법 많았다. 아파트 시장의 침체기였던 2011~2012년 당시, 아파트 가격이 폭락하면서 보유하던 아파트를 정리한 사람이 많았다. 몇 년이 흐른 지금, 그때 아파트를 매도한 사람들은 모두 후회하고 있다.

아파트 시장에는 더 오른다는 긍정론과 언젠가 내려간다는 부정론이 항상 공존한다. 이러한 긍정론, 부정론 논쟁과 함께 투자 수익을 기대하는 마음과 투자 손실에 대한 우려와 걱정 또한 투자자의 마음속에 있다. 부동산 폭락설은 투자자의 이런 불안한 심리를 파고든 것이다. 또한, 폭락설은 그럴듯한 근거를 지니기 때문에 부동산 폭락설을 믿고 투자를 포기하거나, 보유한 아파트를 정리했다가 후회하는 사람을 주변에서 쉽게 찾아볼 수 있다.

폭락론을 주장하던 전문가가 아파트 시장이 상승하자 집을 사면서 욕을 먹는 일도 있었다. 시장 분위기가 침체했을 때는 말할 것도 없고, 부동산시장 분위기가 좋을 때도 이렇게 가격 폭락에 대한 이야기가 나오는 이유와 근거는 무엇일까? 아파트 가격이 크게 떨어질 수 있다는 아파트 가격 폭락설의 근거는 주로 두 가지다. 제2의 IMF가 온다는 경제 위기론과 현재 부동산 가격이 소득 대비 너무 높아서 더 오르기 힘들다는 고평가론이 그것이다.

제2의 IMF? 경제 위기론

경제 위기론은 우리나라의 내수경제가 좋지 않고, 분단국가라는 점, 반도체를 제외한 산업 경쟁력이 떨어지고, 미국의 기준금리 인상과 미·중 무역 전쟁 등 세계경제의 불확실성이 커지는 상황을 전제로 한다.

미국의 금리 인상이 본격화되고 대북 리스크가 더 커지면, 국내에

구분	기간	KOSPI	주택가격
1차	85. 10월 ~ 89. 3월	**262% 상승**	평균 **2배 상승**
2차	93. 12월 ~ 94. 12월	36% 상승	보합
3차	99. 1월 ~ 00. 1월	98년 폭락 후 **79% 상승**	98년 폭락 이전 **회복**
4차	04. 6월 ~ 06. 7월	138% 상승	평균 1.7~2배 상승

과거 미국 금리 인상에 따른 영향

들어온 외국의 투자 자본이 급속히 유출되면서 제2의 IMF 경제위기가 올 수 있다는 것이다. 틀린 말은 아니지만 그렇다고 완전히 맞는 말이라 할 수도 없다. 남북 간 평화 분위기가 조성되고 있고 설사 남북 관계가 다시 급랭하더라도 미국, 중국, 러시아가 전면전을 원하지 않는 상황에서 남북 간 전쟁이 발생할 가능성은 매우 낮다. 미국의 금리 인상 역시 이미 예고된 부분이고 금리 인상을 하더라도 과거의 금리 인상 때처럼 단기간에 급격하게 올리기보다는 경제 상황에 따라 점진적으로 인상하고 있다. 그리고 한국은행 역시 자본유출에 대한 선제 대응을 위해 2018년 11월 0.25%p 기준금리를 올린 것만 보더라도 미국 기준금리와의 차이를 1%p 이내로 유지하도록 관리할 것이다.

과거 미국은 1985년 이후 네 번의 큰 금리 인상 시기가 있었는데, 우려와 달리 우리나라 경제에는 큰 영향을 미치지 못했다.

외화보유액이 충분하고, 한·중 통화스와프 연장, 그리고 무엇보다 분단국가인 우리나라에 투자 이익을 얻기 위해 들어온 외국의 투자자본은 미국과의 기준금리 차이가 1%p 이상 지나치게 벌어지지 않으면 썰물처럼 빠져나갈 가능성은 작아서, 경제 위기론을 무시하고 너무 방심해서는 안 되지만 너무 겁먹을 필요도 없다.

아파트 가격은 버블? 고평가론

또 하나의 근거인 고평가론은 아파트 가격이 지나치게 많이 올랐다, 소득은 오르지 않는데 너무 비싸다, 한마디로 '버블'이라는 관점에 근

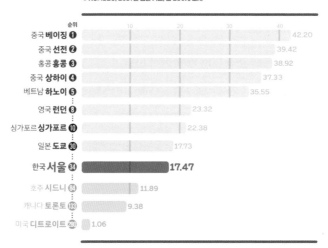

도시 별 PIR (소득대비 주택 가격 비율)

● NUMBEO, 2017년 중반 기준, 홍 280개 도시

순위	10	20	30	40	
중국 **베이징 ❶**					42.20
중국 **선전 ❷**					39.42
홍콩 **홍콩 ❸**					38.92
중국 **상하이 ❹**					37.33
베트남 **하노이 ❺**					35.55
영국 **런던 ❽**			23.32		
싱가포르 **싱가포르 ❿**			22.38		
일본 **도쿄 ㉚**		17.73			
한국 **서울 ㉞**		**17.47**			
호주 **시드니 ㊷**	11.89				
캐나다 **토론토 ⑬**	9.38				
미국 **디트로이트 ⑳**	1.06				

세계 주요 도시 소득 대비 주택 가격 비율

거한다. 가격이 비싸다, 싸다 기준은 개개인의 상황이나 심리에 근거하는 부분도 무시할 수 없기에, 이런 아파트 가격 고평가론은 더 냉정하게 봐야 한다.

우리나라의 주택 가격이 높은지 낮은지를 비교 판단하기 위해서는 가구의 소득수준에 비교해 주택 가격이 적정한지를 나타내는 지표인 '소득 대비 부동산 가격 비율', PIR(Price to Income Ratio)을 다른 나라와 비교해봐야 한다. PIR은 소득을 몇 년 동안 모아야 집을 살 수 있는지를 나타내는 수치로, PIR이 10이면 10년 동안 소득을 모아야 집 한 채를 살 수 있다는 의미다. 세계 국가와 도시의 비교 통계 정보를 제공하는

'NUMBEO'의 2017년 자료에 따르면, 서울의 PIR은 17.4로 280개 도시 중 34위를 기록했다.

세계 주요 도시 소득 대비 주택 가격 비율

개인의 소득 격차와 지역별 주택 상황에 따라 차이는 있겠지만, 평균적으로 17년 4개월 동안 소득을 모아야 서울에 집 한 채를 살 수 있다는 것이다. 집 한 채를 사기 위해 가장 오랫동안 소득을 모아야 하는 도시 1위는 중국 베이징으로 PIR이 42.2나 되었고, 2위는 중국 선진(39.42), 3위는 홍콩(38.92), 4위는 상하이(37.33)로 1~4위 모두 중국이 차지했다.

그 외 하노이, 런던, 싱가포르, 로마, 타이베이, 도쿄 등이 PIR로 봤을 때 서울보다 집 사기 어려운 도시들이다. 280개 도시 중 34위인 서울 집값은 개인의 가치관과 상황에 따라 비싸다고 느껴질 수도 있지만, 과도하게 높거나 위험한 수준이라고 할 수는 없다.

집값, 실제로 많이 올랐나?

아파트 가격이 체감상 비싼 것은 사실이다. 이는 아파트 가격 고평가론을 주장하는 이들이 내세우는 중요한 근거 중 하나다.

하지만 내 집 마련이 어려운 건 비단 지금의 문제만은 아니다. 10년 전에도 비싸다고 난리였고, 20년 전 IMF 시절에는 이제 부동산 시대는 끝났다는 말이 공공연히 돌았다. 그렇다면, 과연 주택 가격은 실제로 많이 오른 것일까? 다음과 같이 지난 30년간 전국 주택 매매가격과 강

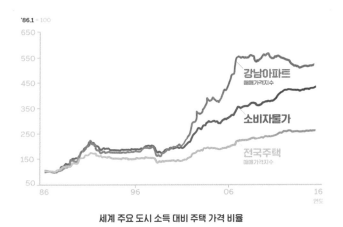

'86.1 = 100

650

550

450

350

250

150

50

강남아파트
매매가격지수

소비자물가

전국주택
매매가격지수

86   96   06   16
연도

세계 주요 도시 소득 대비 주택 가격 비율

남 아파트 매매가격 지수를 물가상승률과 비교해보면 폭락설은 성립하지 않음을 알 수 있다.

물가상승률과 주택 매매가격 지수 비교

전국 주택 가격 지수는 소비자 물가보다 오히려 낮은 수준이고 강남 아파트 매매가격은 높은 수준이긴 하지만, 우리나라 수도 서울에서 가장 부촌인 강남 주택 가격이 높은 것이 이상한 것은 아니다. 물론 1997~1998년 IMF 경제위기와 2008~2009년 금융위기 시절에는 일시적인 폭락이 있긴 했지만, 결국 위기를 극복한 후 다시 정상화되었다. 매년 계속 상승할 수는 없고 상황에 따라 등락이 있을 수 있지만 인플레이션에 따른 화폐가치 하락과 지가 상승을 감안하면 서울 등 도심지역 아파트 가격은 장기적으로는 우상향한다.

폭락설, 냉정하게 판단하자!

부동산시장은 언제나 등락을 거듭하면서 인플레이션만큼 오르는 실물자산이기에 일시적인 폭락론에 휘둘리기보다는 뜨거운 가슴과 차가운 머리로 부동산시장을 냉정하게 분석하며 계획해야 할 것이다. 2012년, 폭락설을 맹신해서 보유하던 부동산을 매도한 사람들은 지금 후회하고 있을 것이다. 어떤 설이든 맹신은 해롭다. 예전 사례들을 타산지석으로 삼는 것도 좋은 방법이다.

오르는 아파트의 공통점! 미래가치가 있다?

부동산에 이제 막 관심을 두기 시작했다면, 현재가치나 미래가치 같은 말을 들어봤을 것이다. 아파트를 비롯한 부동산이 가지는 가치에는 어떤 것들이 있는지, 그 가치가 갖는 의미는 무엇인지 이해하는 것은 기본적이고 중요하다.

미래가치는 투자 측면을 고려할 때 중요한 가치다. 미래에 더 나은 가치로 성장할 수 있는 잠재력이 큰 아파트라고 한다면, 지금 가격은 그렇지 않은 아파트와 비교해 비슷할지라도 시간이 지날수록 더 높은 가치를 지닌 자산이 될 것이다.

아파트의 가치는 어떻게 결정되나

아파트 등 주택은 실거주 목적이 물론 중요하기는 하지만, 우리나라에서 투자가치를 떠나 오직 거주 목적으로만 주택을 구매하는 경우는 거의 없다.

"소장님, 거주 목적으로 아파트를 사려고 하는데요."라고 문의하는 사람이 실제로도 많다. "그러면 정말 다른 목적 없이 순수하게 거주가 목적이세요? 아파트 가격이 오르지 않아도 상관이 없다면 현재가치, 미래가치, 내재가치가 낮은 아파트를 선택하세요. 아파트 가격도 저렴할 테니까요."라고 말하면 또 이렇게 말한다.

"부동산시장 분위기가 좋을 때는 아파트 가격이 같이 오르고, 시장 분위기가 안 좋을 때 다른 아파트와 같이 하락하는 것은 괜찮지만 내 집만 더 많이 떨어지는 것은 싫을 것 같아요."

이 말은 결국 시장가치, 현재가치, 미래가치, 내재가치 즉, 아파트의 네 가지 가치가 모두 좋은 아파트를 사고 싶다는 말과 같은 의미다.

시장 흐름에 맞춰 움직이는 시장가치에 따라 타이밍을 잘 잡는 것은 매우 중요하지만, 부동산 대책, 국내외 경제 상황, 수요와 공급, 투자심리 등 변수가 너무 많아서 운도 따라줘야 한다. 아파트의 현재가치는 아파트를 눈으로 보고 판단할 수 있는 중요한 척도지만, 눈에 보이는 만큼 이미 현재 가격에는 현재가치가 반영된 부분이 많다.

내 마음에 들면 이미 가격이 내가 생각하는 수준 이상일 가능성이 높다. 내 눈에 좋으면 남들 눈에도 좋기 때문이다. 입지, 대지지분 등 부동산의 근원인 토지의 가치인 내재가치는 장기적으로 재건축이나 재개발 가능성이 있다면 당연히 좋겠으나, 재건축이나 재개발 사업이 진행되지 않는 한 대지지분을 활용할 방법은 없어서 큰 의미가 없고, 입지는 이미 현재가치에 반영되어 있다. 결국 현재 시점에서 시간이 흘러 같은 부동산시장 분위기에서 더 많이 상승하길 기대한다면 미래가치가 있는 아파트를 선택해야 한다.

개발 호재와 아파트 미래가치

아파트의 네 가지 가치 중 미래가치는 아파트가 지닌 잠재력이라고 할 수 있는데, 흔히 말하는 개발 호재가 곧 미래가치와 일맥상통한다. 인플레이션에 따른 화폐가치 하락과 지가 상승, 수요 증가나 공급 감소 등으로 부동산시장 상승기에 자연스럽게 오르는 것 이상으로 가치가 상승하려면 뭔가 더 발전할 수 있는 개발 호재가 있어야 한다.

개발 호재는 지역이 개발되어 발전하는 지역 개발 호재와 도로, 지하철 등 아파트 생활에 필요한 SOC(사회간접자본)가 발전하는 교통 개발 호재로 구분할 수 있다. 지역 개발 호재는 도시개발, 산업단지개발, 공공기관 이전, 편의시설 개발 등이 있다. 도시개발은 다시 도심 외곽 지역의 빈 땅에 구역을 지정해 일괄 개발하는 신도시 등 택지지구 개발 사업과 이미 개발이 된 도심의 노후 주거지를 멸실한 후 다시 건축하는 재건축, 재개발 사업이 있다.

신도시 개발이 발표되면 땅값이 들썩이면서 주변 지역 아파트 가격도 같이 움직이는 상황을 봤을 것이다. 신도시가 개발되면 대규모 아파트 단지가 들어서 교통, 생활 편의시설 등 인프라가 개선되는 동시에 인구가 늘어나면서 소득이 증가하고 자연히 땅값과 아파트 가격이 오른다. 특히, 신도시 개발은 공급 물량 자체가 워낙 커서 한꺼번에 동시 분양을 할 수 없기에 시범 단지, 1차, 2차 같은 식으로 시차를 두고 분양하는데, 부동산시장 분위기가 형편없이 침체해 미분양이 발생하지 않는 한 분양하면 할수록 분양 가격은 오른다.

건축자재와 인건비가 오르고 이미 분양했던 분양권에 프리미엄이 붙어 올라갈수록 다음에 분양하는 아파트의 분양 가격은 올라가고, 주변 지역 아파트 가격도 덩달아 올라간다. 그래서 신도시 개발은 곧 호재이자 미래가치가 된다.

앞으로 새롭게 선보일 3기 신도시 시범단지 분양에 관심을 두고 준비해야 할 이유다.

오래된 단지의 변신, 재건축과 재개발

도시 외곽 지역에 신도시 개발이 있다면 도심지역에는 재건축, 재개발 사업이 있다. 이미 개발이 완료된 도시인 서울은 마곡지구를 마지막으로 더 택지개발을 할 땅이 없는 상태다. 결국 노후화된 도심지역이나 아파트를 다시 건축하는 재건축, 재개발을 할 수밖에 없다. 그 때문에 서울에서도 아파트가 들어선 지 오래된 강남 4구에 재건축 사업이 집중되어 있다.

반면, 재개발 사업은 아파트 단지보다 조금 더 넓은 범위로, 낙후되거나 오래된 도심지역 일대를 일괄적으로 개발하기 때문에 주로 강남 외 강북 도심지역에서 진행된다. 당장 보기에는 오래되어 낙후된 찌그러져 가는 아파트나 주택, 빌라지만 희소가치가 높은 서울 도심 새 아파트로 변신할 귀한 몸이기 때문에 재건축, 재개발 가능성이 있는 부동산은 지금 당장의 모습이 아니라 향후 미래의 모습을 그려보면서 가치를 판단해야 한다. 가끔 재건축 예정 단지를 보며 이렇게 오래된 아파트가 왜 이렇게 비싼 건지 이해가 안 된다고 말하는 사람이 있는데, 이는 미래가치를 보지 못해서 하는 말이다.

일자리 또한 중요한 호재

도시 개발 외 대규모 공장이 신설되거나 기업이 이전하는 산업단지 개발도 중요한 지역 개발 호재다. 삼성반도체 공장이 신설된 평택이나 SK하이닉스의 이천, LG LCD의 파주, 현대제철의 당진 등이 산업단지 개발로 발전한 지역이며, 더 옛날로 거슬러 올라가면 울산, 창원, 포항, 구미, 군산 등도 모두 산업단지 개발 호재로 성장해 부동산 가격도 같이 크게 상승했던 지역이다.

산업단지가 조성되면 수요가 늘어나면서 소득 증가, 주택공급 확대, 인프라 개선으로 땅값과 주택 가격 모두 큰 폭으로 상승하게 된다. 행정기관이나 법원, 도청 등이 이전하는 공공기관 이전이나 대규모 쇼핑몰이나 병원 등 편의시설 개발도 지역 개발 호재다. 세종특별시는 행정기관 이전에 따른 개발 호재의 덕을 톡톡히 본 대표적인 지역이다. 허허벌판에 아무것도 없던 충청남도 연기군 일대에 신도시 개발과 행정기관 이전으로 복합도시가 생기면서 지금은 명실상부한 새로운 도시가 되었고, 아파트 가격 역시 수도권 신도시와 비교해도 뒤처지지 않는다.

하지만 행정기관이나 편의시설 개발의 경우, 아주 중요한 미래가치인 양 지나치게 부풀려진 것은 아닌지 냉정하게 따져봐야 한다. 행정기관 이전은 상권이 활성화되는 효과로 상가 부동산에는 분명히 중요한 호재지만, 아파트 등 주거용 부동산에 미치는 영향은 기대 이하일 수 있다.

교통 개발 호재는 지하철 개통이 핵심

교통 개발 호재에는 현대인의 필수 이동 수단인 지하철 개통 또는 연장과 자동차 이용 편의성을 개선하는 도로나 터널 개통 등이 해당한다. 특히, 지하철 개통은 가장 큰 영향을 주는 개발 호재다. 지하철 노선이 연장된다거나 신설된다는 소문만 돌아도 아파트 가격이 들썩인다. 그만큼 지하철이 인근 아파트 가치에 미치는 영향이 크다. 그 때문에 지하철 관련 호재는 민감하게 관심을 가져볼 필요가 있다. 특히 9호선 연장, 신분당선 연장, GTX A, B, C노선 등 신설 또는 연장 예정인 골드라인 지하철역 주변 아파트는 항상 관심을 두는 것이 좋다.

다만, 지하철이라는 것이 뚝딱 진행되는 간단한 사업이 아니라는 것이 문제다. 기대보다 훨씬 더 긴 시간이 걸릴 수 있고, 자칫 소문만 무성하다가 무산되거나 연기되는 경우도 많다. 개통 연기를 거듭하는 김포도시철도나, 서울과 수도권의 기대를 받는 GTX 사업만 살펴봐도 복잡하고 긴 과정이 소요된다는 것을 알 수 있다. 교통 호재가 있는 주변 지역에 관심을 둔다면, 섣불리 결정하기보다는 실제로 해당 사업이 얼마나 진행되었는지 따져보는 자세가 필요하다.

7가지 요소로 전망해보는
서울 집값

서울 집값이 미친 상승을 하던 2018년 8월 전화 한 통을 받았다. 그동안 집을 안 사고 기다리고 있었는데 최근 서울 집값 상승 분위기를 보니 서울 아파트를 너무 사고 싶다는 것이다. 자금이 되고 필요하다면 사라고 하니 그 사람 왈, 10여 년 전에도 이런 분위기여서 과감하게 투자했는데 오름세가 끝물이어서 손해를 봤다는 것이다. 안정적인 성향을 가진 자신이 이렇게 사고 싶을 때는 끝물일 것 같은 생각이 들어서 추격 매수는 하지 않겠다는 것이 통화의 결론이었다.

　미래는 아무도 알 수 없다. 그리고 실물자산인 아파트, 특히 인구 집중도가 높은 서울 아파트는 장기적으로는 인플레이션에 따른 화폐가치 하락만큼 또는 그 이상 상승한다. 하지만 달콤한 집값 상승과 달리 집값 하락은 쓰디쓴 아픔 그 이상의 고통과 같아서 무턱대고 분위기만 좇아갈 수만은 없는 노릇이다. 과연 현재 서울 집값 상승은 끝물일까? 아니면 아직도 상승 여력이 남은 것일까?

서울 집값 전망, 과연?

2018년 9월까지 서울 주택시장 분위기는 '거침없는 하이킥'이었다. 투자자뿐만 아니라 실수요자까지 정부에 대한 불신, 자괴감과 불안감에 사로잡혀 주택 구매에 나섰다. 과연 올바른 선택이었을까? 사실 미래를 예측하고 전망한다는 것은 불가능하다. 하지만 과거의 경험과 이론으로 서울 집값 전망을 하나하나 따져보려고 한다.

1. 역대 정권별 대책과 시장 분위기

과거 역대 정권별 부동산 대책과 주택 매매 시장 흐름을 보자. 대책 발표 후 바로 주택시장 분위기가 반전된 적은 없었다. 반전되기까지는 적어도 3년 이상이 소요되었다.

베이비붐 세대의 결혼과 취업, 올림픽 특수, 경제 성장으로 급등하는 집값을 잡기 위해 각종 규제와 1기 신도시 등 주택 200만 호 건설을 앞세운 노태우 정부 당시에도 집값이 안정되기까지 3년 정도 걸렸다. 반면 IMF 경제 위기로 파탄 난 부동산시장을 살리기 위해 양도세 특례 등

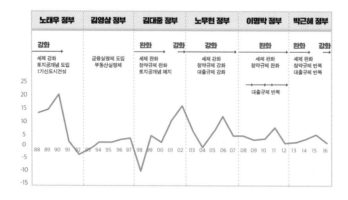

세계 주요 도시 소득 대비 주택 가격 비율

파격적인 규제 완화 대책을 발표한 김대중 정부 때도 경기가 살아나기까지 3년이 걸렸다. 노무현 정부는 누적된 주택 가격 상승 에너지와 지나친 규제 대책 남발로 임기 동안에는 집값을 잡지 못했지만, 임기가 지난 후 극심한 침체의 후유증을 낳기도 했다.

2018년 9·13 부동산 대책 이후 거래량이 줄어든 부동산시장은 과연 규제의 약발이 먹힌 것일까? 박근혜 정부 시절인 2016년 11·3 부동산 대책이 발표된 지 2년이 지났고 문재인 정부에서 짧은 기간 동안 10번이 넘는 크고 작은 규제를 쏟아부었기 때문에 규제의 효과는 분명히 있다. 다만, 2013년 이후 6년 동안 많이 오른 집값에 대한 피로감과 꾸준히 증가한 입주 물량의 영향도 컸다.

2. 입주 물량

입주 물량이 증가하면 아파트 가격은 약세가 된다고 하는데, 왜 서울 집값은 오르는 것일까? 전국 주택 입주 물량은 40만 가구에 육박할 정도로 많고 2020년까지 그 물량이 다소 부담스러운 것도 사실이다. 하지만 서울의 입주 물량은 경기도나 지방과 비교하면 문제가 될 만한 상황은 아니다.

경기도는 2020년까지 입주 물량이 10만 가구 이상인 반면, 서울은 많아야 4만 가구 수준이다. 특히, 서울은 신규 택지가 부족한 관계로 신규 주택 공급 자체가 제한적이고 재건축, 재개발 등 정비사업을 통해서만 신규 주택 공급이 가능한데 자연히 기존 주택이 멸실(滅失)되기 때문에 현재 서울의 입주 물량은 부족하지는 않다. 하지만 경기도나 지방만큼 많다고 볼 수는 없다. 이런 서울의 제한적인 입주 물량은 분명 서울 아파트 선호도를 높이는 중요한 요인인 것은 분명하다. 경기도는 지역별 입주 물량 편차가 많아서 평택, 김포, 남양주, 화성 등 입주 물량이 많은 지역은 입주 물량이 소화될 때까지 안정적인 흐름을 유지할 가능성이 높다.

3. PIR(소득 대비 부동산 가격 비율)

주택 가격의 적정성을 나타내는 지표인 소득 대비 부동산 가격 비율 PIR도 살펴봐야 한다. 2017년 9월 기준 서울의 중간 구간 PIR은 11.2로 11.2년 동안 소득을 모아야 중간 가격의 집을 살 수 있다는 의미로 2018년 8월에는 12가 넘을 것으로 예상되었다.

2008년 12월 중간 구간 PIR은 11.9였고 2009년 9월에는 12.1로 최고치를 기록했다. 즉, 현재 서울 집값이 2009년 고점 시절까지 도달했다는 것을 알 수 있다. 참고로 서울 집값이 본격 상승하기 시작한 2014년 PIR은 8.8이었고 2016년 3월까지는 9.7로 10 이하였다.

PIR은 통계조건과 기준에 따라 다른 통계수치가 나올 수 있어서 조사기관별 각각의 결과를 별도로 참고하기 바란다.

4. 지방 주택시장

지방 주택시장도 눈여겨볼 만하다. 울산, 창원, 포항, 구미, 군산 등 지방 도시 부동산시장 또한 내수 경기 침체로 동반 침체하고 있고, 부산의 경우 현재 조정대상지역을 해제해야 한다는 목소리가 나올 정도로 서울 부동산시장과 반대 분위기다.

2017년 초만 해도 부산 주택시장 분위기는 과열을 염려할 정도의 뜨거운 분위기였는데, 지금 상승세가 꺾였다. 서울과 부산은 엄연히 상황이 달라 단순 비교할 수는 없지만, 부산 주택시장의 상승이 서울 주택시장 상승보다 2~3년 정도 빠른 2010년 정도였음을 고려하면 현재 부산 주택시장의 모습이 2~3년 후 서울 주택시장의 모습이 될 수도 있다.

지방도 지방 나름인데 경기침체와 경쟁력 약화로 산업단지를 끼고 성장한 지방 도시들(울산, 창원, 구미, 군산, 포항 등)의 부동산시장 침체는 입주 물량 증가와 맞물려 생각보다 더 오래갈 수도 있는 반면 부산, 대구 등 200만 이상 인구 수요와 4년제 대학교 여러 개를 낀 소비도시는 입주 물량만 소화가 되면 정상화가 될 가능성이 있다.

5. 과거 패턴 비교

부동산시장은 과거에도 오르내리기를 반복해왔다. 과거 패턴을 살펴보자. 굳이 길게 갈 것 없이 10여 년 전으로 돌아가 보자. 2006년까지 강남을 중심으로 한 '버블 세븐 지역(강남 3구, 목동, 분당, 평촌, 용인)'의 집값은 천정부지 올랐다.

2007년부터는 비강남 지역 소형 아파트 상승이 두드러졌으며, 한강변 아파트 역시 강세를 보였다. 당시 서울 주택시장 분위기는 지금보다 더 뜨거웠고 불안감을 느낀 실수요자들까지 뛰어들면서 집값은 계속 치솟았다. 하지만 2010년 이후 조정 양상을 보이더니 2012년에는 서울 아파트 시장은 끝났다는 말이 나올 정도로 폭락했다. 잠실 주공 5단지 와 압구정 현대 아파트 30평형대가 10억 이하로 떨어졌으니 무슨 말이 더 필요하겠는가? 2013년 5년간 양도세 면제 특례 등 파격적인 대책이 나왔지만, 서울 주택시장은 거래량이 조금씩 늘어날 뿐 큰 움직임은 없 다가 2015년이 넘어서야 본격 상승 궤도에 다시 올라섰다.

　과거 패턴을 보면 부동산 대책 이후 그 결과가 시장에서 효과를 나 타내기까지는 3년 정도 걸렸음을 알 수 있다. 지금도 10여 년 전과 비슷 한 상승 패턴을 보인다. 2018년 초까지 강남을 비롯한 마포, 용산, 성수 등 핵심지역 아파트 가격이 상승을 주도하다가 2018년 여름부터 은평, 관악, 노원 등 비핵심지역의 아파트 가격까지 들썩이고 나서 거래량이 줄어든 것에 주목하자.

6. 순환 흐름

2018년 서울 주택시장 흐름을 보면 핵심지역뿐만 아니라 비핵심지역 의 상승과 뒤늦게 뛰어든 실수요자들의 움직임이 눈에 띈다. 그런 면에 서 2007~2008년 분위기와 비슷한 점이 있다. 과거 사례를 볼 때 한번 분위기를 타기 시작하면 오르지 않았던 지역의 아파트까지 오르면서 거침없는 상승을 하지만 결국 조정기는 왔다.

　부동산시장의 흐름을 다루는 '벌집 순환이론'이라는 것이 있다. 벌

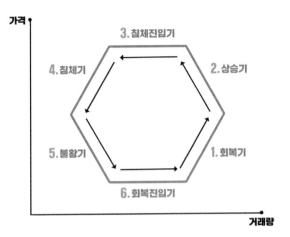

거래량과 가격의 벌집 순환이론

집 순환이론에 상황을 대입해보자. 현재 서울 집값 흐름은 입주 물량이 일시적으로 늘어난 일부 지역이 아니면 가격은 크게 떨어지지 않지만 거래량은 많이 감소하고 있다. 3번 국면 진입 단계인 것이다. 이런 상황이 더 이어지면 거래량 감소와 함께 가격 하락도 동반하는 4번 국면으로 접어들 수 있다. 거래량이 감소했다는 것은 긍정적인 시그널은 아니다. 거래량이 감소한다는 것은 더 오를 것으로 기대하는 집주인들은 매물을 회수하지만 불안감을 느끼는 수요자들도 매수하지 않고 기다리는 것이다. 2018년 줄어든 매물에 뒤늦게 뛰어든 실수요자들이 거래에 나서면서 거래량은 줄어들었지만, 가격은 큰 폭으로 올랐다. 반면 2019년 부동산시장이 냉각된 것은 집주인들은 여전히 기다리지만 실수요자들은 더 이상 거래시장으로 나오지 않기 때문이다. 이러다가 불안감이 커진 집주인들이 급매물을 쏟아내면, 가격은 하락하면서 4번과 5번 국면으로 들어간다. 부동산시장 침체가 될 수 있는 것이다.

하지만 걱정하지는 말자. 이렇게 되면 정부는 부동산시장 정상화를 위해 규제 완화 카드를 다시 뺄 수밖에 없고, 분양 물량은 줄어들면서 몇 년 후 다시 6번과 1번 국면으로 전환될 수 있다.

7. 수요자 성향

최근 서울 아파트를 거래하는 수요자를 보면 그동안 투자에 나서지 않다가 뒤늦게 뛰어드는 안전 성향인 사람이 많다. 이처럼 투자에 소극적이던 사람이 뒤늦게 추격매수에 뛰어들면 끝물일 가능성이 높다.

2015~2016년까지만 하더라도 확실히 공격적인 투자성향을 가진 다주택 보유자가 많았고, 2017년에는 고가 아파트 투자에 뛰어든 사람도 제법 많았다. 반면, 현재는 무주택이거나 1주택 보유자가 많이 보인다.

끝물인가, 아닌가?

2013년부터 2018년까지 많이 올랐다. 서울은 강남, 용산, 마포, 성수 등 핵심지역뿐만 아니라 은평, 관악구, 노원 등 비핵심지역까지 상승했다. 하지만 지방은 이미 전반적인 약세이며 규제가 많이 나왔고, 그동안 상승에 대한 피로감도 큰 데다가 입주 물량도 적지 않다. 현장 분위기와 벌집 순환이론, 과거 패턴 등을 고려하면 이제는 리스크 관리를 해야 할 때다.

절대 다주택 투기를 해서는 안 된다. 계속 상승만 할 수는 없고, 조정장이 올 수 있으며 예상치 못한 상황이 발생할 수도 있기 때문이다. 상승이 달콤한 꿀맛이라면 하락은 매우 고통스러운 비극이다. 물론 상승폭에 비하면 하락은 제한적이고, 서울 등 도심지역 아파트 가격은 물가 상승에 따른 화폐가치 하락과 지가 상승, 희소가치 등의 영향으로 장기적으로는 우상향한다. 실수요자들은 아파트 가격이 오르면 많이 올랐다고 하고, 내려가면 또 불안해서 내 집 마련을 못 하는 경향이 있다. 여유자금으로 거주가 필요한 실수요자라면 무리하지 않는 범위 내에서 내 집 마련을 하는 것이 좋다. 정부도 실수요자들을 위한 기회의 문은 여전히 열어두고 있다. 시장 분위기에 너무 일희일비하지 말고 3기 신도시, 신혼희망타운 등 새로운 기회를 잡아보기 바란다.

02

뉴스 속 이슈가 된 아파트들의 '팩트 체크' 시간

아임해피의 뉴스 속 아파트 돋보기

들어가기
전에

지금 집값이 내려가고 있는가? 아니면 오르고 있는가? 그것은 부동산 뉴스만 봐도
알 수 있다. 부동산시장의 상황과 흐름을 가장 쉽게 파악할 수 있는 것이 부동산 기
사다. 많은 사람이 관심이 있고 대중적인 것을 뉴스로 만들기 때문이다. 쏟아지는 기
사 속에 내용을 잘 이해하고 분석하면 현재 부동산시장을 더 정확히 알 수 있다.

　부동산 뉴스는 네 가지로 나눌 수 있다. 부동산 정책 뉴스, 호재 뉴스, 시세 뉴스,
청약 뉴스다. 부동산 정책 뉴스는 부동산시장에 가장 큰 영향을 주는 요소로 국가보
도자료를 토대로 새로운 사실을 전달해준다. 각종 보고서나 연구소 논문을 토대로
뉴스가 나올 때도 있다. 그런 기사는 사실과 의견을 구별해야 한다. 특히 사건의 의
견과 방향성을 꼼꼼히 봐야 한다.

　호재 뉴스는 전철, 도로, 기반 시설에 대한 뉴스로 될 호재, 안 될 호재를 구별하고
실현 가능성과 실제 호재가 반영되는 시기가 언제인지를 알려준다. 이 책에서 되도
록 확정된 호재의 팩트만으로 전달하고자 했고, 아직 눈에 보이지 않기에 상상력을
발휘할 수 있도록 예를 많이 들었다.

　시세 뉴스는 많은 사람이 관심을 두기 때문에 헤드라인이 조금 자극적일 수 있다.
막상 기사를 읽고 나서 허탈해지기도 한다. 이럴 때는 직방 앱을 통해 정확한 현재의
시세를 확인하는 것이 좋다.

　요새 제일 핫한 뉴스는 청약 뉴스다. 어디 어디에 분양하고 그것에 대한 결과를

뉴스로 전달한다. 예전에 청약 뉴스는 건설사 홍보 수단이었지만 지금은 청약 지식을 쌓는데 아주 도움이 된다. 참고로 직방 앱으로 분양예정 단지를 미리 알 수가 있다.

부동산 뉴스를 읽을 때 주의 점은 사실과 의견을 구별하고 제목 보다는 내용에 집중하는 것이 좋다. 그래서 '아임해피의 뉴스 속 아파트 돋보기'는 그 주에 가장 중요한 뉴스를 선택해 심층 분석한 내용이다. 아임해피의 아파트 돋보기가 부자가 되는 돋보기가 되길 바란다.

'나 혼자 산다!' 1인 가구의 주거 트렌드는?

01

혼자 사는 연예인들의 솔로 라이프를 보여주는 MBC 예능 프로그램 〈나 혼자 산다〉. 그 프로그램을 보면 화사의 곱창, 한혜진의 옷, 박나래 의 집 등을 통해 1인 가구의 의식주 트렌드를 확인할 수 있다. 이 칼럼 에서는 그중에서도 1인 가구가 어떤 주택 유형을 선호하고, 집은 어떻 게 구하는지 등 '주(住)'에 대해 이야기해보려 한다.

1인 가구, 2015년 이후 가장 높은 비율 차지

예능 〈나 혼자 산다〉가 인기 있는 이유, 혼자 사는 것이 더 이상 남의 일이 아니기 때문이다. 만혼과 비혼으로 인한 독신 가구의 증가, 고령

일반가구 가구원수별 가구 규모 변화 추이 (2000~2017년)

자료 : 통계청

(단위 : 천 가구, %)

구분		2000년	2005년	2010년	2015년	2016년	2017년
일반가구		14,312 (100.0)	15,887 (100.0)	17,339 (100.0)	19,111 (100.0)	19,368 (100.0)	19,674 (100.0)
가구원수	1인	2,224 (15.5)	3,171 (20.0)	4,142 (23.9)	5,203 (27.2)	5,398 (27.9)	5,619 (28.6)
	2인	2,731 (19.1)	3,521 (22.2)	4,205 (24.3)	4,994 (26.1)	5,067 (26.2)	5,260 (26.7)
	3인	2,987 (20.9)	3,325 (20.9)	3,696 (21.3)	4,101 (21.5)	4,152 (21.4)	4,179 (21.2)
	4인	4,447 (31.1)	4,289 (27.0)	3,898 (22.5)	3,589 (18.8)	3,551 (18.3)	3,474 (17.7)
	5인 이상	1,922 (13.4)	1,582 (10.0)	1,398 (8.1)	1,224 (6.4)	1,200 (6.2)	1,142 (5.8)

• 일반가구 : 가족으로 이루어진 가구, 가족과 5인 이하의 남남이 함께 사는 가구, 1인 가구, 가족이 아닌 남남끼리 함께 사는 5인 이하의 가구(제외 : 집단가구, 집단시설가구, 외국인 가구(외국인으로 구성된 가구), 특별조사구)

화로 인한 노인 가구 증가 등 다양한 세대에서 1인 가구의 비율은 매년 꾸준히 증가하고 있다.

통계청에서 실시한 인구주택총조사에 따르면 2017년 1인 가구 수는 약 562만 가구로 2000년에 비해 2.5배에 달했다. 이는 전체 가구의 28.6%에 해당하는 수치로, 전체 가구를 가구원 수에 따라 분류했을 때 가장 높은 비율이다. 실제로 1인 가구는 2015년 이후로 가장 주된 가구 형태로 자리 잡았다. 표를 보면, 1인 가구 비중이 가장 높은 것을 알 수 있다.

1인 가구, 나 혼자[아파트]산다?

그렇다면 1인 가구가 사는 대표적인 주택 유형은 어떤 것일까? 일반적으로 나홀로족 하면 원룸, 다세대주택에서 사는 모습을 떠올리는 사람이 많을 것이다. 하지만 1인 가구가 가장 많이 거주하는 곳은 '아파트'다. 아파트 거주가 가장 많다는 사실이 의아할 것이다. 전체 1인 가구 중 아파트에 거주하는 비율이 33.5%, 다세대주택이 24.8%, 오피스텔이 18.6% 순으로 차지한다. 1인 가구가 증가하면서 건설사에서 트렌드를 반영해 초소형 아파트를 적극적으로 공급하고 있기 때문이기도 하지만, 아파트가 자산 가치가 높다는 기대가 겹치면서 초소형 아파트를 찾는 수요가 증가하는 것도 주된 이유라고 할 수 있다.

KB연구보고서를 보면, 1인 가구에서 나타나는 또 다른 특징이 있다. 2인 이상 가구에 비해 자가 보유율이 낮다는 것인데, 1인 가구의 거주주택의 소유 형태는 전세, 월세, 자가 순으로 나타난다. 그중 자가 비율이 28.2%로 전체 가구의 자가 비율인 60.7%의 절반에도 못 미치는

1인 가구의 거주주택 유형

자료 : KB연구보고서(2018 한국 1인가구 보고서)

(단위 : %)

		20대	30대	40대	50대
아파트	33.5	12.9	28.5	42.0	44.4
다세대주택	24.8	35.3	27.4	22.2	17.1
오피스텔	18.6	31.0	23.2	16.8	6.7
연립주택	8.5	5.2	5.7	7.3	15.0
다가구주택	7.4	6.9	8.3	6.4	7.5
일반단독주택	4.9	4.0	3.6	4.0	7.9
비거주용 건물내 주택	0.8	1.1	0.5	1.0	0.6
영업겸용 단독주택	0.4	0.9	0.2	0.2	0.4

수치다. 2인 이상 가구에 비해 주택에 대한 소유 의지가 크지 않을 뿐만 아니라, 최근 집값이 1인 가구가 감당하기 어려운 수준까지 상승한 것도 원인으로 생각된다. 전, 월세 금액의 규모를 살펴보면, 전세금은 5,000만 원에서 1억 원 사이가 가장 많았고 월세 보증금은 5,000만 원 이하가 약 90%에 달했다.

1인 가구가 집을 구하는 방법은?

대세로 떠오른 1인 가구, 과연 어떤 방법으로 주택에 대한 구매 정보를 얻을까? 물론 최소 1~2년 이상 살게 될 집을 알아보면서 단 한 가지 방법으로만 정보를 얻는 사람은 거의 없을 것이다. 이 점을 고려해 KB 연구보고서(2018 한국 1인 가구 보고서)에서도 1순위와 2순위 복수 응답 방식으로 정보 획득 채널을 조사했는데, 연령에 따라 그 결과가 매우 상

거주주택 정보 획득 채널

자료 : KB연구보고서(2018 한국 1인가구 보고서)

(단위 : %)

	■ 1+2순위	20대	30대	40대	50대
부동산 중개소	68.8	60.3	64.9	65.3	82.3
친구·지인	41.9	27.6	31.2	38.0	68.1
부동산 앱	27.4	47.7	36.4	22.7	7.7
포털	26.1	25.0	30.0	31.8	16.3
부동산 사이트	22.3	20.7	21.2	26.4	20.4
SNS, 블로그	8.6	12.4	11.3	8.5	3.1

이하게 나타났다. 기본적으로 전 연령에서 60% 이상이 부동산 중개사무소를 통해 정보를 얻는다고 답했지만, 그 외에는 세대별로 서로 다른 채널을 사용하는 것으로 드러났다.

연령대별로 주요 창구가 조금씩 다르다. 20, 30대는 부동산 중개 앱을 활용하는 비중이 높았다. 40대는 포털이나 부동산 사이트, 50대는 친구와 지인을 주택 정보를 얻는 주요 창구로 꼽았다.

이제 1인 가구는 우리나라에서 가장 흔한 가구 형태다. 전문가들은 2020년이 되면 1인 가구 비율이 30%를 넘을 것으로 예상한다. 이러한 부동산 시장의 변화를 고려하여 주택 공급은 물론 부동산 정책에도 변화가 필요하다. 1인 가구의 특성을 이해하고, 그에 맞는 주거 형태와 주택 규모로 공급해야 한다.

8·2 대책 1년,
집값 가장 많이 오른 곳은?

02

정부가 실수요 보호와 단기 투기 수요 억제를 통한 주택시장 안정화 방안으로 내놓은 8·2 부동산 대책이 지난주 1주년을 맞았다. 다주택자 양도세 중과와 재건축 허용 강화, 금융 규제 등 강력한 규제책으로 다주택자들의 손발을 묶었다. 다주택자를 투기 세력이라고 칭한다면 8·2 대책은 어느 정도 성공한 듯 보인다. 하지만 이렇게 강력한 대책에도 치솟는 아파트값을 잡기에는 역부족이었던 것 같다. 서울 집값은 오히려 8·2 대책이 나오기 전보다 많이 올랐다고 한다.

8·2 대책 발표 후 1년 동안 어느 지역의 아파트가 가장 많이 올랐을까? 먼저 뉴스를 살펴보자.

지난해 8·2 부동산 대책 발표 후 1년 동안 전국에서 아파트 매매가가 가장 많이 오른 지역은 성남시 분당구로 조사됐다. 8·2 대책 발표 전 1년 동안에는 전국 아파트값 상승률 상위 10개 지역에 서울이 3곳(강동, 강서, 강남구)만 포함된 것과 비교하면 서울의 상승세가 두드러졌다.

— "8·2 대책 후 아파트값 가장 많이 오른 곳은 '분당'", 〈이데일리〉, 정병묵, 2018. 7. 30.

서울 집값, 더 오른 이유

4월부터 소강 국면에 들어가다 최근 나온 보유세 개편안으로 어느 정

8.2 대책 발표 후 1년 간 아파트 매매가격 상승률 상위 지역

1위	2위	3위	4위	5위	6위	7위	8위	9위	10위
성남 분당구	서울 송파구	서울 용산구	서울 광진구	대구 수성구	서울 동작구	서울 마포구	서울 강동구	서울 강남구	서울 중구
14.14%	11.53%	8.76%	8.58%	8.44%	8.34%	8.28%	7.89%	7.74%	7.51%

8.2 대책 발표 전 1년 간 아파트 매매가격 상승률 상위 지역

1위	2위	3위	4위	5위	6위	7위	8위	9위	10위
강원 속초시	경남 진주시	부산 해운대구	서울 강동구	부산 남구	부산 수영구	서울 강서구	부산 강서구	부산 동래구	서울 강남구
8.52%	8.48%	8.18%	7.86%	7.75%	7.64%	7.34%	7.24%	7.20%	6.62%

8·2 대책 전과 후 1년간 아파트 매매가격 상승률 상위 지역 (자료 : 리얼티뱅크, 한국감정원)

도 세금 윤곽이 잡히자 다시 서울 아파트값이 상승하고 있다. 현금 유동성이 풍부한 상황에서 규제가 심화하다 보니, 여러 채를 가지는 것보다 입지 좋은 곳에 한 채를 가지고자 하는 '똘똘한 한 채' 선호 현상이 나타나고 있기 때문이다. 이로 인해 양극화 현상은 앞으로 더욱 심해질 것이다. 특히 서울 집값은 공급 부족과 재건축 사업 지연으로 '앞으로 서울은 더 오른다'고 생각하는 실수요자와 투자자가 몰리고 있다. 이렇듯 서울에 수요가 몰리니 서울 집값이 오르는 것은 당연하다.

지역별로 살펴보면 성남시 분당구, 서울시 송파구, 용산구, 광진구, 대구시 수성구 순으로 8·2 대책 이후 가장 많이 올랐음을 알 수 있다.

8·2 대책 후 1년, 가장 많이 오른 아파트 5

그렇다면 지역별로 8·2 대책 이후 가장 많이 오른 아파트들을 살펴보겠다. 먼저 가장 많이 오른 지역(평균)은 성남시 분당구다. 분당구는 8·2 대책 이후 14% 넘게 오르면서 지난 1년간 가장 많이 오른 지역이다. 가장 많이 오른 아파트는 봇들마을7단지 휴먼시아엔파트로 지난 1년간 41% 올랐다. 2009년 준공한 판교역 역세권 아파트로 판교역과 판교 현대백화점이 도보 5분 거리, 보평초, 중학교도 도보 5분 거리에 있어 학부모에게 인기가 많다. 2018년 기준 107m²(32평형) 타입의 시세는 13억이다. 해당 타입은 2017년 8월 4층짜리가 9억 5,800만 원에 거래되었던 점을 고려하면 1년 만에 약 4억 정도 상승했다.

상승률 2위 지역은 서울시 송파구다. 송파구에서 가장 많이 오른 아파트는 잠실동 리센츠다. 리센츠는 잠실동뿐만 아니라 송파구 전체에

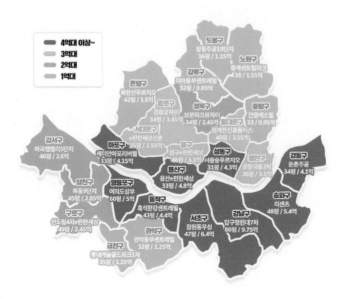

서도 인기가 가장 좋으며, 2호선 잠실새내역 초역세권 아파트로 무려 5,563세대 대단지를 형성한다. 단지 안에 잠신초, 중, 고등학교를 품고 있고, 근린공원 역시 단지 안에 갖춰져 있다. 현재 재건축이 진행 중인 잠실주공5단지와 아시아선수촌 다음으로 잠실동 내에서 가장 비싼 아파트다. 리센츠에서 가장 큰 평수인 158m²(47평형) 타입은 2017년 9월 8층짜리가 16억 9,000만 원에 거래된 후 2018년 시세는 22억 6,000만 원 선으로 1년 만에 무려 5억 원 이상 상승했음을 알 수 있다.

세 번째는 서울시 용산구다. 8·2 대책 이후 1년 만에 8.76% 상승했고, 용산구에서 상승률이 높은 아파트는 용산e편한세상이다. 용산역, 효창공원역, 남영역이 모두 가까워 1호선, 6호선, 경의중앙선을 모두 이용할 수 있는 트리플 역세권 아파트다. 대중교통 이용하기 좋은 데다가 단지 내 녹지가 풍부한 친환경 아파트로, 꼭대기에 태양열 전지가 설치되는 등 '에너지 고효율화 공동주택' 시스템을 적용해 냉, 난방비도 많이 절약할 수 있다고 한다. 또, 바로 옆에 서울 남정초등학교를 끼고 있어 초품아다. 역시 1년 만에 4억가량 올랐는데, 153m²(46평형) 타입의 경우 2017년 9월 14층짜리가 11억 7,000만 원에 거래된 후 2018년 시세는 15억 7,000만 원이다.

그다음은 서울시 광진구로, 지난 1년간 8.58% 상승하며 용산구와 비슷한 상승률을 보였다. 광진구의 상승률을 견인한 아파트는 광장극동2차다. 1년간 40% 넘게 올랐다. 5호선 광나루역 3번 출구와 아파트가 맞닿아 걸어서 1분 거리의 초역세권이다. 천호대교가 바로 앞이라 강 건너 송파구로의 진입도 쉽다. 광진구 하면 광남 학군도 빼놓을 수 없는데, 광남 학군에 포함되는 광남초, 중, 고등학교를 도보 10분 이내에 모두 통학 가능하다는 점도 메리트다. 한강과 바로 맞닿아 한강 조망이 가능하다는 점도 큰 장점이다. 149m²(45평형) 타입의 경우 2017년 9월 11억 4,000만 원에 거래된 후 2018년 시세 14억 8,000만 원 선으로 3억 4,000만 원 정도 상승했음을 알 수 있다.

대책 이후 가장 많이 상승한 다섯 번째 지역은 대구시 수성구다. 유일하게 비수도권 지역으로 순위권에 들었다. 대구시 수성구의 상승률은 8.44%로 4위 서울시 광진구와 비슷한 수준이다. 대구시 수성구에서 가장 많이 오른 아파트는 수성3가롯데캐슬로, 217m²(65평형) 타입이 2017년 8월 11억 7,000만 원에 거래된 후 2018년 시세 15억으로 4억 가까이 상승했다. 수성3가롯데캐슬은 대구 지하철 3호선 수성시장역 역세권 아파트로, 대형 평수 위주의 아파트다. 마트, 백화점, 공공기관 등이 가까워 생활하기 편리하다.

8·2 대책 이후 가장 많이 오른 지역과 지역별 가장 많이 오른 아파트를 살펴봤다. 딱 1년 만에 평균 4억 정도 오른 아파트들이었는데, 1년에 4억이라니. 정말 많이 올랐다. 이 아파트들은 앞서 말한 것처럼 수요가 몰리고 있는 똘똘한 한 채라는 증거다. '똘똘한 한 채로 모든 수요를 몰리게 했다.' 이게 바로 8·2 대책의 성적표다.

가점 낮은 무주택자, 세 번의 청약 기회

03

내 집 마련을 처음 도전하는 사람에게 어떤 부분이 가장 어려운지를 물어보면 대부분은 청약제도라고 한다. 사실 청약 신청 자체는 어렵지 않다. 아파트투유나 국민은행 사이트에서 청약 신청을 누르면 되니까. 하지만 많은 사람이 청약제도를 어려워하는 이유는 가점, 당해 신청 자격, 중도금 대출 등 생소한 단어와 최근에 많이 바뀐 청약제도, 그리고 낮은 당첨 확률 때문일 것이다.

최근 청약 조건이 무주택 실수요자에게 유리하게 변경되었지만, 제대로 알지 않고 청약을 신청했다가 간혹 난감한 경우를 겪을 수도 있다. 청약은 당첨되었지만 모집 공고를 꼼꼼하게 읽지 않으면 부적격으로 취소되기도 하고, 중도금 대출이 나오지 않아서 계약을 포기하게 되거나, 이로 인해 재당첨에 해당해 다른 청약의 기회까지 잃을 수도 있기 때문이다.

가점이 높다면 더 좋은 입지의 분양 예정 단지를 파악하고, 그 기회를 기다리는 것이 더 똘똘한 내 집 마련을 위한 방법이므로 정확하게 알고 도전하는 것이 바람직하다. 좋은 기회를 실수 없이 잡을 수 있도록, 이에 대해 자세히 알아보도록 하자.

> 15일 부동산 업계 말을 종합하면, 국토교통부가 지난 12일 주택공급에 관한 규칙을 입법예고한 데 따라 공포·시행 예정일인 11월 말부터는 투기과열지구, 청약과열지역 및 수도권, 광역시에서는 추첨제로 입주자를 선정할 때 추첨 대상 주택의 75%가 무주택자에게 우선 공급된다. 또 나머지 주택은 무주택자와 입주 뒤 6개월 내 기존주택을 처분하기로 약속한 1주택 실수요자에게 공급된다. 분양권 소유자는 무주택자에서 제외된다.
>
> [···] 무주택 청약자의 경우 가점제로 1회 경쟁하고, 여기서 낙첨하면 무주택자끼리 추첨제 물량 75%에 두번째 기회가 있으며, 또 낙첨할 경우 마지막으로 1주택자와 통합해 3번째 추첨기회를 갖게 된다.
>
> – "무주택자 청약 소중한 '3개의 화살'···내집 사냥 전략은?", 〈한겨레〉, 최종훈, 2018. 10. 16.

기사를 보면, 무주택 청약자에게는 아래와 같이 기회가 총 세 번 주어진다. 이처럼 가점이 낮은 무주택자의 당첨 확률이 상당히 높아졌다. 전용 85m² 이하 물량에는 청약 가점제가 적용되어 무주택 기간이 길고 부양가족 수가 많은 중장년층이 절대적으로 유리하다. 상대적으로 가점이 낮아 불리한 신혼부부 등 젊은 층은 서울과 위례신도시 등의 전용 85m² 초과 중대형 추첨 물량(50%)에서 '갈아타기' 목적의 1주택 소유자와 경쟁했다.

그러나 바뀐 제도로 전용 85m² 초과 가점제 물량은 100% 무주택자를 대상으로 하고, 추첨제 물량에서도 무주택자 75% 우선 공급이 적용된다. 가점이 낮은 무주택자도 당첨될 확률이 아주 높아진 것이다. 이에 따라 청약 가점이 낮은 수요층이 이번 제도 변화를 계기로 인기 지역 전용 85m² 초과 주택에 몰릴 가능성이 크다. 단, 가점 낮은 무주택자인 경우다.

투기과열지구 전용 85㎡ 초과 아파트 청약 시

가점제 50%

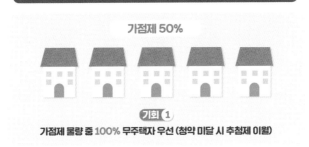

기회 1
가점제 물량 중 100% 무주택자 우선 (청약 미달 시 추첨제 이월)

추첨제 50%

기회 2
추첨제 물량 중 75%
무주택자 우선

기회 3
추첨제 물량 중 25%
무주택자 및 1주택자 우선

분양 예정 물량은 어디에 있나요?

자신이 가점 낮은 무주택자라면 꼭 분양 예정 물량을 확인해봐야 한다. 기사에서 언급한 북위례는 모든 물량이 전용 85m² 이상이다. 가점제 물량 100%와 추첨제 물량의 75%, 나머지 25%까지 무주택 청약자에게 '3개의 화살'이 주어지는 것이다. 바뀐 제도는 2018년 11월 말 이후부터 적용된다. 대상이 되는 수도권 지역은 서울 송파구와 하남에 걸친 북위례와 성남 판교 대장지구가 있다.

북위례와 성남 판교 대장지구의 분양 일정이 바뀐 제도가 적용되는 연말 이후로 변경되었다. 북위례는 A3-1 위례 포레 자이, A3-4a 위례 힐스테이트, A1-6 위례 계룡 리슈빌 순서로 2018년 연말 또는 2019년 초 분양을 앞두고 있다.

그러나 두 지역 모두 투기과열지구로 지정된 공공택지기 때문에 당첨이 되어도 주의해야 할 점이 있다. 인근 시세와 비교한 분양 가격에 따라 전매제한 기간이 3년에서 최대 8년까지고, 거주의무기간도 1년에서 최대 5년까지다. 전매제한 기간과 거주의무기간이 자신의 상황에 맞는지를 꼭 확인해야 한다. 투기과열지구는 전매제한과 거주의무기간이 비규제 지역과 다르다.

위 청약지들은 입지가 좋아 많은 사람이 기다리던 청약이다. 청약 일정이 미뤄지면서 바뀐 제도가 적용되기 때문에 가점이 낮은 무주택자가 좋은 입지에 내 집 마련을 할 수 있는 기회다.

무리하게 대출을 받지 않는 선에서 내가 살기 좋고, 남들도 선호하는 입지의 청약 예정지를 선별하고, 당첨 확률이 높은 평형을 선택하

택지 종류와 분양가에 따른 규제

구분		분양가 기준	전매제한		거주 의무기간
			투기과열	그 외	
수도권	공공택지 (공공분양) (민간분양)	분양가격 인근 시세의 100% 이상	3년	3년	
		85% ~ 100%	4년	4년	1년
		70% ~ 85%	6년	6년	3년
		70% 미만	8년	8년	5년
	민간택지	분양가격 인근 시세의 100% 이상	3년	1년 6개월	
		85% ~ 100%	3년	2년	
		70% ~ 85%	3년	3년	
		70% 미만	4년	4년	

1) 과밀억제권역 85㎡ 이하 주택의 경우 5년 / *그 외 지역은 현행과 동일
2) 거주의무기간은 공공택지에서 공급하는 공공분양주택에만 적용

는 것이 청약 전략이다. 바뀐 제도를 정확하게 알고, 똑똑하게 따져서 좋은 기회를 놓치지 말아야 한다.

강남 넘어서는 강북,
10억 클럽 인기 비결은?

04

강북 아파트값이 심상치 않다. 여러 부동산 규제로 강남 집값은 맥을 못 추는 반면, 강북은 마치 다른 세상처럼 연일 신고가를 갱신하며 '10억 클럽'에 입성하고 있다. 강남 부럽지 않은 강북의 아파트들, 어떤 곳들이 있는지 함께 살펴보자.

부동산 업계에 따르면 최근 '비강남 아파트' 중 실거래가 10억 원을 넘는 이른바 '10억 클럽'이 많아지는 추세다. 심지어 프리미엄이 10억 원을 넘거나 10억 원이 오른 단지도 등장한다.

올 2월 입주한 금호동 힐스테이트 서울숲리버'는 114㎡가 최고 19억 원을 호가해 2015년 9월 분양가 8억 8,744만 원 대비 10억 원 넘게 뛰었다.

오는 11월 입주하는 흑석뉴타운 7구역 '아크로리버하임'은 84m²가 13억

5,000만 원에 거래됐고 호가는 16억 원에 달한다. 2016년 11월 분양가는

7억 원 대였다.

- "강남, 보고 있나요… '10억클럽' 입성하는 강북아파트들", 〈머니에스〉, 김노향, 2018. 7. 25.

서울 집값 상승의 주역은 강남 아닌 강북?

먼저 서울 시세 변동률을 살펴보면, 지난 6개월간 강남 3구의 상승률
보다 강북의 상승률이 높았는데, 서울의 평균 상승률은 8.6%였다.

강남구가 9.3%, 서초구 7.5%, 송파구 8.9%로 평균 상승률이 8.57%
로 서울 평균 상승률보다 낮았다. 대신 성동구 13.0%, 동대문구 12.4%,
용산구 11.9%, 마포구 11.5%, 서대문구 11.3%로 지난 6개월간 서울
의 집값 상승을 견인했음을 알 수 있다.

이렇듯 강북이 갑자기 치고 올라오는 이유를 살펴보자면, 아무래도
문재인 정부와 서울시의 '강남 규제'가 가장 크지 않을까 한다. 강남,
강북의 균형 개발을 골자로 한 도시 재생이 현 정부의 기본적인 도시
개발계획 목표기 때문이다. 일련의 부동산 규제도 강남에 쏠린 재건축
및 투자심리를 꺾기 위해 만들어진 것이 대부분이다. 이에 따라 강남
쪽 매수 심리가 자연스럽게 강북 지역으로 옮겨온 것이다. 혹은 기존
에 강남과 강북 사이에 벌어진 갭을 메우기 위한 키 맞추기가 진행 중
인 것으로 볼 수도 있겠다.

강북 '10억 클럽'의 주역들

강북을 일으킨 '10억 클럽'의 첫 번째 주역은 바로 경희궁자이다. 돈의문 뉴타운 재개발 사업으로 2017년 입주한 서울 종로 도심의 초대형 아파트 단지로, 1단지부터 4단지까지 무려 2,500여 세대나 된다. 경희궁자이는 서울 강북권 최초로 평당 3,000만 원을 넘기면서 강북 전체 대장주 아파트로 자리매김했다. 현재 2단지와 3단지의 평당가는 각각 3,544만 원, 3,654만 원으로 인근 아파트와는 1,000만 원 이상 차이 난다. 1,148세대로 세대 수가 가장 많은 2단지의 경우 입주 후 지난 1년간 21% 넘게 올랐다. 2단지 전용 84m²의 경우 현재 매물이 14억 5,000만 원 선에 나와 있다. 전용 59m² 타입도 현재 시세 11억 8,000만 원으로 10억을 훌쩍 넘겼다.

경희궁자이의 인기 비결은 아무래도 입지다. 서울의 행정적, 문화적 심장인 중구와 가까우면서 서울의 핵심 업무 지구인 종로구, 중구와 매우 가깝다. 5호선 서대문역과 3호선 독립문역 사이에 자리 잡아 더블 역세권을 누릴 수 있는 지역이기도 하다.

두 번째 아파트는 바로 '마래푸'라는 애칭을 가진 마포래미안푸르지오다. 아현 뉴타운의 대장주이자 강북 내에서 경희궁자이와 쌍벽을 이루는 마포구의 대표 아파트다. 2014년 입주한 마포래미안푸르지오의 평당가는 3,748만 원이다. 520세대로 가장 많은 세대 수의 113Bm²의 경우 현재 12억 선에 시세가 형성되어 있다. 역시 입지도 좋은데, 종로, 홍대 등 도심에 가까운 위치에 5호선 애오개역 역세권 아파트다.

다음은 성동구, 동대문구로 넘어가 보자. 성동구 역시 왕십리 뉴타운과 행당동, 금호동 일대 재개발로 랜드마크 아파트가 많이 지어지고 있다. 대표적인 아파트로는 왕십리 센트라스다. 센트라스는 2016년 지어진 2,529세대 대단지 아파트로 서울에서 가장 많은 사람이 이용하는 핵심 라인 2호선 상왕십리역 초역세권이다. 평당가는 3,255만 원, 전용 84m²인 109Em²의 경우 시세가 10억 8,000만 원 선이다.

동대문구도 핫하다. SRT, GTX, 분당선 등 각종 교통 호재를 품은 청량리역 일대 재개발과 신규 분양으로 작년 여름 어느 지역보다 뜨거웠다. 이제 막 입주를 시작한 동대문롯데캐슬노블레스는 청량리역 역세권 아파트로 입주 전 전용 84m² 분양권이 9억 7,000만 원에 팔리더니 입주하자마자 10억을 넘어섰다. 평당가는 1,809만 원으로 아직 저렴한 편이라 앞으로 청량리 일대 재개발이 완성될 때까지 꾸준히 집값이 상승할 것으로 보인다.

강남보다 뜨거운 강북의 대장주 아파트들을 살펴봤다. 주로 재개발과 뉴타운 사업으로 입지 좋은 곳에 신축 아파트가 지어지면서 인기몰이를 하고 있다. 하지만 강북이 따라오는데 강남도 가만히 있지는 않은 모습이다. 최근 신고가와 거래량이 소폭 증가하면서 매수세를 회복하는 모양새다. 일각에서는 2017년 말 폭등한 집값을 인정하면서도, 동시에 보유세 개편으로 인한 실수요자들의 똘똘한 한 채에 대한 수요로 강남 매수 심리가 회복될 것이라고 예상한다.

개통 '확정'!
수도권 전철 4곳은 어디?

05

최근 서울 부동산 시장이 조정 장세에 들어가면서 안전한 투자처에 대한 고민을 하게 된다. 가격 형성에 영향을 주는 공급과 수요를 생각할 때, 수요가 늘어나는 곳이 곧 안전한 투자처가 될 수 있다.

수요가 늘어나는 데는 다양한 요인이 있지만, 그중에서도 새로운 전철역이 생겨 역세권이 된다는 것은 외부 수요를 강하게 끌어들이는 요소다. 하지만 이러한 교통 호재만을 믿고 무리한 투자를 했다가 오랫동안 발이 묶이는 경우도 많다.

반면, 개통 시기가 '확정'된 역세권은 안정적으로 시세를 형성한다. 그렇다면 향후 개통 시기가 확정된 수도권 전철 노선 4개를 알아보자.

을 연말부터 내년 말까지 수도권 전철 4개 노선이 연장 개통을 앞두면서 침체기를 맞은 서울 아파트값에 어떤 영향을 미칠지 관심이 모아진다. […] 연말 서울지하철 9호선 2, 3단계 구간 개통을 시작으로 내년 하반기에도 지하철 5호선 연장, 김포도시철도, 수인선 등 3개 노선이 개통될 예정이다.

– "내년말까지 수도권전철 4개선 개통…침체기 서울집값 단비될까", 〈뉴시스〉, 이인준, 2018. 11. 22.

2019년 말까지 수도권에는 총 4개의 노선이 개통 또는 연장개통을 앞두고 있다. 해당 노선은 9호선, 5호선 연장, 김포도시철도, 수인선이다. 노선별로 주변 수혜 단지는 어떤 곳이 있을지 보도록 하자.

11월 이후 2019년까지 수도권 개통예정 전철 노선

자료 : 국토교통부, 서울시, 한국철도공사, 김포도시철도

노선명	구간	시기
서울 지하철 9호선	종합운동장~삼전~석촌고분~송파나루~ 한성백제~올림픽공원~둔촌오륜~중앙보훈병원	18년 12월
서울 지하철 5호선연장(하남선)	상일동역~고덕로 강일육교~ 미사지구 중심상업지구~덕풍로일원	19년 6월 이후
김포도시철도	양촌~구래~마산~장기~운양~ 걸포북변~사우(김포시청)~풍무~고촌~김포공항	19년 7월
수인선	(3단계) 한대앞~사리~야목~어천~ 봉담~고색~수원역 (2단계 구간 인천 학익역 신설)	19년 12월

지하철 9호선: 18년 12월

종합운동장역은 2호선과 9호선, 더블 역세권이 되어 강남으로 빠르게 진출할 수 있게 되었다. 해당 역세권 아파트로는 아시아선수촌 아파트와 잠실엘스가 있다. 특히, 종합운동장역 주변 아파트는 지난 1년간 매매 시세 상승률 23.6%를 보였고, 같은 기간 아시아선수촌은 23.5%, 잠실엘스는 23.6%로 높은 상승률을 보였다. 반면, 최근 들어 서울 아파트 시장 전반의 분위기에 따라 그 상승세가 조금은 주춤한 상황이다. 종합운동장역 주변 아파트 시세가 9호선 연장 개통으로 다시 한번 움직이게 될지 지켜봐야겠다.

5호선 연장선(하남선): 19년 6월

19년 6월에는 서울지하철 5호선 연장선(하남선)이 개통한다. 강일지구(강동), 미사강변도시(하남)를 거쳐 하남 덕풍동으로 이어지며, 하남 구시가지에 해당하는 덕풍동, 신장동 일대의 5호선을 이용할 수 있다. 특히 미사지구는 하남선 연장을 가장 기다린 지역일 텐데, 개통 후에는 미사지구의 교통난이 어느 정도 해결될 것으로 보인다.

미사강변 신도시는 사업 면적 5,678,689m², 인구 9만 4,091명, 세대수 3만 8,315의 대규모 택지지구다. 특히 작년 청약 경쟁률이 높았던 단지 중 하나인 미사역 파라곤은 5호선 연장으로 생기는 미사역 초역세권 아파트다. 주상 복합단지로 3.3m²당 평균 분양가는 1,448만 원이었는데, 소유권 이전 등기 전매 단지로 프리미엄을 알 수 없지만 바로 옆 미사호반써밋플레이스의 한강뷰 세대 프리미엄이 3억 5,000~5억 원 정도이니 짐작은 해볼 수 있을 것이다.

김포도시철도: 19년 7월

19년 7월에 연장선이 아닌 오롯이 새로운 노선이 개통되는 곳이 있다. 바로 김포도시철도다. 김포도시철도는 김포시를 관통해 김포공항역까지 운행한다. 김포신도시는 환경 쾌적성과 신도시의 장점인 학교와 편의시설을 갖추었지만, 일자리가 없어 서울 베드타운의 역할을 하고 있다. 서울로 이동하려는 수요는 많은데, 교통망은 단 도로 2개뿐이어서 '교통지옥'이 될 수밖에 없었다. 하지만 김포도시철도가 개통되고 나면 서울 접근성이 크게 개선될 것으로 보인다. 특히 김포 풍무푸르지오, 풍무센트럴푸르지오는 김포도시철도 풍무역 초역세권이라 개통 수혜 단지라고 볼 수 있다.

수인선: 19년 12월

마지막으로 19년 12월에 개통하는 수인선이다. 수인선 3차 구간이 개통되면 수원에서 안산, 시흥, 인천 남동까지 환승 없이 이동할 수 있다. 교통 불편이 컸던 화성 봉담, 서수원 일대도 혜택을 받을 지역이 되겠다. 수원역 환승도 한층 개선되며, 분당선 환승 없이 분당으로 왕십리 그리고 청량리역까지 이동할 수 있게 된다.

개통이 예정된 것과 확정된 것은 엄연히 다르다. 교통 호재를 보고 접근할 때는 착공 여부를 확인해야 한다. 착공된 곳은 개통이 확정된 곳이다. 개통 이후까지 충분히 보유한다는 생각으로 접근한다면, 전철 개통에 따른 긍정적인 효과를 기대할 수 있다. 효과적인 위치에 전철이 개통된다면 자연히 유효수요는 늘어날 것이다. 특히, 불안정한 시장 상황에는 확실한 개통 예정 지역에 관심을 가져보는 것도 좋다.

'로또' 디에이치자이,
'논란 아파트' 된 사연

06

얼마 전, 평당 분양가가 인근 시세보다 낮은 4,160만 원으로 책정되어 당첨만 되면 수억 대의 시세 차익을 남길 수 있어 소위 '로또 아파트'라고 불렸던 디에이치자이 개포의 청약 접수가 끝났다. 높은 관심을 받았던 만큼 모든 타입이 1순위 해당 지역에서 마감했다. 최고 경쟁률은 무려 90.69 대 1이었다. 물론 특별 공급에서도 거의 100%로 마감했다. 특별 공급은 1순위 접수가 시작되기 전에 진행되는 만큼, 특별 공급 경쟁률과 소진율은 1순위 경쟁률의 선행 지표가 된다.

그런데 디에이치자이 개포의 청약이 마감된 후 특별 공급이 논란되었다. 특별 공급에서 10대, 20대 당첨자가 대거 쏟아진 것이다. 도대체 특별 공급이란 무엇이고, 왜 이리도 논란인지 살펴보자.

19세 당첨자까지 나온 개포8 특별공급. '로또청약'으로 불린 서울 강남구 '디에이치자이 개포' 분양을 두고 정책적 배려가 필요한 사회적 약자 계층을 위한 아파트 '특별공급' 제도의 실효성 논란이 커지고 있다. 21일 디에이치자이 개포 특별 공급 당첨자 명단을 분석해본 결과 '기관 추천' 전형 당첨자 105명 중에는 대학교 1학년 나이에 해당하는 19세(1999년생)를 포함해 1990년대생 3명이 당첨됐다. 1980년대생까지 확대하면 총 9명이 당첨됐으며 이들을 포함한 30대 이하 당첨자는 14명으로 15%에 육박한다.

수입이 적을 수밖에 없는 30대 이하 당첨자가 상당수 쏟아지면서 이들이 입주하기 위해선 사실상 증여밖에 방법이 없을 것이란 분석이 나오고 있다. 자연스레 '금수저 자녀'들을 위한 잔치가 될 것이란 우려의 목소리가 커지고 있다.

– "9억 마련가능한데 사회적약자?…논란의 '특공'", 〈매일경제〉, 박인혜, 정순우, 추동훈, 2018. 3. 22.

특별 공급, 나도 해당할까?

특별 공급이란 정책적 배려가 필요한 사회 계층 중 무주택자의 주택 마련을 돕기 위해 일반 공급과 청약 경쟁 없이 주택을 분양받을 수 있도록 하는 제도다. 다자녀 가구, 신혼부부, 국가 유공자, 노부모 부양자 등이 대상이다. 사실 이 조건에 해당하기만 한다면 낮은 경쟁률로 신축 아파트를 마련할 수 있기 때문에 무주택자로서는 최고의 기회가 아

구 분		비 율		신청 자격 및 당첨자 선정 방법
		국민 주택 등	민영 주택	
기관 추천	국가 유공자	5%	-	국가보훈처장이 추천하는 유공자 또는 유족
	장애인 등	10%	10%	청약 저축 6개월(장애인 제외), 관련 기관의 장이 추천하는 장애인, 군인, 중소기업 근로자 등
다자녀 특별 공급		10%	10%	• 청약 저축 6개월, 미성년 자녀를 3명 이상 둔 무주택 세대 구성원 • 배점기준에 따른 고득점 순으로 선정 • 동점자 처리 : 1) 다자녀 2) 고령 세대주
노부모 특별 공급		5%	3%	• 청약 1순위, 65세 이상 직계 존속을 3년 이상 계속 부양한 무주택 세대주 • 경쟁시 주택 유형별 일반 공급 당첨 순차에 따라 선정
신혼부부 특별 공급		30%	20%	• 청약 저축 6개월, 혼인 기간 7년 이내 및 결혼 예정 가구 신청 가능, 출산한 자녀가 있는(뱃속 태아도 가능) 무주택 세대 구성원 소득 및 자산 보유 기준 충족자(전년도 도시 근로자 월평균 소득 100% 이하, 맞벌이는 120% 이하) • 순위에 따라 선정 : 1순위(혼인 3년 이내) 2순위(혼인 3~5년), 동일순위 경쟁시 처리 : 1) 다자녀 2) 추첨(2018년 상반기 개정 예정)
생애 최초 특별 공급		20%	-	• 생애 최초로 주택을 구입하는 자로서 청약 저축 또는 종합 저축 1순위, 600만 원 이상 납입, 혼인 중 또는 미혼 자녀가 있는 자, 근로자 또는 자영업자로 5년 이상 소득세 납부자로 소득 및 자산 보유 기준 충족자 • 경쟁시 추첨으로 선정

아파트 특별 공급의 종류와 신청 조건 [자료 : 국토교통부]

가구원 수	3인 이하	4인 가구	5인 가구	6인 가구	7인 가구	8인 가구
평균 소득	5,002,590원	5,846,903원	5,846,903원	6,220,005원	6,625,810원	7,031,615원

2018년도 전년도 도시 근로자 가구동 월평균 소득 100%에 해당하는 금액

닐 수 없다. 그렇다면 특별 공급의 종류와 신청 조건은 무엇인지 함께 알아보자. 나에게도 해당이 될 수 있으니 말이다.

여기서 말하는 도시 근로자 월평균 소득은 위와 같고, 맞벌이의 경우는 아래 금액에서 120%가 된다. 만약 2인 가구 맞벌이 신혼부부가 특별 공급 대상자가 되려면 둘이 합쳐 월급이 600만 원이 넘으면 지원

할 수가 없다. 부부 합산 연봉이 7,200만 원 이하만 가능하다.

디에이치자이 개포, 논란이 되는 이유

디에이치자이 개포는 모든 세대의 분양가가 9억 원이 넘어 중도금 대출이 되지 않는다. 가장 가격이 낮은 11억 원짜리 주택형에 당첨되어도 계약금 10%, 중도금 40%, 잔금 50%인 현금 6억 원 이상 있어야 한다. 그렇다면 연봉 7,000만 원을 받는 사람이 현금 6억 원을 모으려면 얼마나 걸릴까? 단 한 푼도 쓰지 않고 꼬박 9년을 모아야 마련할 수 있는 돈이다. 혹은 복권에 당첨되거나.

사실 연봉 7,000만 원도 적은 돈이 아니다. 대기업에 들어가 부지런히 연차를 쌓아야 벌 수 있을까 말까 한 금액이다. 그런데 상대적으로 자금이 적을 수밖에 없는 10대, 20대가 당첨 후 입주하려면 그 돈은 어디서 마련해야 할까? 부모에게 그 금액을 빌리거나 물려받을 수 있는, 사실상 '금수저'가 아니면 어렵다는 것이다. 디에이치자이 개포가 그토록 논란되는 이유가 바로 여기에 있다.

디에이치자이 개포 특공 논란, 정부의 대응은?

3월 21일 발표된 국토교통부 보도자료에 따르면, 디에이치자이 개포의 특별 공급 당첨자는 총 444명이며, 이 중 만 20대 이하는 전체의 3.2%인 14명이다. 만 20대 이하 당첨자 14명 중 장애인 특별 공급 등 기관 추천 특별 공급 당첨자는 5명(만 19세 1명, 20대 4명)이며, 신혼부부 특별 공급 당첨자는 9명(만 27세 1명, 만 28세 2명, 만 29세 6명)이다.

국토교통부는 특별 공급 당첨자를 포함한 해당 단지 당첨자의 자금 조달 계획서를 집중적으로 분석하여 증여세 탈루가 의심되는 사례에 대해서는 국세청에 통보할 계획이다. 이와 함께 수사 당국과의 공조를 통해 위장 전입 등 부정 당첨 여부도 철저히 조사해, 부정 당첨자에 대한 공급 계약 취소 및 형사 고발 등의 조치를 취할 계획이다. 그리고 3월 23일부터 지자체와 협력하여 특별 공급 당첨자에 대한 서류 분석에 착수한다. 또한, 무주택 여부 및 기간, 부양가족 수, 자금조달 계획 등 '디에이치자이 개포' 당첨자의 특성을 분석하는 등 특별 공급 제도의 운용 상황을 면밀히 모니터링 한다고 한다.

'로또 아파트'에서 '논란 아파트'가 된 디에이치자이 개포 아파트에 대해 살펴봤다. 사회적으로 배려가 필요한 계층을 위해 만들어진 특별 공급, 정말 실효성이 있는 걸까? 이 특별 공급으로 혜택을 받을 수 있는 '진짜' 특별 공급 대상자들이 있기는 한 걸까? 이들에게 혜택을 주기 위해서 디에이치자이 개포처럼 분양가가 높은 아파트는 특별 공급을 하지 말아야 할까? 참 아이러니하다.

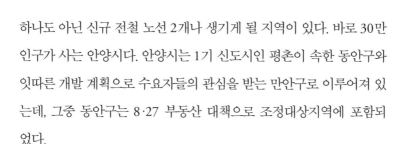

역세권이 트리플 역세권으로 2개 전철 생기는 안양시!

07

하나도 아닌 신규 전철 노선 2개나 생기게 될 지역이 있다. 바로 30만 인구가 사는 안양시다. 안양시는 1기 신도시인 평촌이 속한 동안구와 잇따른 개발 계획으로 수요자들의 관심을 받는 만안구로 이루어져 있는데, 그중 동안구는 8·27 부동산 대책으로 조정대상지역에 포함되었다.

이처럼 미래가치 상승에 대한 기대와 규제를 한 몸에 받는 안양시! 안양시의 교통 여건을 획기적으로 개선할 신규 전철 2개는 무엇이고, 이로 인해 새롭게 역세권으로 태어나는 아파트 단지는 어디일까? 다음 뉴스를 한번 살펴보자.

기획재정부가 월곶~판교 복선전철 기본계획 수립을 위한 총사업비 조정결과를 20일 국토교통부에 통보했다. 오는 10월 월곶~판교선 기본계획이 확정고시될 예정이다. 20일 신창현 더불어민주당 의원이 국토부로부터 제출받은 '월곶~판교선 총사업비 조정결과' 자료에 따르면 월곶~판교선 총 사업비는 당초 2조269억원에서 395억원 가량 증액된 2조664억원으로 확정됐다.

- "월곶~판교선 총사업비 확정..10월 기본계획 확정고시된다", 〈이데일리〉, 성문재, 2018. 8. 20.

우리나라 동서축의 완성! 월곶-판교선 복선전철

안양시에 들어오게 될 첫 번째 전철은 총 2조 664억 원 규모의 월곶-판교선 복선전철이다. 시흥 월곶에서 광명, 안양을 거쳐 성남 판교까지 총 40.13km를 연결하는 월곶-판교 복선전철은 2018년 10월 기본계획 확정 고시되었다. 사업 기간은 설계 3년, 공사 5년으로 2021년에 착공해 2025년에 개통할 예정이다.

월곶-판교선은 서쪽으로 인천 송도에서 시흥을 잇는 수인선과 동쪽으로는 성남에서 여주를 잇는 성남-여주선, 여주로부터 강릉에 닿는 원주-강릉선 등과 연결된다. 즉, 월곶-판교선이 개통되면 인천에서 강릉까지 직통으로 열차 운행이 가능해지는 것이다.

월곶-판교선 일반 열차의 평균 속도는 시속 71km로 9호선 급행열차의 속도인 46.8km/h보다 빠르다. 4개 역(시흥시청, 광명, 인덕원, 판교)만 정차하는 급행열차는 시속 107.7km로 일반 열차와 비슷한 속도다. 입지를 따질 때 중요한 것은 물리적 거리가 아니라 얼마나 편하고 빠르게 다른 지역으로 이동할 수 있는가일 테다. 일반 열차 속도로 달릴 월곶-판교선 급행열차를 생각하니 벌써부터 가슴이 두근거린다.

월곶-판교선 신설역에 따른 수혜아파트

월곶-판교선은 안양시 내 총 4개 역에 정차할 예정이다. 기본계획에 포함된 안양 구간 역은 인덕원-안양운동장역-안양역-석수역이다. 그럼 지금부터 월곶-판교선으로 혜택받을 안양시 내 아파트가 어디인지 아임해피의 아파트 돋보기로 살펴보자.

월판선이 지나가게 될 첫 번째 역, 인덕원역 인근 이 아파트다. 1998년 준공되었고 총 1,314세대로 구성된 이 아파트는 단지 내에 초등학교가 있는 일명 초품아다. 인덕원역에서 도보 5분 거리에 있다. 서울시청 방향, 강남 방향은 물론 성남, 과천행 시외버스 노선까지 단지 주변을 지나 어디로 이동하든 편리하다. 79Am² 타입만 해도 지난 7, 8월간 신고된 매매 건수만 10건을 넘어서며 거래가 활발하게 이루어지고 있다. 2019년 11월 입주 예정인 단지도 있다.

인덕원마을삼성의 바로 뒤로 위치한 포일센트럴푸르지오로, 인덕원역 인근에 위치한다. 2016년 분양 당시 책정된 분양가는 전용 84m² 타입 기준 5억 6,830만 원으로 평당 1,700만 원 선이었다. 2016년 당시 인덕원마을삼성의 평당가가 1,489만 원이었으니 포일센트럴푸르지오역시 고분양가 논란을 피할 수 없었다. 결과는 어땠을까? 총 1,774가구

중 특별 공급을 제외한 1,301가구 분양에 평균 18.65 대 1, 최고 32.41 대 1(84Cm² 타입)의 경쟁률을 기록하며 1순위에서 마감되었다.

포일센트럴푸르지오는 안양시와 인접해 있지만, 행정구역상으로는 의왕시에 위치한다. 의왕시는 8·27 대책에서 규제를 피했기 때문에 분양권 전매가 비교적 자유롭다. 이에 현재 포일센트럴푸르지오의 분양권은 3억 원 이상의 웃돈이 붙었다. 현장 공인중개사에 따르면, 매수를 원하는 수요는 많은데 물건이 없어서 가격을 모르겠다고 한다.

다음은 월판선이 지날 두 번째 역, 안양운동장역 주변을 보자. 안양운동장역사는 종합운동장사거리역에 들어설 예정이다.

종합운동장사거리(안양운동장역) 인근 눈여겨봐야 할 단지는 1981년 준공된 총 912세대의 뉴타운 1, 2, 3차다. 뉴타운 1, 2, 3차는 현재

재건축을 진행 중인 단지로 조합설립단계에 있다. 재건축 이후에는 2,882세대의 대단지로 다시 태어날 예정이다. 재건축 예정 단지라 평당가 1,778만 원으로 인근에서 가장 높은 편이다.

이 지역은 안양·석수에서 구로·목동 방면, 인덕원·과천에서 사당·강남 방면으로 갈 수 있는 지하철과 버스 노선이 잘 되어 있다. 범계·평촌으로도 버스로 편리하게 이동할 수 있는 버세권이기도 하다. 여기에 월곶-판교선 개통으로 안양운동장역이 들어선다면, 초역세권의 새 아파트가 생기는 것이다. 더불어 안양운동장역 주변에서 함께 관심을 가져볼 만한 단지로는, 뉴타운 1, 2, 3차의 길 건너편에 위치한 샛별마을한양 1, 2, 3단지와 한가람한양이 있다. 샛별마을한양과 한가람한양은 평촌 내에서 상대적으로 시세가 낮은 단지였다. 하지만 월곶-판교선 개통 이후에도 그럴까?

지하철역이 멀다는 점을 제외하고는 부안초, 중학교와 부림초, 중학교 그리고 평촌경영고등학교 등이 가까워 학군도 좋다. 또 학운공원, 학의천이 단지 앞에 있어 여가 생활을 하기에도 좋은 단지다. 여기에 2024년 역세권 입지까지 갖추니 미래가치가 매우 높다고 할 수 있다.

이제 만안구의 중심, 안양역으로 가보도록 하자. 월곶-판교선은 기존의 1호선 안양역이 아닌 벽산사거리에 새로운 역사를 짓고 운행하게 되는데, 벽산사거리 인근에 있는 진흥아파트는 월곶-판교선 개통과 함께 새 아파트로 탈바꿈할 예정이라 더욱 기대되는 단지다. 1983년 준공되어 준공 35년 차를 맞은 진흥아파트는 현재 관리 처분 인가를 앞두고 있다. 재건축을 통해 총 1,940세대에서 2,723세대로 늘어날

것이라고 한다. 이 외에도 안양역 역세권에 위치한 주공뜨란채와 삼성 래미안 역시 작년 말 월곶-판교선 주민 공람회 이후 시세가 1억 원 이상 상승했다.

이제 월곶-판교선이 지나는 안양의 마지막 역, 석수역을 살펴보자. 이 근처에는 아파트가 없어 보이는데, 자세히 보니 삼막천 건너편으로 석수e편한세상이 보인다. 석수e편한세상은 지름길로 가로질러갈 경우 석수전화국사거리(석수역)까지 3분 안에 도착할 수 있는 예비 초역세권 단지다.

1호선 관악역을 도보로 이용할 수 있고, 차량 이용 시 강남순환고속로, 제2경인고속도로, 안양성남간고속도로 등의 진입이 편리해 이미 교통의 요충지로 불린다. 향후 월곶-판교선이 들어오면 더블 역세권

좋은 집 구하는 기술

단지가 되어 광역 교통이 더욱 편리해질 것이다.

안양에 전철이 하나 더? 남북을 가로지르는 인덕원-동탄선

안양을 지나게 될 신규 전철 노선이 하나 더 있다. 경기 안양시 인덕원에서 동탄2신도시를 잇는 39.4km의 인덕원-동탄 복선전철이다. 아직 역사는 정해지지 않았지만 역사 2개가 신설될 예정이다. 노선만 세 차례 변경되며 15년간 우여곡절이 많았는데, 지난 3월 기본계획이 고시되면서 사업에 속도를 내고 있다.

현재 예비타당성 통과 후 한국철도시설공단에서 설계에 들어갔다. 이르면 2021년에 착공해 2026년에 개통 예정이다. 4호선 인덕원역을 시작으로 광교에서는 신분당선, 영통에서는 분당선, 동탄에서는 SRT 및 GTX와 만나기 때문에 해당 노선을 이용하면 수도권 각지로의 이동이 수월해지겠다.

안양시는 지리적으로 서울시 금천구, 광명시, 과천시와 맞닿아 있다. 이미 투기과열지구로 지정된 지역들이다. 그만큼 좋은 입지 요건을 갖춘 안양시에 전철 2개가 새로 들어오는 것이다. 특히 4호선 인덕원역은 월곶-판교선과 인덕원-동탄선이 개통되면 트리플 역세권이 될 것이다. 월곶-판교선과 인덕원-동탄선의 개통과 함께 새로운 교통 요충지로 부상할 안양시의 모습이 기대된다.

서울보다 비싸지는 광명시에 주목하라!

08

비싼 서울 집값을 견디지 못해 '탈서울'하는 사람이 늘고 있다. 서울에서 전세 살 가격이면 경기도에서는 매매가 가능하고, 주거 환경은 오히려 더 낫기 때문이다. 특히 서울과 맞닿은 경기도 내 '준서울' 지역은 인기가 좋다. 과천, 하남, 광명, 성남, 안양, 부천 등 서울과 지하철로 연결될 수 있는 곳들이다. 특히 KTX 광명역, 코스트코, 이케아 등을 품은 광명시는 재건축과 신규 분양이 줄을 잇고 있어 주목해볼 만하다. 이번에는 새로운 주거 지역으로 주목받는 광명시에 대해 알아보자.

대우건설이 짓는 철산역 센트럴 푸르지오는 광명시 철산동에 10년 만에 공급되는 새 아파트다. 철산주공4단지를 지하 2층~지상 29층, 7개 동, 전용 면적 59~105m² 798가구 규모로 재건축하는 단지다. 특별 공급을 포함 323가구가 일반 분양된다.

3.3m²당 평균 분양가(확장비 포함)는 2,100만~2,400만 원. 59m²(전용면적 기준)가 5억6,000만~5억9,000만 원, 84m²가 6억8,000만~7억3,000만 원이다. 시스템 에어컨 등 추가 옵션을 포함하면 실제 부담액은 더 클 것으로 예상된다. 전용 면적별 확장비는 1,680만~2,660만 원에 달한다.

- "평당 2400만원', 서울보다 비싼 광명 철산 푸르지오", 〈머니투데이〉, 유엄식, 2018. 7. 21.

신도시급 개발 규모, 광명역세권

현재 광명시의 평당가는 1,499만 원 선으로 바로 옆 구로구(1,515만 원)와 비슷한 시세를 유지한다. 인접한 서울시 금천구(1,338만 원)보다는 비싸다. 광명시 안에서는 서울시 구로구와 안양천을 경계로 맞닿은 철산동(1,720만 원)과 KTX 역사, 이케아 등 다양한 쇼핑 시설이 있는 광명역 일대 일직동(1,710만 원)이 가장 비싼 동네다.

먼저 광명역 일대를 살펴보면, 광명역세권 택지개발지구로 묶여 거의 신도시처럼 개발되고 있다. 광명역써밋플레이스나 광명역푸르지오는 이미 2017년부터 입주를 시작해 시세를 이끌고 있다.

2018년 말 입주를 시작한 광명역 5번 출구 초역세권 아파트 광명파크자이2차는 전용 84m² 분양권이 8억 2,000만 원에 거래되어 평당 2,000만 원이 넘는 가격에 거래가 되고 있다.

재건축의 향연, 철산동

구도심인 철산동을 보자. 철산동은 광명시의 전통적인 주거촌이다. 서울시 구로구와는 안양천을 사이에 두고 있어 생활권으로 봤을 때 거의 서울이나 마찬가지다. 게다가 서울 지하철 7호선 철산역이 지나 강남으로 이동하기가 쉽다.

철산동은 재건축이 한창이다. 철산역을 기준으로 1980년대 지어진 철산동 주공아파트들이 포진하고 있으며, 이 주공아파트는 재건축에 대한 기대로 몸값이 많이 올라 있다. 주공9단지의 경우 평당가가 무려 4,043만 원이다. 주공4단지를 재건축한 철산역 센트럴푸르지오 역시 평균 분양가가 2,000만 원을 훨씬 넘어 이후 지어지는 아파트들은 이보다 높은 분양가로 책정되지 않을까 한다. 향후 분양 예정 단지는 철산역 인근 주공7단지다. 총 1,310세대로 롯데와 SK가 컨소시엄을 이루어 재건축이 진행될 예정이다. 2018년 2월 관리 처분 인가 후 현재 이주하는 단계다. 이주가 완료되면 본격적으로 일반 분양에 나설 것으로 보이는데, 철산역 센트럴푸르지오보다 입지가 좋기 때문에 분양가가 얼마로 나올지가 관전 포인트다.

주공 8, 9단지도 같이 재건축에 들어간다. 조합원 수는 총 2,040명에 3,828세대로 GS건설에서 시공한다. 현재 사업 시행 인가를 준비 중이며, 주공 8, 9단지 너머 주공 10, 11단지도 함께 재건축하는 단지다. 조합원 수 1,033명에 총 1,490세대로 역시 GS건설에서 시공할 예정이다.

광명은 조정대상지역이라 조합원 지위 양도가 가능하지만, 주공 4, 7단지를 제외한 나머지 단지들은 재건축 초과이익환수제에 해당한다.

구역명	주공4단지	주공7단지	주공8,9단지	주공10,11단지
조합원 수	469	625	2,040	1,033
건립 세대 수	764	1,310	3,828	1,490
시공사	대우	롯데, SK	GS	GS
정비 구역 고시	2011.10.31	2012.09.11	2011.05.24	2011.05.24
추진 위원회 승인	2012.01.19	2012.11.02	2014.01.08	2011.10.06
조합 설립 인가	2013.08.08	2014.05.28	2014.03.26	2013.10.25
사업 시행 인가	2016.06.30	2017.08.08	준비중	준비중
관리 처분 인가	2017.03.03	2018.02.12	-	-
철거 및 이주	이주완료	이주중	-	-
일반 분양	완료	-	-	-

광명시 철산동 내 재건축 단지 진행 현황

모든 것이 갖추어진 광명역세권 아파트가 평당 2,000만 원이 넘은 것도 광명시 부동산시장에 큰 이슈지만, 철산동, 즉 구도심도 평당 2,000만 원이 넘어가면서 광명시 전체로 봤을 때 평당 2,000만 원 시대가 도래한 것이다. 향후 철산동 재건축 7,392세대와 광명뉴타운 2만 5,500세대, 총 3만 2,000여 세대가 분양을 완료하면 광명시는 그야말로 미니 신도시가 된다. 그때 광명 아파트값은 어디까지 올라갈까?

아임해피의 뉴스 속 아파트 톺아보기

움직이는 송파구, 재건축 열풍 다시 불까?

09

8·2 부동산 대책 이후 가장 큰 규제는 바로 재건축 규제다. 사실상 재건축이 불가능해진 것이나 다름없다는 안전 진단 기준 강화부터, 재건축 초과이익환수제, 조합원 지위 양도금지, 재당첨 금지 등 재건축 관련 규제들이 줄줄이 발표되었다. 실제로 억대가 넘는 재건축 부담금이 발표되자 '재건축 초과이익환수제 공포'라는 말이 나오기도 했다.

각종 규제로 재건축 시장이 한풀 꺾인 것은 사실이지만, 여전히 '똑똑한 한 채'인 재건축 아파트의 가치는 견고한 듯하다. 잇따라 발표된 여러 규제에도 최근 송파에서 재건축을 추진하는 단지들이 나오고 있다는 소식이다. 어떤 아파트들이 재건축을 추진하는지 자세히 살펴보도록 하자.

재건축 부담금, 양도세 중과, 보유세 강화 등 정부의 각종 부동산 규제에 도 불구하고 서울 강남권 재건축 열기는 쉽게 식지 않고 있다. [···] 특히 최근 송파동·방이동·오금동 등 송파구에서 재건축을 추진하는 단지가 줄을 잇고 있어 눈길을 끈다.

좋은 입지에 1980년대 준공된 아파트 단지가 많기 때문으로 파악된다. 전문가들은 앞으로 4~5년간 송파 지역에서 신축·재건축을 추진하는 아 파트 단지와 입주한 지 10년 이상~25년 미만인 일반 아파트 단지 간 시 세 차별화가 두드러질 것으로 내다보고 있다.

– "규제 칼날에도···송파 '줄줄이' 재건축 깃발", 〈매일경제〉, 최재원, 용환진, 2018. 7. 1.

재건축이 죽지 않는 이유

재건축을 추진 중인 송파구 아파트는 5호선 방이역과 오금역 일대에 모여 있다. 현대 2, 3, 4차 아파트, 잠실3차한양, 가락삼익맨숀, 미성맨 션, 그리고 한양2차가 그것이다.

위치를 보면, 입지가 아주 좋다. 3호선 오금역과 5호선 방이역 사이 에 위치한 역세권 입지에 왼편으로는 가락시장, 미니 신도시급인 송 파 헬리오시티가 있다. 또 잠실과 가까울 뿐만 아니라, 오른편에 있 는 올림픽공원과 대단지 올림픽선수기자촌 아파트도 가깝다. 모두 1984~1985년 사이에 지어져 오래된 아파트지만 좋은 입지 덕에 재건 축이 된다면, 그 가치는 충분히 올라갈 것으로 보인다. 물론 재건축 규제로 사업성이 일부 줄어들겠지만, 그보다 재건축했을 때의 가치가 더 클 것으로 생각한다. 정부의 강력한 규제에도 재건축 열기가 쉽게 식지 않는 이유다.

송파구 재건축 추진 현황

이 중 뉴스에 나온 오금사거리 인근 재건축 아파트들의 진행 속도를 보면 가락삼익맨숀, 한양2차, 현대 2, 3, 4차, 잠실3차한양, 미성맨션 순으로 빠르게 진행 중이다. 오금사거리 재건축 아파트들을 차례로 살펴보자. 먼저 방이역 인근 아파트다.

오금동에 위치한 현대 2, 3, 4차 아파트는 1,316세대로 송파구 재건축 추진 아파트 중 가장 큰 규모의 중대형 아파트 단지다. 이 단지는 안전 진단 기준이 강화되기 전인 2015년 안전 진단을 통과했고, 2020년까지 정비계획 수립과 추진 위원회 구성을 마치는 것을 목표로 하고 있다. 5호선 방이역과 3·5호선 오금역을 모두 도보로 이용할 수 있는 더블 역세권에 올림픽 공원도 400m 거리에 있어 주변 환경이 뛰어나다.

현대 2, 3, 4차 아파트의 평당가는 2,826만 원으로 일대 재건축 추진 아파트 중 가장 비싸다. 일찍이 안전 진단을 통과한 아파트지만 추진 위원회 구성을 위해서는 주민 50% 이상의 동의가 필요하다. 주민 동의 후 추진 위원회가 구성되기만 하면 빠르게 재건축 진행이 가능할 것으로 생각한다.

현대 2, 3, 4차와 양재대로를 사이에 두고 맞은편에 위치한 방이동 잠실3차한양은 최근 재건축 정비계획과 정비구역 지정을 요청하는 안

건을 구청에 제출해 한 달간 주민 공람 공고를 진행했다. 재건축이 예정대로 진행되면 잠실3차한양은 현재 252세대에서 482세대로 두 배 가까이 늘어날 예정이다.

잠실3차한양에서 오금로를 건너면 936세대의 송파동 가락삼익맨숀이 있다. 가락삼익맨숀은 재건축을 통해 최고 31층, 총 1,650세대의 대단지 아파트로 변신할 예정인데, 최근 재건축 추진 위원회는 아파트 재건축을 위한 현상 설계 응모 공고를 냈다. 가락삼익맨숀은 2018년 들어 시세가 급상승했으며, 추진 위원회 승인 상태이므로 현재 매입이 가능하다. 조합 설립 이후에는 조합원 지위 양도금지로 거래할 수 없으니 매수를 고려 중이라면, 지금이 매수하기 좋은 타이밍이라고 할 수 있다. 이외 가락삼익맨숀 인근 미성맨션은 재건축 사업에 대한 주민 제안 접수 후 관련 기관이 협의 중이며, 한양2차는 조합 설립 동의서를 모으는 단계를 진행 중이고 곧 조합 설립을 눈앞에 두고 있다.

송파구 오금사거리 일대에 부는 재건축 바람을 살펴봤다. 재건축이 잘 진행된다면 서울 내 재건축 연한을 채운 다른 아파트에도 큰 영향을 줄 테다. 수많은 재건축 규제를 딛고 어려움 없이 재건축이 잘 진행될 수 있을지, 재건축 이후 오금사거리 일대는 어떻게 변화할지, 그리고 잠실 일대 구축 아파트와 송파 헬리오시티와는 어떤 그림을 그리며 송파구 부동산시장을 이끌어 나갈지 궁금하다.

무주택자의 선택은?
청약 vs 기존 주택

9·13 부동산 대책 발표 이후 많은 사람이 나에게 물었다. 이번 대책이 무주택자에게 좋은 거냐고. 결론부터 말하자면, 그렇다. 정부는 다주택자의 주택 구매를 억누르기 위해 대출을 막았고, 세 부담을 증가시켜 주택 구입에 부담을 느끼도록 했다. 무주택 실수요자는 기회의 폭이 더 넓어진 것이다.

우리나라 일반 가구 수는 총 1,967만 3,875가구(2017년, 통계청 인구총조사), 그중 절반에 가까운 44.5%가 무주택 가구다. 무주택 가구가 800만

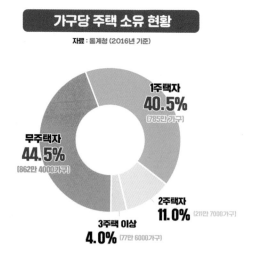

가구당 주택 소유 현황

자료 : 통계청 (2016년 기준)

1주택자
40.5%
[785만 가구]

2주택자
11.0% [211만 7000가구]

3주택 이상
4.0% [77만 6000가구]

무주택자
44.5%
[862만 4000가구]

가구가 넘는 셈이다.

왜 지금이 무주택자의 내 집 마련 적기인지 그리고 무주택자들이 내 집 마련을 하기 위해서는 어떤 방법이 있는지 알아보자.

1주택자 이상 대출 규제 강화, 무주택자는 기존과 동일

먼저, 9·13 대책은 주택 보유자가 추가 주택을 구입하는 것을 최대한 제한하고 있다. 그중에서도 가장 강력한 규제는 주택담보대출 금지다. 정부는 다주택자와 1주택자를 가리지 않고 규제 지역에서 새 주택을 살 때는 주택담보대출을 원칙적으로 허가하지 않기로 했다.

9·13 대책으로, 주택 보유자가 규제 지역 내 주택 구매를 위해 주택담보대출을 받는 것이 원칙적으로 금지되었다. 단, 1주택자는 예외 규정이 있다. 2년 이내 기존 주택을 처분하거나, 무주택자인 자녀의 분가,

주택구입 목적시 지역별 LTV, DTI 비율

자료 : 기획재정부

주택가격	구분		투기과열지구 및 투기지역		조정대상지역		조정대상지역 外 수도권		기타	
			LTV	DTI	LTV	DTI	LTV	DTI	LTV	DTI
고가주택 기준 이하 주택 구입시	서민실수요자		50%	50%	70%	60%	70%	60%	70%	없음
	무주택세대		40%	40%	60%	50%	70%	60%	70%	없음
	1주택 보유세대	원칙	0%	-	0%	-	60%	50%	60%	없음
		예외	40%	40%	60%	50%	60%	50%	60%	없음
	2주택 이상 보유세대		0%	-	0%	-	60%	50%	60%	없음
고가주택 구입시	원칙		0%	-	0%	-	고가주택기준 이하 주택구입시 기준과 동일			
	예외		40%	40%	60%	50%				

- 고가주택은 공시가격 9억원 초과
- 음영부분은 이번 대책으로 변경된 사항

다른 지역에서 거주 중인 60세 이상의 부모를 위해 규제 지역에서 주택을 구입하는 경우가 이에 해당한다. 1주택자는 전세자금 대출 역시 부부합산소득 1억 원 이하라는 조건을 만족할 때만 보증을 받을 수 있게 되었다. 반면, 무주택자는 주택담보 대출 및 전세자금 대출 모두 기존과 같이 가능하다.

종합부동산세 최대 1.2% 인상!
시가 13억 원 이하 1주택자는 해당 안 돼

고가 주택에 대한 종합부동산세(이하 종부세) 역시 변경되었다. 1주택자라도 고가 주택 보유자는 종합부동산 과세 대상이 될 수 있다. 물론, 구간별 세율도 높아졌다. 과세표준 3억 원 이하 구간을 제외한 전 구간의 세율이 최대 1.2% 상승했다. 1주택자는 보유 주택의 공시가격이 9억 원(시가 약 13억 원), 다주택자는 공시가격이 6억 원(시가 약 9억 원) 이하일 때 종부세 과세 대상에서 제외된다.

따라서 주택을 구입할 예정인데, 세 부담이 걱정스럽다면 이런 조건을 잘 활용해보라고 말하고 싶다. 기존 주택을 구입할 때 팁은, 미래가치가 높은 곳 중 종부세를 피할 수 있는 곳을 찾는 것이다.

무주택자, 청약은 여전히 유리
노려볼 만한 신규 공공택지는?

9·13 대책으로 변경된 주택공급규칙에 따르면 신규 분양 단지 역시 무

주택자에게 우선 공급된다고 한다. 무주택자들은 청약제도에서 매우
유리한 위치에 있는 것이다. 그렇다면, 21일 발표된 신규 택지를 그냥
지나쳐서는 안 된다. 잠깐, 뉴스를 살펴보도록 하자.

> 국토부는 서울과 일산·분당 등 1기 신도시 사이에 330만㎡ 이상
> 대규모 공공택지, 즉 '3기 신도시'를 4~5곳 조성한다고 밝혔다.
> […] 이들 신도시에서 나오는 주택 물량은 20만호로, 2021년부
> 터 공급된다. 국토부는 신도시 1~2곳의 입지는 연내 발표한다는
> 방침이다.
>
> – "수도권에 신도시 4~5곳 조성…'서울 그린벨트 풀수도'", 〈연합뉴스〉, 윤종석, 2018. 9. 21.

아임해피의 뉴스 속 아파트 돋보기

지난 21일 정부는 수도권 주택공급 확대 방안을 발표하며 수도권 신규 택지 17곳에 약 3만 5천호를 공급하겠다고 밝혔다. 서울은 성동구치소와 개포동 재건마을을 비롯한 11곳이 공공택지로 조성될 계획이다. 인천에서는 검암역세권에 7,800가구 규모를 공급한다고 한다. 단일 지역으로는 가장 많은 물량이다.

주목해야 할 공공택지지구 '검암역세권 개발'

그럼 약 8,000호에 달하는 대규모 공급이 이뤄지는 검암역세권을 보자. 검암역세권은 인천 서구 검암역 일대로, 공항철도를 이용하면 서울역까지 40분이면 도착할 수 있는 위치에 있다. 공항철도, 인천 2호선 등 철도 노선 2개가 지나 대중교통 이용이 편리하고, 차량 이동 시에도 인천공항고속도로 및 청라IC와 인접해 광역 접근성이 우수하다. 경인 아라뱃길, 계양산, 아시아드주경기장 등과 가까워 휴양 문화공간도 풍부하다. 인근 5km 이내 청라지구에는 2021년 스타필드 청라, 2022년에는 의료복합타운 등이 들어설 예정이다.

앞으로 발표될 신규 택지 공급 지역에도 이처럼 출퇴근이 편리하고 생활 편의 인프라가 괜찮은 곳이 분명히 있다. 서울 11곳 중 9곳도 향후 발표될 것이고, 3기 신도시 입지도 연내에 공개하게 되면 선택의 폭은 더 넓어질 것이다. 신규 택지 지역에 관심을 가지고 살펴봐야 한다. 그리고 자신에게 알맞는 입지를 선택해 적극적으로 청약에 도전했으면 한다.

무주택자에게는 두 가지 선택지가 있다. 당첨 확률은 낮지만 비교적 안정적으로 투자할 수 있는 '청약'과 매수 기회는 많지만 섣불리 결정하기 어려운 '기존 주택'이다. 9·13 대책, 정책과 세제 측면에서 바뀐 내용이 많아 어려운 것은 사실이다. 하지만 단 한 가지 확실한 사실은 무주택 실수요자에게 기회를 주고 있다는 점이다. 자금 조달과 생활권을 고려해 적극적으로 주택을 매수에 임한다면, 무주택자에게는 더없이 좋은 기회가 될 것이다.

출퇴근길에 버리는
94만 원 대신 '이것' 하라!

우리나라 국민의 1일 평균 통근 시간은 58분으로 OECD 국가 중 최장 시간이라고 한다. 이는 OECD 평균인 28분에 비하면 2배에 달하는 수치다. 더욱이 서울에서 수도권으로의 인구 유출로 '장거리 통근족'이 늘어나면서 평균 통근 시간은 앞으로 더욱 증가할 것으로 보인다.

바야흐로 시간이 돈인 시대. 통근 시간을 돈으로 환산했을 때 어떤 아파트가 새로운 선택지가 될 수 있을지 알아보자.

지난 1월 우리는 경기도 평택 친정 근처로 이사했다. 2인에서 4인으로 가구원 수가 늘어나면서 단출했던 살림살이도 점점 불어났다. 더 큰 공간이 필요했다.

출퇴근 시간만 왕복 5시간이다. 삶의 질을 개선하러 서울 밖으로 나왔지만 가족들과 밥 한 끼 먹는 일조차 불가능한 일상이다. 연구에 따르면 통근시간 1시간이면 '행복상실의 가치'는 월 94만 원이란다. 행복 상실의 가치'를 단순히 돈으로 계산할 수 있을까 싶지만, 한 달치를 계산하면 자그마치 470만 원이다.

– "왕복 5시간, 매달 '470만원'을 길에 버리며 산다", 〈오마이뉴스〉, 박소희, 2018. 8. 8.

매일 1시간의 가치가 3억 8,000만 원?

위 기사에서 알 수 있듯이, 통근 시간 1시간이면 '행복 상실의 가치'는 월 94만 원이라고 한다. 길 위에서 시간을 보내는 만큼 자신에게 투자할 시간이 줄어들기 때문이다. 1년으로 계산하면 무려 1,128만 원이나 된다. 통근 시간이 2시간이라고 한다면 월 188만 원, 1년에 2,256만 원에 달하는 돈을 출퇴근하면서 길거리에 버리는 격이다.

그렇다면, '통근 시간 1시간=월 94만 원'은 얼마의 자산 가치를 지니고 있을까? 자, 은행에서 대출받는다고 생각해보자. 시중 금리는 1.5%이지만 현재 평균 담보 대출 금리인 3%로 계산했을 때, 은행에서 3억 8,000만 원을 대출받는다면 매달 내는 이자가 95만 원 정도가 된다. 즉, 우리가 매일 1시간씩 통근하면서 잃어버리는 행복 상실의 가치는 대출금 3억 8,000만 원의 가치와 같다는 것이다.

행복 상실의 가치를 잃어버리지 않고, 이 가치와 맞먹는 3억 8,000만 원을 실제로 대출해서 이 시간을 아낄 수 있다면 통근 시간을 줄이고, 삶의 질을 높일 수도 있다. 그럼 서울 3대 업무 지구 인근 아파트와 통근 시간이 30분에서 1시간 정도 걸리는 베드타운 아파트를 비교해보자.

서울 3대 업무 지구 내 아파트 3

먼저, 강북의 대표 직주근접 단지인 경희궁자이이다. 5호선 서대문역 부근에 위치한 경희궁자이는 2017년에 완공되면서 강북의 대장주 아파트로 단숨에 자리매김했다. 5호선 서대문역과 3호선 독립문역을 끼고 총 4개 단지 2,424세대로 구성되어 있다. 그중에서도 서대문역 도보 3분 거리에 있는 경희궁자이3단지는 평당가 3,223만 원으로 종로구 1위다. 주요 업무 지구까지는 얼마나 걸릴까? 광화문역까지는 도보 포함 13분, 여의도역까지는 22분, 그리고 강남역까지도 39분이면 이동할 수 있다.

두 번째는 강남 업무 지구의 대표적인 직주근접 단지인 래미안서초 에스티지s다. 2호선·신분당선 강남역 역세권에 위치한다. 지하철뿐만 아니라 광역 버스 노선이 많고 강남대로, 경부고속도로가 가까워 서울 전역은 물론 지방으로의 이동도 매우 쉽다. 이 외에도 단지 내에는 삼성물산에서 개발한 사물인터넷(IoT) 기술이 적용되어 입주민의 만족도가 높은 단지로 알려져 있다. 그렇다면 주요 업무 지구까지는 얼마나 걸릴까? 2호선 강남역까지는 도보 10분 걸리며, 역삼역까지는 15분, 잠실역까지도 25분이면 도착한다.

세 번째로 소개할 아파트는 동작구 신대방동에 위치한 동작상떼빌이다. 도보 10분 이내에 2호선 신대방역과 구로디지털단지역이 있고, 단지 앞에 수원, 여의도, 용산, 신촌 등으로 향하는 버스 노선들이 있다. 차량 이용 시에도 봉천로와 남부순환로가 가까워 강남 진입이 수월하다. 주요 업무 지구까지는 얼마나 걸릴까? 2호선 구로디지털역까지는 도보 10분 이내, 5·9호선 여의도역까지는 버스로 24분이면 이동 가능하다.

서울 업무 지구까지 1시간 이내 위치한 아파트 3

첫 번째, 강북 업무 지구에 근무하는 사람들이 선호하는 고양시 덕양 구의 삼송2차아이파크다. 이 일대는 삼송2차아이파크 외에도 대규모 택지개발로 신축 아파트가 많다. 원흥, 삼송, 지축 그리고 은평뉴타운 까지 맞닿아 인구 15만 명의 신도시급 주거지를 형성한다. 그렇다면 주요 업무 지구까지는 얼마나 걸릴까? 5호선 광화문역까지는 광역버스 9703번을 이용해 47분 만(도보 포함)에 이동할 수 있다.

두 번째, 강남으로 출퇴근하는 직장인이 많이 찾는 수원시 영통구 자연앤힐스테이트다. 2012년에 준공된 1,764세대 아파트로 신분당선 광교중앙역 역세권에 위치한다. 정문 바로 맞은편에는 롯데마트가 있고, 롯데아울렛을 비롯한 상권이 발달해 편의성이 매우 좋다. 그렇다면 주요 업무 지구까지는 얼마나 걸릴까? 신분당선을 이용하면 강남역 까지는 40분, 2호선 환승을 통해 잠실역까지는 1시간 걸린다.

마지막으로 서울의 서쪽 업무 지구로 통근하는 직장인이 주로 거주하는 부천시 중동 미리내금호한양한신이다. 단지 내 큰 규모의 미리내 유치원이 운영해 어린 자녀가 있는 가정의 만족도가 높은 단지다. 부천에서 가장 큰 중앙공원도 바로 인근에 있어 산책이나 운동하기에도 좋다. 주요 업무 지구까지는 얼마나 걸릴까? 7호선 신중동역에서 지하철을 이용하면 구로디지털단지역까지는 45분, 여의도역까지는 52분 걸린다.

일자리가 몰려 있는 서울 3대 업무 지구(종로, 강남, 여의도)와 가까워질

수록 집값은 상승하고, 멀어질수록 집값은 낮아진다. 그러나 매일 아침 비좁은 지하철 안에서 손잡이를 붙들고 버티며 받는 스트레스와 길 위에서 버려지는 시간을 생각한다면, 그 정도의 가격은 지불할 만한 가치가 있는 것이 아닐까? '워라밸'이 중요한 삶의 지표로 인식되는 요즘, 놓치고 있는 행복 상실의 가치는 얼마인지 생각해보는 기회가 되었으면 한다.

호재도 없는데…
시세 급등한 단지의 비밀은?

최근 집값이 오른 일부 수도권 지역을 살펴보면 재미난 공통점이 있다. 우리가 일반적으로 부동산 가격을 상승시키는 요인으로 꼽는 교통, 개발 호재 등이 없음에도 단기간에 가파른 시세 상승이 나타났다는 것이다. 과연 이러한 지역에서 아파트값을 끌어올린 요인은 무엇인지, 그리고 우리는 앞으로 어떤 지역을 주목해서 봐야 하는지 알아보자.

작년 6월 4년 만에 판교신도시 분양시장에 등판한 '판교 더샵 퍼스트파크'. 한국식품연구원 자리에 포스코건설이 1223가구 대단지로 조성하는 이 아파트는 1순위 청약 자격이 성남시민으로 한정돼 있음에도 불구하고 평균 경쟁률 13.4대1을 기록했다.

이후 판교 집값이 급등세를 보였다. 한국감정원에 따르면 2017년 1월부터 6월 마지막주까지 성남시 분당구의 아파트 가격 상승률은 1.48%에 불과했다. 한 달 후인 7월 31일 한국감정원 집계에서 분당의 2017년 누적 아파트값 상승률은 3.47%로 2배를 넘어섰다. 8월 마지막주가 되자 분당의 누적 아파트값 상승률은 4.32%가 됐고, 2017년 말 연간 7.4%까지 올라갔다. 전국적으로

- "판교·광명처럼…상계, 신규분양발 집값 상승?", 〈매일경제〉, 박인혜, 2018. 8. 13.

새 아파트가 자극제? 높은 분양가에 '키 맞추기' 상승

분양가 상한제로 서울 신규 분양가의 가격 상승세가 주춤한 가운데, 분양가 상한제의 적용을 받지 않는 수도권 비규제 지역에서는 신규 분양 단지들의 분양가가 지역 최고가를 갈아치우고 있다. 높은 분양가에도 1순위 마감으로 완판되는 단지가 등장하면서 주변 단지 시세에 영향을 미치고 있다.

지난 7월 분양한 경기도 부천시의 힐스테이트중동의 분양가는 평당 1,820만 원 선이었다. 부천시의 매매 평당가가 평균 1,130만 원, 중동의 매매 평당가가 1,182만 원인 점을 고려하면 약 600만 원가량 높은 금액이다. 하지만 높은 분양가에도 불구하고 1순위 마감에 프리미엄이 붙는다는 소문이 들리면서, 인근 단지들의 가격이 들썩이기 시작했다. 심리적 가격 저항선이 허물어지면서 기존 아파트 단지의 가격이 동반 상승한 것이다. 실제로 힐스테이트중동의 분양 이후 맞은편에 있는 래미안부천중동은 한 달 새 1,000만 원이 올랐다.

분양 완판으로 주변 시세를 바꿔놓은 아파트

이러한 현상은 어제오늘 일이 아니다. 위 기사에서 확인할 수 있듯이,

지난해 6월 분양한 판교더샵퍼스트파크는 한동안 잠잠하던 판교 집값을 한순간에 끌어올렸다. 어떻게 그런 일이 가능했을까?

판교더샵퍼스트파크의 분양가가 처음 공개되었을 때, 입지가 비슷한 분당구 판교동의 아파트값과 비교해 최대 1억 원 이상 높게 책정된 금액에 인근 지역 사람들의 반응은 상당히 회의적이었다. 지하철 역세권도 아니고 버스 노선이 지나는 위치도 아니라며 입지 조건을 지적했다. 도보권 내 초, 중, 고등학교가 없어 셔틀버스를 이용해야 하는 것도 마이너스 요인이었다. 그러나 1순위 청약 접수 결과 평균 경쟁률은 13.39 대 1. 특히 84m²A 타입은 42 대 1의 경쟁률을 보이며 미계약분 없이 예비당첨자에서 마감되었다.

이후 주변 단지들의 시세는 급격하게 상승했다. 분당구 백현동에 위치한 백현마을2단지휴먼시아의 가격 변동을 살펴보자. 2017년 6월 백현마을2단지 휴먼시아의 매매 평당가는 2,752만 원이었으나 2018년 8월 4,062만 원으로 불과 1년 2개월 만에 1,310만 원이 올랐다.

신규 분양의 성공이 주택 매매 심리를 자극한 데다, 해당 분양가에 맞춰 일대 집값이 키 맞추기 상승 흐름을 탄 것이라고 할 수 있다. 지난 5월 공급된 수원시 장안구의 화서역파크푸르지오의 상황도 비슷했다. 평균 분양가는 평당 1,500만 원대, 59m² 타입은 평당 분양가가 1,720만 원이었다. 광교신도시 평당가가 2,000만 원대에 형성되긴 하지만, 광교신도시를 제외한 수원의 평균 평당가가 1,000만 원대임을 고려한다면 500만 원 이상 높은 금액이다.

이러한 고분양가 논란에도 화서역파크푸르지오 역시 평균 경쟁률 11 대 1을 기록하며 청약을 마감했다. 미계약분 28가구 모집에는 4만 4,887명이 몰리며 1,603 대 1이라는 천문학적 경쟁률을 냈다. 현재는 7,000만 원 이상의 프리미엄이 붙은 상태다.

높은 분양가에도 화서역파크푸르지오의 분양이 성공적으로 마무리되자 인근 아파트 단지들이 다시 한번 일제히 키 맞추기에 나섰다. 화서역에서 한 정거장 거리에 위치한 수원SK스카이뷰의 시세를 보자. 2018년 6월 세대 수가 가장 많은 116㎡ 타입의 매매 시세가 4억 5,500만 원에서 현재 4억 7,000만 원으로 약 1,500만 원가량 올랐다.

수원 팔달, 권선 지역 재개발 입주권의 프리미엄 또한 3,000~4,000만 원가량 상승하며 1억 원을 넘어서기도 했다. 최근 재개발 관리 처분 인가 승인이 완료된 수원 팔달10구역, 팔달8구역, 팔달6구역, 권선6구역은 재개발사업을 진행하고 있어 총 1만 1,788세대에 달하는 신규 주거 타운이 형성될 전망이다. 관리처분계획 인가 승인 후에는 재개발 사업이 가시화되며 수요자들의 관심이 쏠리는 만큼 수원 재개발 지역을 눈여겨보는 것도 좋을 것 같다.

03

학군과 부동산의 관계를 낱낱이 파헤쳐보는 시간

월천대사의
학군과 부동산

IMF를 심하게 겪으며 부모님의 사업 정리로 빚을 떠안으면서 미래의 희망 없이 20대 후반을 보냈다. 사회생활 초년, 엄마의 카드빚을 갚으려 저축을 해지하기 위해 은행을 방문하다 은행 바닥에 앉아 엉엉 울었다. 가난해진 가정 형편으로 결혼은 언감생심 그렇게 골드미스가 되어 쓰리잡을 하면서 30대 초반을 보냈다.

동호회 활동을 통해서 만난 지금의 신랑을 정말 사람 하나로, 신혼집 마련 자금 3,000만 원으로 신혼생활을 시작했다. 맞벌이 부부면 무서울 게 없다고 생각했던 것과는 달리 만만치 않은 수도권 전세난을 겪었다. 돈이 없어 결혼하면서 했던 한 가지 약속은 애는 낳지 말자는 것이었다. 그런데 덜컥 아이가 생겼다. 그때부터 정신없이 재테크라는 돈 공부에 뛰어들었다. 만삭에 부동산을 수도 없이 다녔고, 고수라고 하면 한걸음에 찾아가 귀동냥을 했다. 하루에 4시간 이상 잔적 없이 그렇게 공부에 몰입했다.

지금은 몸담고 있었던 교육계의 노하우를 살려 학군이란 공식을 최초로 개발해 많은 사람에게 현재 학군을 소개하고 있다. 또한 공부와 투자를 해나가는 과정에서 재개발과 재건축 등 도심재생에 관심이 생겨, 거기에 미래 학군이라는 새로운 콘셉트를 도입해 투자에 접목했다. 부동산 그리고 아이 공부까지 현명한 엄마라면 어떻게 두 마리 토끼를 잡는지를 전파하며, 이제 툭 치면 서울 수도권의 아파트 시세가 줄줄 나오고 웬만한 재개발지는 두루 섭렵했다.

누군가가 20대에 재테크에 대해서 알려주고 공부를 시켜주었더라면, 30대 신혼 때 미리미리 준비했더라면 만삭에 그리고 갓난아이를 키우며 종종거리며 다니지 않아도 되었을 텐데…. 이제는 사회에 첫발을 내딛는 젊은 친구들 그리고 신혼부부들이 나와 같은 시행착오를 겪지 않았으면 한다. 100세 시대에 나의 노후를 연금이 책임져준다고 믿지 않는다면, 나서라. 평범한 워킹맘인 내가 해낸 일이니 누구나 갈 수 있는 길이라고 자신 있게 안내한다. 나 또한 실전 투자자이며 적은 종잣돈에 용기를 내어 재테크를 공부하고 자산을 일구었으며, 엄마이기에 부동산을 공부했다. 모두 무주택을 탈출하고 내 집 마련을 위해 용기를 가지고 실천했으면 한다.

그리고 해당 저서에는 대치동, 목동, 중계동의 내용은 담지 못했으니 직방 칼럼 원문을 참고하면 좋겠다.

학원가를 품은 명품 초등학군, 역삼동

01

'학군' 하면 무엇이 가장 먼저 떠오르는가? 아마도 많은 사람이 막연하게 명문고를 떠올릴 것이다. 그런데 80~90년대 학번 학부모들이 치렀던 예전 입시와 요즘 입시는 아주 다르다. 요즘 입시 제도에서는 명문고보다 '명문중'이 더 중요하다.

하여 학군을 위해 이사한다면, 중학교 학군을 좀 더 집중해서 따져봐야 한다. 입시 정보에 밝은 부모들은 이미 명문중을 고려해 이사하고, 심지어 초등학교부터 신중히 선택하는 부모도 많아졌다. 그럼 우리 아이의 더 나은 교육 환경을 위한 최적의 거주지는 어디일까?

먼저 서울 수도권의 대표 학원가, 대치동 학원가를 품은 역삼동을 탐방해보자.

학원가의 부동산은 절대 떨어지지 않는다

밤 10시! 학원가 앞은 길게 늘어선 학원 버스와 학부모들의 차량으로 가득하다. 일대는 그야말로 북새통이 된다. 대한민국에서만 볼 수 있는 이런 기현상은 대한민국 입시가 유지되는 한, 사라지기 쉽지 않을 것이다. 학원가가 '부동산학적으로' 매우 중요한 이유가 바로 여기 있다. 거주지 선택 시 교육 환경이 1순위 고려 대상이라면, 학원가의 생리를 잘 파악해둘 필요가 있다.

대표적인 학원가를 떠올려볼까? 서울에는 대치동, 목동, 중계동, 경기도에는 평촌, 후곡 그리고 분당이 유명하다(단, 분당은 학원이 밀집되어 있지 않다). 소위 이 'BIG 학원가'들 외에도 최근에는 반포, 송파 등 동네에 작은 학원가들이 추가로 생겨나고 있다. 이 지역들이 아니라도 아파트 밀집 지역이라면 학원 간판이 모인 상가건물을 쉽게 볼 수 있을 것이다.

주거 지역, 학원가 그리고 '라이딩'

그렇다면 학원가는 왜 주거 지역으로 인기가 있을까? 그 해답은 '라이딩'에 있다. '라이딩'이란 '학원과 거주지 사이의 통학' 정도로 이해하면 되는데, 취학기 자녀를 둔 부모에게는 '학원을 도보로 다닐 수 있는가'가 중요하다.

초등학생을 자녀로 둔 부모라면 '도보 가능한 학원가가 있는 아파트 단지'인지, 혹은 학원 차량 운행이 가능한 아파트 단지인지가 아파트를 선택하는 데 결정적인 요소가 된다. 중학생 이상의 자녀를 둔 부모라면 자전거로 학원 통원이 가능한 단지인지, 최소한 마을버스나 버스, 전철 등 대중교통을 갈아타지 않고 한 번에 통원할 수 있는 단지인지를 고려한다.

특히 자녀가 여학생이라면 치마 교복으로 자전거를 탈 수 없기 때문에 (학원가의) 마을버스나 버스 노선이 닿지 않는 곳의 아파트 단지는 꺼리는 경향이 두드러진다. 학군 지역은 거주지를 우선 고른 후 집에서 가까운 학원을 고르기보다 거꾸로 학원가를 오가기 편한 거주지를 고르는 식이다.

학원가 아파트, 엄마들의 '욕망 단지'

학원가와 거주지와의 교통이 해결 안 되면, 아이 엄마가 매일 학원가 앞에서 시간을 보낼 수밖에 없기 때문이다. 아이를 학원까지 데려다주고 아이가 수업하는 동안 학원 근처에서 하릴없이 시간을 보내는 엄마들을 심심치 않게 볼 수 있다. 수업 시간 동안 집에 다녀오기도 애매해 학원 주변에서 시간 보내는 쪽을 택하는 것인데, 우스갯소리로 소위 '라이딩 인생'이 시작되는 것이다. 길거리에서 허비하는 시간이 상당한 것은 물론이고 아이 식사도 학원과 학원 사이 차량에서 해결하거나, 인근 분식집이나 편의점에서 해결해야 하는 경우가 발생한다. 엄마의 개인 시간은 아이가 졸업할 때까지 없다고 보면 된다. 특히나 하교 후의 아이를 학원에 맡겨야 하는 워킹맘들에게 학원가와의 접근성은 매우 중요하다.

현실이 이러하니 학원가 근처의 아파트 인기가 높을 수밖에 없다. 집 앞에서 아이가 오고 가는 것도 보이고, 도보로 학원을 걸어갈 수 있는 단지라면 말이다. 게다가 그 단지가 명문 학교 통학도 가능하다면 자연히 모든 엄마가 살고 싶어 하는 '욕망 단지'가 된다. 이런 입지의 아파트라면 아무리 낡은 아파트라도 전셋값이 내려가는 법이 없다. 들어오고자 하는 수요가 항시 대기 중이기 때문이다. 아파트는 수요가 많다고 공장처럼 찍어낼 수 없다. 입지라는 것은 한정되어 있고(결국 '땅'), 원하는 사람(수요)은 많은데 살 수 있는 아파트(공급)는 정해져 있기에 수요와 공급의 원칙에 따라서 자연스럽게 그것이 가격에 반영된다.

'BIG 학원가'는 어떻게 형성되는 것일까?

학원가는 상권이 발달한 초역세권보다는 근린상가 지역에 생긴다. 무엇보다 유해시설이 없어야 한다. 아이들이 통원하는 상가에 모텔이나 노래방, 유흥주점 등 유해시설이 있다면 좋아할 학부모가 누가 있을까. 학교가 몰려 있고 특히 과밀 학급의 학교라면 학생 수가 압도적으로 많은 데다 사통팔달 교통이 발달한 지리적 조건까지 갖추면 초대형 학원가가 된다.

이런 지역이 바로 우리가 대표적으로 아는 BIG 학원가들(대치동 학원가, 중계동 은행사거리, 평촌 학원가)이다. 이곳 지역은 해당 지역 거주자뿐만 아니라 인근 지역의 학생들까지 모두 흡수하는 그야말로 '학원가의 공룡'이다. 한번 형성된 빅 학원가는 쉽게 없어지지도, 이동하지도 않는다는 것이 가장 큰 특징이다.

예를 들어 대치동은 역삼동, 도곡동 등 이른바 '맹모 지역'은 물론이 거니와 양재천 너머 개포동과 일원동, 수서동, 학여울 교차로를 지나 탄천1교를 넘어가면 삼전동 넘어 송파권역까지 커버할 수 있는 교통 요충지다. 탄천2교를 넘어가면 잠실 우성아파트와 아시아선수촌아파트 등이 나오는 잠실 지역에서도 접근이 가능하다. 그뿐만 아니라 영동대로를 따라가면 다리를 넘어 자양동, 광장동에서도 접근이 가능하며 심지어 멀리 남양주에서도 올림픽로를 타고 탄천로를 이용해 대치동까지 오갈 수 있다.

이 루트는 안 막히면 30분이면 가능하다고 한다. 학원 발달이 잘 안된 삼성동과 청담동 자녀들도 대치동을 이용하고, 양재동 쪽에서도 대치동 이용이 용이하며, 수서간 내곡간 고속화도로 등을 이용하면 분당 학생들도 접근이 가능할 정도다. 대치동은 인근의 학군 좋은 학교들과 부모의 교육열에 더해 넓은 지역을 커버할 수 있는 사통팔달 교통의 요충지인 지리적인 이점까지 더해져 대표적인 큰 학원가로 발달할 수 있었다.

학원가를 품은 명품 초등학군, 역삼동

대치동 학원가를 쉽게 이용할 수 있는 한티역 인근의 초등학교에 배정받을 수 있는 아파트를 찾아보자. 학원가를 쉽게 이용하기 좋으면서 아파트 연식도 비교적 낮은 아파트를 찾는다면 도성초등학교와 도곡초등학교 그리고 대도초등학교권이 좋다. 이 일대는 대부분 재건축이 되어 아파트의 연식이 10년 차 전후기도 하다. 그중에서도 '개나리 아파트', '진달래 아파트'로 기억되는 역삼동을 살펴보자.

1) 도성초등학교

도성초등학교는 진선여자중고교 인근에 위치한 초등학교로 선호도가 높다. 건너편에 이마트가 있고, 한티역을 중심으로 형성된 초등학교 학원가를 보내기 편리한 위치에 있다. 물론 메인 학원가를 이용하기에도 가까운 생활권이다. 이 인근은 신축을 원하는 사람들이 선호하는 블록이다. 학원들은 롯데백화점 뒤편과 그 건너 아이파크 단지 인근에 포진하고 있다. 편의시설로 인근에 이마트와 롯데백화점 강남점이 있다. 전철역은 2호선 선릉역과 분당선의 한티역이 가깝다. 일부 단지는 선릉역에서 마을버스를 타고 이동한다.

도성초등학교와 메인 학원가를 이용하기 좋은 역삼동 아파트는 개나리4차, 개나리SK뷰, 래미안펜타빌, 역삼자이, 역삼아이파크, 동부센트레빌이다. 찻길을 건너 이마트 뒤편으로 위치한 아파트는 개나리래미안, 역삼푸르지오, 역삼e편한세상, 개나리푸르지오다.

2) 도곡초등학교

롯데백화점 뒤 주택가에 위치한 도곡초등학교는 학교를 등하교할 때 찻길을 건너 상권 뒤편으로 가야 한다는 단점이 있지만 하교 후 학원가를 오갈 때면 반대로 동선이 편리한 것이 장점이다. 물론 아파트들의 연식이 준신축이라는 점도 장점이다. 이쪽 블록은 학업 성취도가 우수한 역삼중학교가 그레이튼 아파트 옆에 위치하고 있다.

이 일대의 아파트 가격들이 최근 2년 상승기 동안 많이 올랐다. 재건축 아파트들이 주축이 되어 가격 상승을 이끌었고, 뒤이어 준신축과 구축 아파트들도 가격의 키맞춤을 하면서 따라 올라간 것이다. 실제 매매가격은 조금 더 높은 편이니 참고하도록 하자.

최근 이 지역의 특징은 2017년 가을이 되면서 33평과 중대형 단지의 가격 차이가 크지 않다는 점과 8·2 부동산 대책 이후 똘똘한 집 한 채를 찾는 사람들이 몰리면서 그동안 거래가 잘 안 되던 중대형도 매매가 조금씩 이루어지는 분위기라는 점을 눈여겨봐야 한다.

완벽한 판교에
딱 한 가지 없는 '이것'

02

요즘 강남권 아파트값이 심상치 않다. 경기도에서는 성남시 분당과 판교가 뜨거웠다. 분당은 중산층이 많이 거주하고 있는 1기 신도시로, 생활 기반시설이 좋고 아이들 교육하기에 최고인 지역이다. 남과 북을 가로지르는 탄천은 분당의 자랑이기도 하다.

'천당 밑에 분당'에도 문제점이 있으니 바로 20년 차를 넘기고 있는 아파트 연식이다. 이런 분당의 아쉬움을 달래준 곳이 바로 판교다. 분당에서 탄천을 가로질러 가보면 판교가 나온다. 탄천을 사이로 분당과 판교가 심장 모양으로 동그랗게 자리 잡고 있다. 도시는 이렇게 동그란 모양이 좋은데, 길쭉하기만 했던 분당이 판교를 만나면서 동그란 심장 모양이 되었다.

판교 덕에 더 완벽해진 분당, 판교가 뜰 수밖에 없는 이유와 그런 판교에서 딱 한 가지 없는 것을 알려주고자 한다.

핫해 핫해! 판교

초기의 판교는 새 아파트 단지지만 인프라가 부족한 게 단점이었다. 교통은 물론 생활 편의시설도 부족했다. 판교를 급성장시킨 일등 공신은 뭐니 뭐니 해도 신분당선이다. 신분당선이 개통된 후, 판교역에서 강남까지 걸리는 시간은 단 14분! 판교와 강남 사이에는 역도 많지 않아서 체감상으로는 더 가깝게 느껴진다.

생활 편의시설의 대장 격인 현대백화점도 들어왔다. SNS에서 '#현판'으로 핫하게 태그되는 '현대백화점 판교점'은 판교역에 있다. 매머드급 규모로 이 동네 엄마들을 사로잡았다. 오픈 직후부터 인터넷 맘카페, SNS에서 '현판'이 그야말로 '핫핫'했다. 각종 트렌디한 브랜드와 맛집이 총 집결된 현대백화점 판교점은 소비 수준이 높은 판교인들을 만족시켰고, 판교인들은 쇼핑을 위해 굳이 강남까지 나가지 않아도 되었다.

판교가 급성장할 수 있었던 배경에는 그곳에 사는 거주민들도 한몫했다. 판교신도시는 두꺼운 중산층으로 이루어진 동네로 의사들이 거주하기에 최적의 거주지다. 위치상 타 경기권이나 충청까지도 교통망을 이용해서 개원한 지역으로 출퇴근이 가능한 데다 아파트도 신축이다 보니 아이들 키우기에도 더없이 좋은 조건이다.

부동산계의 '미래 꿈나무' 판교

이미 중요 지역인 판교는 여전히 부동산계에서 '미래의 꿈나무'다. 각종 호재가 많이 남아 있기 때문이다. 강남권 아파트의 가격 상승, 공사 중인 제2테크노밸리, 제3테크노밸리의 추가 지정 발표, 미래에셋의 판교 투자발표 등…. 여기에 교통도 개선되어 이미 개통된 신분당선 외에도 경강선이 개통되었고, GTX 개통도 예정되어 있다. 기존의 경부고속도로 외에 도로망도 추가되어 안양-성남 간 고속도로가 개통되기도 했다. 테크노밸리가 잘 자리 잡을 수 있도록 교통망이 계획적으로 차례차례 확충되고 있다.

많은 사람이 '판교' 하면 단연 테크노밸리를 가장 먼저 떠올릴 것이다. 테크노밸리는 현 판교의 북쪽인 삼평동에 있는데, 네이버, 안철수연구소, 뽀로로로 유명한 아이코닉스 등 IT와 차 연구소, SK케미칼 외 바이오 기업들이 자리 잡고 있어 우수한 일자리가 많다. 퇴근 시간에 동안교를 건너 판교역 쪽으로 오는 퇴근 인파를 보면 판교가 얼마나 젊고 활기찬지 느낄 수 있다. 사람이 모이면 편의시설도 절로 많아지는 법. 판교역과 업무지구 근처 유스페이스, H스퀘어 등에는 많은 식당이 오픈하고 있다.

젊은 엄마들의 니즈에 딱 맞아떨어진 '혁신초'

그렇다면 아이 키우기 좋은 판교의 학군은 어떨까? 학군이란 본래 대략 10년 정도의 시간에 걸쳐 자리 잡기 마련이다. 이제 약 10년 차에 접어든 판교는 이제 테크노밸리 외에도 아이들 교육하기도 좋은 곳으로 자리 잡고 있다.

판교를 제일 먼저 교육으로 부각시킨 곳은 보평초등학교로 '혁신 초등학교'다. 원래 혁신 초등학교로 유명한 남한산초등학교의 선생이었던 서길원 교장선생이 이곳으로 부임해오면서 보평초 일대의 아파트도 동시에 들썩거렸다. 혁신 초등학교란, 입시보다는 아이들의 진로와 적성 위주의 수업과 인성 교육을 강조하고 부모의 참여 수업을 유도하는 진보적 성향의 신교육 과정이다.

경기도에서는 혁신 교육을 실천해본 후 지속해서 경기교육청에 요청해 폐교 직전의 초등학교에서 혁신 교육을 할 수 있도록 했다. 그래서 초기의 혁신 초등학교들은 도시에서 떨어진 외곽에 있었다. 이후 혁신초가 좋은 성과를 내기 시작하면서 경기도의 신도시 내로 퍼지게 된 것이다. 그중에 가장 주목을 받은 곳이 판교의 보평초, 고양시의 서정초 등이다. 아침이면 선생님이 교문 앞에서 아이들을 일제히 맞이하고 전교생이 서로 존댓말을 쓴다고 한다. 젊은 엄마들의 새로운 교육관과 딱 맞아떨어진 교육 상품이었던 것이다.

혁신초 하면 떠오르는 것이 '공부를 안 해서 입시에서 불리하다'는 점이다. 그런데 요즘 학업 성적은 필수적으로 경제력과 연관이 되기에 판교는 혁신초, 중학교 학업 성취도에서 뒤처지지 않는다. 탄탄한 사교육이 뒷받침되고 있다는 증거인 것이다.

혁신 초등학교 보평초에 배정 가능한 단지는 봇들마을7단지 휴먼시아엔파트, 봇들마을8단지 휴먼시아, 봇들마을9단지 금호어울림, 판교푸르지오그랑블, 백현마을2단지 휴먼시아 등이다.

살기 좋은 판교에 딱 한 가지 없는 것

그런데 이러한 혁신초도 유행을 타는가 보다. 그래도 어쩔 수 없이 입시 준비를 해야 한다고 판단한 엄마들은 요즘 신백현초등학교권으로 이동한다고 하는데, 판교역도 가깝고 현대백화점과도 가깝다.

백현마을 5, 6, 7단지 휴먼시아 그리고 건너편에 백현마을8단지 휴먼시아가 백현마을에서 신백현초로 배정받는 단지다. 이 아래로는 유명한 백현동 카페거리가 있다. 그런데 이렇게 살기 좋은 판교에서도 아쉬운 점이 한 가지 있는데, 바로 학원가다. 위치상 분당에서 가깝다 보니 큰 학원가가 자체적으로 형성되기 어렵고, 또한 판교에 있는 상가들의 임대료가 매우 비싸다 보니 학원가가 쉬이 형성되지 않고 있다. 그래서 대부분 그리 멀지 않은 기존의 분당 학원들로 라이딩을 하거나, 최상위권 학생들은 더 멀리 대치동 학원가를 이용하고 있다.

판교는 '천당 밑에 분당'이라는 말을 더욱 공고히 만들어준 지역이다. 양질의 일자리와 편리한 교통, 다양한 편의시설로 자급자족하는 몇 안 되는 신도시기도 하다. 그런 판교에서 아쉬운 한 가지는 바로 학원가다. 판교는 이 문제를 풀 수 있을까?

'분양' 날개 단 과천, 꼭 잡아야 하는 이유

03

이번 겨울 과천이 뜨겁다. 매물이 부족하고 부르는 게 값일 정도로 호가가 상승했다. 1년 사이 가격은 래미안슈르(2008년 준공) 기준 약 3억 5,000만 원 정도 상승한 상태다.

한동안 재건축 이슈도, 분양도 없었던 과천은 재건축 광풍이 불던 강남권과 시세가 벌어졌었다. 2016년 가을까지만 해도 상승세였던 과천의 주택 가격이 지난 1년간 지루하도록 횡보를 했다. 그런데 드디어 과천이 다시 기지개를 켰다. 부동산시장에서 잊힐 뻔했던 과천이 다시한번 라이징 스타로 떠오르고 있다. 과천은 미래 학군으로도 중요한 곳이기에 라이징 스타 과천을 심도 있게 파헤치고자 한다.

실수요 탄탄한 과천, 뜨거운 재건축 분양 열기

지난 1월, 과천 센트럴파크푸르지오써밋 모델하우스가 대치동 갤러리에서 오픈했다. 한파에도 오픈하자마자 많은 인파가 다녀갈 정도로 관심이 폭발적이었다. 주공 7-1단지를 재건축하는 과천 센트럴파크푸르지오써밋 25평은 평당 약 3,200만 원, 33평형은 평당 약 3,050만 원, 그리고 43평형은 평당 약 2,955만 원 선으로 분양했다. 실거주 세대는 옵션 사항을 고려해 확장비를 포함, 약 3,000~4,000만 원 정도가 추가로 소요되니 평당 130만 원 정도가 추가된다고 예상할 수 있다.

재미있는 것은 과천 분양 조합원들에게 실수요를 조사했더니 약

재건축이 진행될 과천시 주공아파트 단지 위치

70%에 해당하는 조합원이 실입주하겠다고 밝혔다고 한다. 이는 정말 놀라운 숫자인데, 그만큼 과천이 실수요가 탄탄한 거주 지역임을 방증한다. 이번에 분양한 과천 센트럴파크푸르지오써밋 43평형 세대는 조합원들이 많이 선택해 단 1세대만이 일반 분양으로 나왔을 정도라고 한다. 대형 평형이 인기가 좋은 과천! 과거 부촌의 명성이 퇴색하지 않은 것 같다.

여기서 잠깐! 과천은 당해 1순위에서 마감되지 않는다고 해서 인기가 없다고 생각하면 안 된다. 과천 인구는 6만이고 총세대 수도 적다. 기타 지역 수도권 사람들이 가담할 청약 경쟁률을 봐야 한다. 그들만의 리그인 당해 1순위 청약이 끝나고 남는 분량이 넘어오는 1순위 기타 지역 청약 결과를 주목하자.

과천 아파트 분양의 중심지, 과천 지식정보타운

아파트 분양 열기로 뜨거운 곳이 하나 더 있는데, 바로 과천 지식정보 타운이다. 과천 지식정보타운은 위로는 과천, 아래로는 평촌 신도시를 끼고 동편마을과 숲속마을 가운데 위치하는 택지 지구다. 주거 시설만 들어서는 것이 아니라 업무 시설이 함께 들어오기 때문에 더 큰 메리트가 있다.

택지 지구에서 가장 중요한 것이 전철인데, 이곳으로 4호선 갈현역 (가칭)이 신설 예정이라고 한다. 역세권 개발 호재가 있는 인덕원역과도 매우 가까운 거리다. 또한 성남 판교에서부터 새롭게 개통된 고속도로와도 아주 가깝다. 여러모로 입지가 팔방미인 격인 데다가 가격도 착

할 것으로 예상된다.

과천 지식정보타운 중 보금자리 주택지구였던 S4 블록은 원래 2017
년에 분양을 준비 중이었다. 보금자리 주택 지구는 주변 시세의 80%
정도로 분양가를 책정하는 '분양가 상한제'가 적용되는 단지로 평당
2,300~2,400만 원 정도가 될 것으로 예상되었다.

그런데 S4 블록이 주변 다른 단지 분양 시기에 맞춰 분양 시기를 조
금 늦추는 꼼수를 부리고 있다는데, 주변의 재건축 단지 주공 7-1단
지를 시작으로 주공 6단지, 2단지와 1단지도 줄줄이 분양을 준비 중
이기 때문이다. 이 단지들이 분양하면서 중대형이 많은 S4 블록도
2,700~2,800만 원 선으로 기존보다 높은 금액에 분양할 것이라는 전
망이다.

과천은 치맛바람이 센 동네였다?

경기도의 지역 번호는 031이다. 경기도에서 서울 지역 번호인 '02'를 쓰는 대표 지역이 두 곳이 있는데, 그중 하나가 과천이다(나머지 하나는 광명시). 과천은 예전부터 1급, 2급 공무원 등 고위직 공무원이 많이 거주하는 '공무원 도시'였다. 세종시가 생기면서 공무원 도시의 색깔은 좀 옅어졌다. 청사에 여전히 공무원들이 상주하지만 상급기관은 세종시 등으로 이전했고, 과학기술부도 곧 세종시로 이전을 앞둔 상황이다.

선생들 사이에서 과천은 교육열이 심한 동네로 손꼽히는 곳이었다. 장관, 1급, 2급 공무원들, 주재원 출신의 거주자가 많다 보니 학부모들의 입김이 비교적 센 편이었는데 이는 전형적인 '맹모 지역'의 모습이다. 요즘은 재건축이 진행 중이라 예전 같지는 않지만 27평 이상 타입이 있었던 주공 1, 4, 6, 7단지와 중대형이 있는 주공 5단지, 10단지는 치맛바람이 거셌던 곳으로 입소문이 자자했다.

과천은 맹모 지역임에도 큰 학원가가 형성되지 못하고 중산층이 넓게 포진된 단지가 많다. 그래서 학원보다는 과외가 보편화했고, 상위층 학생은 대치동 학원가로 가거나 인근 평촌 학원가를 많이 이용한다.

과천 학군, '지금' 아닌 '앞으로'를 기대하라

초등학교는 혁신 초등학교인 청계초등학교가, 중학교는 과학 교육에 중점을 둔 문원중학교가 선호된다. 고등학교 학군은 현재 예전만큼 두드러지지 않는다.

비평준화 시절의 위상이 높았던 안양은 현재 평준화 지역이다. 안양 2학군인 과천에서 중학교는 과천문원중, 과천중이 있고, 일반 고등학교는 과천고, 과천여고, 과천중앙고 그리고 특목고인 과천외고가 있다. 일반 고등학교의 경우, 1단계 학군 내 배정으로 과천, 의왕, 군포, 안양시 중에서 선지원 후추첨 방식으로 모집 인원의 40%를 선발한다. 예전에는 과천고의 선호도가 높았지만 요즘은 이과의 수가 적어 그렇게 높지는 않다고 한다. 다만 비교과 활동 비중은 과천고 〉 중앙고 〉 과천여고 순이라고 한다. 현재 여학생 약 80%는 과천여고에 배정받는다. 마지막으로 과천중앙고는 근래에는 자연 공학 과학 중점 학교여서 이과를 가고자 하는 학생의 부모가 선호한다. 과천은 수준별 이동 수업을 하는 것이 장점이라고 한다.

과천의 학군은 사실 지금이 아니라 앞으로가 핵심이다. 과천의 재건축이 모두 완료되는 시점, 그리고 과천 지식정보타운까지 입주가 완료되면 다시 한번 옛 영광을 되찾을 수 있을 것이다. 이미 아파트 평당 분양가가 중산층들이 거주하는 지역이 될 것을 예고하기 때문이다.

실제로 과천의 중학교 학군이 2017년 기준으로 큰 변화가 있었다. 과천 내에서 원하는 중학교를 골라서 가도록 변경된 후, 래미안슈르 단지 내 위치한 문원중학교가 괄목할 만한 성과를 냈다. 2018년도 특목고 진학률이 무려 15%로, 383명 중 60명이 특목고에 진학했다는 의미다. 평촌에 명문 학교인 귀인중학교의 특목고 진학률이 10~12% 정도이니, 놀라운 상승이다. 2기 재건축까지 입주가 완료되면, 과천의 학군은 날개를 달 것으로 예상한다.

재건축과 분양의 향연

과천에는 현재 여러 호재가 많다. 첫째로는 오래된 주공 단지들의 순조로운 재건축 진행이다. 재건축의 경우, 과천에는 중대형 단지가 많아서 그만큼 재건축 이익도 많은 지역이다. 특히 주공 10단지 등의 지분은 손에 꼽힐 정도로 높다. 과천은 그야말로 '지분 깡패'인 것이다. 아래는 지분이 많은 주요 단지인 과천 주공 1, 6, 7, 10단지의 대지지분 표다.

둘째로는 과천 지식정보타운의 일자리다. 과천 지식정보타운은 앞

과천 주공 1, 6, 7, 10단지 대지 지분표

단지	세대수		평형	지분(평)
주공 1단지	1,044		16	21.05
			18	23.68
			25	32.89
			27 / 연립27	35.52
주공 6단지	1,262		16	19.69
			18	22.63
			25	30.59
			27 / 연립27	34.37
주공 7단지	1,122	별양동	16	17.47
			18	20.08
			27	30.49
		부림동	16	24.46
			17	28.10
			22	37.99
			연립27	42.67
주공 10단지	632		연립27	32.84
			33	41.39
			40	48.93

서 말한 것처럼 주거 시설만 확충되는 것이 아니다. 양질의 일자리까지 들어선다. 그리고 4호선 갈현역이 신설된다.

과천 분양, 이 점은 주의하세요!

특히나 과천 지식정보타운은 분양가 상한제가 있어서 도전해봄 직하다. 하지만 이렇게 좋은 과천 분양에도 조심할 점이 있다. 항상 장단점을 모두 파악하고 계약해야 후에 대비가 된다. 위에서 언급한 대로 과천 재건축이 예정보다 분양을 늦게 하고 있고, 과천 지식정보타운 S4 블록도 분양이 몇 개월 밀렸다. 즉 입주가 몰리게 된다는 의미다. 실거주로 당첨 후 입주할 세대는 문제가 없겠지만, 당장 입주가 어렵거나 투자의 목적으로 임차인을 구해야 하는 세대라면 이 점을 꼭 염두에 둬야 한다.

2017년 기준으로 과천의 매매량은 880건이다. 통계청에 따르면 과천시 인구는 60,923명이며 아파트는 총 1만 1,420세대, 세대 수는 총 2만 1,211이다(2016년 기준). 과천은 인구 6만 도시라 다른 지역 대비 연간 거래량이 적은 도시다. 향후 1만 세대 정도가 1년 내 입주해야 한다. 현재 인구 대비 과천의 적정 물량은 한 해 약 400세대, 월 33세대 정도로 보고 있다. 2020년 근방만 보더라도 재건축 입주 약 7,000세대와 과천 지식정보타운 약 3,000세대(임대 제외한 일반 분양분) 정도로 추정된다(분양 일정은 해당 단지 사정으로 예정보다 연기될 수 있다).

주공 7-1단지 과천 센트럴파크푸르지오써밋과 주공 2단지, 12단지 입주 이후에 입주할 세대는 임차인을 구하는 일과 예상 전세가를 보수적으로 잡아두는 것이 좋을 듯하다. 2021년쯤 입주하는 세대는 특히나 주의해야 할 것이 이때는 강남과 서초에도 입주량이 늘어난다는 점이다. 인근 안양시에서도 2019년부터 입주를 시작해 2020년과 2021년이면 입주가 쏟아질 것이다.

청약해서 당첨되면 로또겠지만, 사정상 바로 입주가 안 되어 전세를 줄 생각으로 청약한다면 미리 대비해둬야 한다. 예전 래미안슈르의 전세난을 상기해볼 필요가 있다. 3,143세대 대단지인 데다 입주 직후인 8월 금융 위기가 터졌었다. 반면 전세를 찾는 신혼부부 등 세입자에게는 좋은 선택지가 될 것이다.

과천 재건축 단지와 과천 지식정보타운은 누가 뭐라 해도 입지 좋고, 가격 좋고, 일자리도 들어오고, 전철도 있고, 도로 교통망도 좋은, 그야말로 버릴 것 하나 없는 지역이기 때문에 입주하고 안정화가 되면 정말 좋은 명품 주거 지역으로 변신할 것이다.

그리고 핫한 정보 하나 더! 4호선 선바위역 역세권인 주암동 뉴스테이 후보지가 성격을 좀 바꿔 신혼부부 공공주택으로 개발되면서 5,500세대에서 7,800세대로 증가하여 들어설 예정이라고 한다. 이는 아직 확정되지 않았지만, 입지상 서울 접근성이 좋은 데다 특히나 25평은 서초구 우면동 보금자리 아파트들과 비등한 가격이 될 전망이라고 하니 여기도 눈여겨보면 좋을 듯하다.

과천은 2024년쯤이 되면 지금과는 사뭇 다른 모습이 되어 있을 것이다. '과천 부심'이 날개를 달고 날아오를 것 같은 느낌이 든다.

요즘 강동 고덕지구의 집값이 심상치 않다. 강동구의 대장주는 단연 둔촌주공(주공저층)아파트인데, 둔촌주공 건너편에는 올림픽선수기자촌아파트(줄여서 '올선'이라고도 부른다)가 있다.

강동구와 송파구 경계에 위치한 대단지 올림픽선수기자촌은 분양 당시부터 지금까지 쭉 '아이들 키우기 좋은 아파트'로 손꼽히는 곳이다. 재건축 연한 30년을 맞이함에 따라 재건축이 급물살을 타고 있는데, 이번에는 둔촌주공과 함께 강남의 차세대 재건축 대장주로 꼽히는 올림픽선수기자촌에 대해 알아보자.

런던 하이드파크 부럽지 않은 올림픽공원의 최고 수혜 단지

올림픽선수기자촌 아파트는 5,539세대, 3개 단지로 이루어진 대단지 아파트다. 이름에서 알 수 있듯이 1988년 서울올림픽 때 참가 선수용 숙소로 지어졌고, 올림픽 이후 일반 분양되었다. 일단 올림픽선수기 자촌은 입지가 탁월하다. 지리상 위치는 송파구며, 행정동은 오륜동, 법정동은 방이동이다. 지금은 연식이 오래되어 그렇지만, 82m²부터 211m²까지 중대형으로 구성된 전통적인 부촌 아파트였다. 30년 차로 2018년 6월이 지나면 재건축 연한이 되기 때문에 연초부터 많은 관심을 받았다.

올림픽선수기자촌의 장점이라고 하면 아파트 앞에 위치한 대규모 '올림픽공원'을 빼놓을 수 없다. 계절의 변화를 느낄 수 있는 산책로 가 잘 조성되어 있으며, 때마다 각종 큰 행사가 열리는 곳이다. 날이 좋을 때는 돗자리와 그늘막 텐트 하나만 있으면 외국의 유명 공원 부럽지 않다.

초, 중, 고를 품은 대단지 아파트

앞서 말한 대로 올림픽선수기자촌은 5,539세대의 대단지다. 대단지의 장점은 여러 가지지만 그중에서도 '교육'이 핵심이다. 이렇게 큰 단지 의 경우, 단지 내 학교들도 함께 지어지게 마련이기 때문이다. 아이가 어렸을 때 아파트에 입성하면 아이가 대학 갈 때까지 이사 고민 없이 쭉 거주한다는 것은 매우 큰 장점이다. 올림픽선수기자촌은 단지 내

올림픽선수기자촌 단지 내 교육기관들

어린이집부터 고등학교까지 탄탄한 교육 환경을 갖추고 있다.

보성고등학교와 창덕여자고등학교는 전통적인 명문고다. 최근에는 보성중학교와 오륜중학교에서 특목고로 진학하는 학생 수가 많아지면서 옛 명성에는 못 미치지만, 특목고 중 자사고와 외고의 지원 방식이 바뀌면서 명문 일반고에 대한 기대감이 커지고 있어 옛 명성을 되찾을 것으로 기대된다.

올림픽선수기자촌 아파트 중심에는 독특한 모양을 한 상가가 있으며, 각종 상점과 작은 학원들이 입점해 있다. 이 상가는 인근의 다른 아파트 주민도 많이 찾을 정도로 활기가 넘치는 곳이다. 학원과 학원 사이 아이들이 잠깐 들르는 분식집, 햄버거집을 보면 이 동네가 얼마나

올림픽선수기자촌 단지 내 학군 현황

구분	교육 기관명	비고
유치원	리아유치원, 올림픽유치원, 세륜초부설유치원 등	
초등학교	오륜초, 세륜초	단, 오륜초는 1단지와 2단지 일부 동에서 배정되고 세륜초는 2단지 일부와 3단지에서 배정
중학교	오륜중, 보성중(남)	
고등학교	창덕여고, 보성고(남)	서울시 교육청 방침에 따라 지원 방식으로 근거리 배정이 아님

안정적으로 아이들을 키울 수 있는 곳인지 느낄 수 있다.

상위권 학생들은 대치동 학원가를 이용한다. 가락시장을 지나서 도로를 따라가면 대치동 학원가로의 접근성이 나쁘지 않다. 특목고 진학생 수가 많은 이 동네는 아침이면 이곳에서 대치동으로 출발하는 사설 셔틀버스도 있다.

방이동 학원가가 달라졌다!

방이동은 사실 교육 수준에 비해 학원가가 좀 아쉬웠는데, 수요자 입맛에 맞는 변화가 생겼다. 그 변화가 시작된 지는 좀 되었다. 외고가 날개를 달았던 시절 이 동네 터줏대감이었던 '이은재어학원'은 해마다 분원을 늘려갔다. 넘쳐나는 학생들로 자꾸자꾸 학원을 옆 건물, 옆 건물로 늘렸다. 이런 방이동에 이번에는 '아발론'이 대규모로 터를 잡으며 통건물을 임대했다. 이 외에도 '송파폴리', '현재어학원' 등 유명 분

점들이 방이동의 음식점 자리를 학원가로 변모시키고 있다.

방이동 학원가는 방이동은 물론 인근 잠실과 광장동, 성내동 등 송파권, 광진권, 강동권의 학생까지 흡수할 수 있는 지리적 이점을 살려 속속 세를 넓혀가고 있다. 특히 영어 유치원과 학원이 많다. 방이동 학원가는 올림픽선수기자촌 정문 건너 대로변에 위치해, 넓은 도로에 학원 버스들이 대기하기에도 좋다.

올림픽선수기자촌에 날개를 달아 줄 9호선

이전에 올림픽선수기자촌은 '아이 키우기 좋은 아파트'로 손꼽히는 곳이었지만 단 한 가지 교통이 아쉬웠다. 여기에는 5호선 올림픽공원역이 있다. 5호선은 강동역부터 지선으로 상일행과 마천행으로 갈라지는 노선이다. 또한, 천호역을 지나 광화문 시내 쪽까지 이어지는 노선이지만 강남권으로 가기는 좀 불편했다. 그래서 주민들은 다양한 버스 노선과 2호선 전철역이 있는 잠실까지 나가 대중교통을 이용했다. 이런 교통 조건에 대한 아쉬움 때문에 이 지역에 들어선 지하철 9호선은 큰 의미가 있다.

그간 올림픽선수기자촌 집값을 쥐락펴락했던 9호선, 드디어 9호선이 개통되었다. 9호선 개통으로 강남권 접근이 획기적으로 개선되는데, 9호선은 특히 서울 내 주요 업무 지구를 대부분 관통하는 핵심 전철 라인이다. 올림픽선수기자촌은 대단지인 만큼 9호선 역도 단지 내에 두 곳이나 생긴다. 하나는 올림픽공원역 정문 쪽에 생기고, 또 하나는 둔촌주공과 마주 보는 서문 쪽에 생긴다.

조합원들의 인내와 눈물로 완성되는 재건축

올림픽선수기자촌은 2018년 6월에 준공 30년을 맞이했다. 그래서 연초 재건축 연한을 40년으로 늘린다는 내용이 발표되자 민감하게 반응할 수밖에 없었다. 그런데 김현미 장관이 40년으로 늘리겠다고 한 적이 없다고 의견을 밝히자, 그간 진행이 더뎠던 재건축이 속도를 내기 시작했다. 서둘러 안전 진단 등의 재건축 절차를 진행하고 있는데, 재건축 진행을 늦추고자 하는 현 정부의 의지 때문에 혹시라도 나중에 규제가 강화되면 어떡하나 하는 우려 때문인 것이다.

재건축 아파트는 세대별 평당 지분, 대지 종류(제3종 일반주거지역 등) 그리고 평균 대지지분이 중요하다. 일반 분양 가격을 높일 수 있다면 소위 '사업성'이 좋다고 한다. 요약하면 평균 대지지분은 높고 비싸게 분양이 가능한 동네가 재건축하기 좋다는 말이다. 올림픽선수기자촌의 경우는 좋은 입지에 우수한 지분을 가지고 있어 두 가지 모두 합격점인 단지다. 예로 25평(1층) 아파트의 지분은 15.6평, 34평의 경우 20.82평, 64평의 경우는 41평이다.

올림픽선수기자촌의 경우 대단지이다 보니, 입주민들의 재건축 전원 찬성을 끌어내기가 아무래도 힘들다. 이 점이 재건축에 가장 큰 걸림돌이 될 텐데, 건너편에 있는 둔촌주공아파트가 2019년 일반 분양을 할 예정이라고 한다. 길 건너 강동구의 대단지 아파트가 완성되는 모습을 지켜보면서 현재 재건축에 반대하는 입주민들의 마음에도 분명한 변화가 올 것이라고 본다. 방배경남 등 특정 일부 단지를 제외하면 언제나 초기 재건축을 진행할 때는 10년은 걸린다는 마음으로 시작해야 마음이 편하다. 대단지의 경우라면 더더욱 이다. 대신 대단지 특성상 완성되고 난 뒤에 화려함은 어느 아파트와도 비교 불가다.

현 정부의 강경한 부동산 정책으로 재건축 투자를 할 때는 신중해야 한다. 초기 재건축을 선정할 시에는 내 돈이 묶일 수 있는 위험 요소가 있기에 학군이나 입지적 편리성 등 실거주 공간으로 문제가 없는 곳으로 선정, 내 집 마련의 기회로 삼아야 재건축이 진행되는 긴 기간 동안 버틸 수 있다. 그런 의미로 학군이 탄탄한 지역이나 직주근접성이 우수한 곳 등 소위 입지가 좋은 곳들은 내 아이 키우기와 재건축, 두 마리 토끼를 잡기에 적합하다.

재건축은 조합원들의 인내와 눈물을 먹고 완성된다는 말이 있다. 정부는 확실한 가이드라인을 주고 재건축 정책에 따라 집값이 좌지우지되지 않도록 중심을 잡아줘야 한다.

저출산 시대에도 '초품아'가 뜨는 이유

05

얼마 전에 국민학교 시절의 성적표를 밴드에 올린 적이 있다. 제일 먼저 들은 이야기는 "어머 71번이요?"다. 당시 한 반에 학생 수가 50명이 넘는 건 다반사였다. 물론 오전 오후반도 해봤다. 학생 수가 많아서 저학년은 오전, 오후 수업으로 나눠서 들은 것이다(웃음).

예전에는 이렇게 아이가 많고 학교는 모자라던 시기가 있었다. '하나만 낳아 잘 살자'는 구호로 대대적으로 캠페인도 하고 그랬으니까. 그 사이 참 시절이 많이 바뀌었다. 요즘은 한 반에 35명이 넘으면 과밀학급으로 분류한다고 한다. 며칠 전 기사에 따르면 전교조 등 교육단체는 초등학생 수를 OECD 상위 수준인 20명으로 줄이고, 대도시 과밀학급 해소를 위해 학급당 학생 수를 25명으로 상한을 하는 제도를 신설해달라는 요구를 하기도 했다.

사회 진출이 늦어지면서 결혼도 늦게 하고 저출산 기조로 아이의 수가 점점 줄고 있다. 폐교하는 학교도 생겨나고 있고 말이다. 학생 수가 줄어드니 교육 관련 학원 사업도 사양 사업이라는 말이 심심치 않게 들리는데, 이런 마당에 무슨 학군 타령이냐고 의문이 들지도 모르겠다.

학생이 줄어드는 시대, 그래도 학군이 살아남는 이유

그런데도, 여전히 대한민국에서 학군 수요라는 것은 분명히 존재한다. '대한민국 강남' 하면 누구나 살고 싶어 하는 아파트다. '나도 강남에 아파트 한 채 있었으면' 하는 로망이 가슴에 있을 것이다.

마찬가지로 학생 수는 줄었다지만 명문대에 진학하고자 하는 수요는 여전히 많다. 학생 수가 줄어도 서울대를 비롯한 '의치한'(의대, 치대, 한의대를 줄여 부르는 말)과 상위권 명문대 진학은 바뀐 입시제도 때문에 공부만 잘해서도 갈 수 있는 곳이 아니기에 예전보다 훨씬 어렵다.

강남역 1번 출구 대성학원을 가보면 입시 열기를 느낄 수 있다. 우스갯소리로 'SKY 다음엔 강대'라는 말이 있다. SKY 들어가지 못하면 재수하러 강남 대성학원에 지원하기 때문인데, 인기가 높아 입학이 힘들다고 한다.

학군은 여전히 존재하며, 맹모가 모이는 그들만의 학군 특수가 존재한다. 맹모라는 것이 예전에는 소위 '치맛바람'의 대명사였지만 요즘은 의미가 많이 변했다. 여성의 사회 진출 기회가 많아지면서 맞벌이도 많고 전문직 숫자도 증가했다. 학구열에 가장 중요한 요소인 부모의 학력과 직업이 곧 자녀 교육에 대한 니즈와 부합하는데, 중산층 이상이 거주하는 지역에서는 자연스럽게 학구열이 생긴다는 게 이런 부분을 반영한 것이다. 이제는 자녀의 집을 사주거나 돈으로 부를 대물림하기가 예전보다 힘들어졌다는 것을 중산층도 알고 있다. 대신 양질의 교육으로 부를 대물림한다.

다만, 이 학구열이란 것이 모두에게 해당하는 것이 아니기 때문에 학군은 소수의 지역에서만 존재하게 된다. 공부는 모두가 원하는 것이 아니고 모두가 잘하는 것이 아니며 또한 그럴 필요도 없는 선택의 요소다. 그러나 우리 아이를 위해서 응당 희생하고자 하는 부모 마음은 누구나 같을 것이다. 내가 사회에서 받는 부당함을 우리 아이는 좀 더 출세하고 더 배워 고생하지 않았으면 하는 바로 그 마음이 모든 부모의 마음 아닐까 한다.

조기 영어교육 붐이 이런 부모들의 학구열을 반영하는 대표적인 예다. 사회에 나와서 영어라는 벽에 부딪히는 사람들은 더더욱 아이가 영어 때문에 고통받거나 불편함을 겪지 않았으면 하는 마음이 들기도 한다고, 영어만큼은 확실하게 해주고 싶다고 한다.

눈치가 빠른 엄마들은 아이가 유치원에 갈 무렵이면 살 동네에 미리 터를 잡는다. 유치원부터 형성된 친구들이 같은 영어유치원과 태권도 학원을 다니면서 한 동네 기관과 놀이터에서 얼굴을 익힌다. 중간에 이사 온 친구들은 아무래도 몇 년간에 걸쳐 형성된 그 모임에 끼기가 매우 힘들다. 동네와 동네 친구들에 미리 적응하는 것이다. 그래야 입학해서는 온전히 공부에 집중할 수 있을 테니까. 또한, 학구열이 센 지역은 선행이 좀 앞서간다. 그래서 뒤늦게 이사 오면 학원에 레벨을 맞출 수가 없어 다니기도 어렵다. 학원 때문에 이사 왔는데 학원을 못 가는 아이러니한 상황이 되는 것이다. 이놈의 학군 세계, 참으로 어렵다.

학군을 찾으려면 0000 구조를 보라

초등학교 저학년 시기 엄마들은 통학 안전이 최우선인 초품아를 선호한다. 그러다 초등 고학년을 올라가면서 학원이 주변에 없거나 너무 멀어 불편함을 느끼기 시작한다. 그리고 인근에 면학 분위기가 좋고 진학 성적이 좋은 지역으로 이사 가고 싶다는 생각을 하게 된다. 동네마다 그 지역의 로망 동네, 로망 단지들이 있는 것이다.

그러면서 학생이 유출되는 지역과 유입되는 지역으로 양분화된다. 고학년이 될수록 전학생의 수가 많아 입학 시보다 학급 수가 배가 많은 학급을 보이는 역피라미드 구조를 보이는 동네가 바로 학군 지역이다. 중학교 배정을 위해서는 적어도 10월 말까지는 전입을 마쳐야 한다. 2차 배정이 있지만, 그때는 티오가 있어야 배정을 받는다(학군 배정 방식은 해당 시도 교육청에 따라 다르다).

과밀 학급이 생기는 이유, 과밀 학급이 생기게 되는 지역들은 어떤 곳들이 있을까? 과밀 학급이 생기게 되는 지역은 다음과 같다.

학군이 좋은 지역은 학원가가 발달하기 마련이다. 이 학원가라고 하는 것은 쉽게 없어지지 않는다. 그 역사가 오래되었기에 다 함께 이사 가기가 힘들기 때문인데, 즉 인프라 같은 것이다. 좋은 학교에 배정받을 수 있고, 학원가로의 이동이 좋은 지역이라면 초등학교 때 전학생

지역 구분	내 용
대형학원가가 발달한 지역	대치동, 목동, 중계동, 수내동, 대구 수성구 등
입주 초기의 신도시	학생 수 예측 실패로 학생들이 넘쳐남 신혼부부 특공, 다자녀 특공 등 입주민 주거 구성상 영유아와 초등학생이 많음
재개발을 마친 뉴타운 대단지 밀집 구역	세대 수 증가에 따른 입주민 수 증가와 새 아파트 단지 내 학교를 가고자 하는 수요 증가

이 많은 과밀 구조를 보이게 된다. 사립초등학교로 통학이 쉬운 지역에서도 6학년 말이 되면 중학교를 고려해 이사를 많이 하기 때문에 중산층이 모여 사는 지역은 학구열이 계속해서 지속될 수밖에 없다.

최근 세계일보에는 "신도시 과밀학급 심각: 집값 쫓겨 신도시 왔더니…우리 아이 '콩나물 교실'서 공부"라는 제목의 기사가 올라왔다. KBS에서도 이와 비슷한 기사가 났다. 경기권 신도시에 있는 한 학교의 증축 공사가 방학 동안 제때 이루어지지 않고 지연되어 아이들이 고통받고 있다는 내용이었다. 2014년 학생 수를 900명으로 예측하고 개교했으나, 현재 학생 수는 무려 1,300명을 넘어섰다고 한다.

신도시는 형성 과정 특성상 입주 초기에는 과밀일 수밖에 없다. 신혼부부 특공, 다자녀 특공 그리고 신도시에 첫 집을 마련하는 청약자들 특성상 영유아가 많을 수밖에 없는 젊은 도시가 된다. 초기에는 학교를 충분히 지어주지 않아서 중간중간 증축을 하고 그사이에 아이들은 과밀학급에 시달리게 된다.

"미리 교사를 충분히 배정했더니 전입률이 낮은 경우도 많았기에 입주 전에는 수요를 초과 예측해 학교를 제공할 수 없다." 입대협으로 활동하는 곳의 해당 교육청에서 답변을 받은 내용이다. 이러한 일들이 인기 신도시에서는 입주 초기에 계속해서 반복된다. 예비 입주민들도 이 때문에 학교 추가 신설과 개교에 신경을 쓰고 있다.

수도권의 재개발지에서도 이런 일을 종종 겪는다. 특히 대단지로 개발되는 곳은 학교 배정 과정에서 입주민들이 해당 교육청에 민원을 제기하는 일이 빈번하게 일어나고 있다. 재개발지 특성상 낡은 주거 시설과 뒤섞여 있기 때문에 새 아파트 단지 내 위치한 학교가 아무래도 해당 지역 주민에게 인기가 좋을 것이다. 인근 단지에서는 근거리 배정을 요청할 것이고, 해당 학교에 다니는 단지 입주민들은 과밀이 되는 것을 원치 않아 반대할 테고 말이다. 이미 단지 내 학교도 입주민 수가 증가해 대부분은 과밀을 겪는 경우가 많다. 2015년과 2016년에 강서구, 서대문구에서 발생한 학군 갈등이 그 예다.

동탄신도시, '공급 폭탄'인데도 뜨거운 이유

06

최근 말도 많고 핫한 '뜨거운 감자' 동탄2신도시를 직접 가봤다. 1년 반 만의 임장(부동산 방문을 일컫는 말)인데, 1년 반 동안 얼마나 많이 변했 던지 그야말로 SRT급 발전 속도다. 동탄2신도시는 약 12만 세대 매머 드급 공급이 예정된 곳으로, 2기 신도시 중 입주 세대 수나 면적으로나 그 규모가 압도적이다. 지겹도록 들어왔던 '공급 폭탄'의 선두 격이다. 그런데도 동탄2신도시의 분양권과 시세는 또 올랐다.

기폭제가 된 것은 동탄역 초역세권에 분양한 롯데캐슬이었다. 주변 의 대장주는 '우포한'(우남퍼스트빌, 포스코더샵센트럴시티, 한화꿈에그린프레스티 지) 3개 단지인데, 이 아파트 현 시세보다 분양가가 낮은 롯데캐슬 청 약에 몰린 관심이 대단했다. 청약 성공뿐만 아니라, 프리미엄까지 붙

성공리에 분양을 마친 동탄역 초역세권 롯데캐슬

었다. 최근 분양된 금성 예미지3차 청약도 인기였다.

　이번에는 '뜨거운 감자' 동탄2신도시뿐만 아니라 동탄1신도시까지, 동탄신도시의 학군과 미래를 전망해보자.

동탄2신도시의 미래가 밝은 이유

그렇다면 동탄2신도시의 매력은 무엇일까? 화성시에 들어서는 이 신도시에 왜 이리도 관심이 높을까? 지금 이 관심은 모두 거품일까? 본격 입주가 시작되면 가격이 내려갈까?

　개인적으로는 장기적인 관점에서 동탄2신도시의 미래를 밝게 전망하고 있다. 단, 실거주 가치로만 따져보자면 말이다. 연달아 입주하는 물량이 있기 때문에 안정된 전셋값 형성에는 어려움이 있을 것 같아

동탄신도시의 위치

전세 투자를 권하기는 쉽지 않다. 왜 실거주 및 장기적인 관점에서 동탄2신도시의 미래를 밝게 보는지 알려주겠다.

첫째로 풍부한 일자리를 꼽을 수 있다. 서울 출퇴근자 수요보다도 근방 화성시와 수원시 일대로의 출퇴근자 수요가 많다. 동탄2신도시는 지리적으로 산업단지를 에워싼 형국이다. 동탄테크노밸리와 삼성, LG, 기아, 현대 및 각종 산업단지가 가까우며 동탄역 업무 용지 내 63층 이상 랜드마크 빌딩 및 50층 이상 오피스도 계획 중이라고 한다. 이는 추후 경부고속도로 직선화 계획에 따라 정해진다고 한다. 이 외에도 구성역 인근 용인테크노밸리, 향남제약단지 등 많은 산업단지가 동탄 주변에 있다.

두 번째는 교통 발전으로 서울 접근성이 획기적으로 개선된 점이다. 2017년 12월 개통된 SRT는 수서역과 동탄역을 15분여 만에 연결한다. 물론 비용 문제로 매일 출퇴근하기에는 다소 무리가 있으나, 쇼핑이나 문화생활 권역으로 보자면 동탄은 이제 서울권으로 볼 수 있다. 또한 동탄역에는 핵심 노선인 GTX-A가 예정되어 있다. 삼성역을 지나 서울역까지 연결되는 GTX-A가 개통된다면 동탄은 완벽한 수도권이 될 것이다. 실제로 동탄역을 가보면 지하 5층까지 설계된 규모에 놀라게 된다. SRT 개통으로 지방 주요 도시를 오가는 시간도 획기적으로 짧아졌다. 이 외에도 도로, 철도, 버스의 교통 인프라 확충이 예정되어 있다.

세 번째는 '광비콤 개발'이라는 호재다. '광비콤'이란 '광역 비즈니스 콤플렉스'의 약자인데, 광역시는 동탄역세권 일대를 광역 비즈니스 콤플렉스로 발전시키고자 하는 청사진을 가지고 있다. 그러니 이렇게 큰 역사를 지었을 것이고, 약 12만 세대가 입주할 도시를 추가로 계획한 것이다. 경부선상에서 서울 직통 고속도로 3개와 연결되고 내부 및 인근 도시는 모두 지하화 및 입체화로 교통체증을 획기적으로 줄일 예정이다. 그리고 제2외곽 순환고속도로로 동서를 이어주고, 철도망이 복합적으로 연결해주니 경기도의 교통 요지로써 광비콤에 신설 부지를 업무 구역으로 계획한 것이다. 이 교통 호재들은 2021년부터 가시화가 되고 2023년 완료를 목표로 하고 있다. 전문가들은 2020년 이후에는 인프라들이 구축되면서 시너지가 나기 시작할 것이라고 보고 있다.

네 번째로 공원, 쇼핑 등의 생활 인프라도 충분히 공급된다. 충분한 녹지 확보로 다수의 공원이 계획되어 있고, 도서관, 롯데백화점(동탄2신도시), 현대몰(동탄1신도시), 이케아(기흥), 롯데프리미엄아울렛(기흥) 외에도 각종 쇼핑 확충 시설, 병원, 관공서 유치 등의 계획을 세우고 진행하고 있다.

미래의 명문 학원가를 꿈꾸는 동탄2신도시

동탄2신도시는 앞으로 시간이 필요하다. 도시라는 게 뚝딱 완성되는 것은 아니니까 말이다. 그럼에도 동탄의 발전 속도는 놀랄 정도다. 이미 시범 단지 등은 신도시 초기라고 말하기 무색할 정도로 자리 잡아 활기가 넘친다. 신도시 특유의 썰렁함이나 어수선함 따위는 없다. 그

동탄2신도시 일대

리고 기대 이상으로 예쁜 도시로 변모하고 있다.

동탄2신도시는 크게 보면 이렇게 나뉜다. 동탄역세권역(광역 비즈니스 콤플렉스), 커뮤니티 시범 단지 지구, 남쪽으로 호수를 인접한 지역(워터프런트 콤플렉스), 그리고 그 아래쪽 남동탄, 그 외에도 '중동탄'이라고 칭하는 의료 복합 시설, 동탄역 아래쪽에 위치한 문화디자인밸리, 북동탄에 위치한 동탄테크노밸리 등으로.

현재 먼저 자리를 잡은 곳은 역시 가장 먼저 입주를 시작한 시범 단지 지구다. 동탄초, 중, 고등학교 인근인 항아리 상권이 시범 단지 맞은편, 동탄4동 주민센터 건너편에 자리 잡아 학원들이 속속 들어오고 있다. 동네 사람들이 '11자 상가'라고 부르는 곳에는 더 많은 학원이 자리 잡고 있다. 동탄 호수 쪽 근린 상가에도 추가로 학원들이 입점할 것 같다. 또 '프라자'라고 부르는 상가들이 사거리를 중심으로 자리 잡고 있다. 문화디자인밸리 쪽 일부 상가들은 아예 '에듀'를 테마로 학원만 입점시킬 예정이라고 한다. 이쪽에 학원이 들어오면 지리적 이점으로 동탄1신도시와 동탄2신도시 양쪽의 수요를 모두 충족할 수 있을 것으로 생각된다.

동탄2신도시의 학군은 이제 형성되는 단계기 때문에 구체적인 학교를 언급하는 것은 의미가 없어 보인다. 동탄2신도시의 대표적인 고등학교는 중앙고, 한백고 등이 있고 나머지는 아직 1, 2년 차의 신설 학교다.

그리고 이 단지에서 통학하는 청계중학교가 2016년도 중학교 학업 성취도에서 평균 92점의 우수한 성적을 거두었다. 거품이다 아니다 논란이 많지만, 시범 단지들도 5억 5,000~6억 원 선을 형성하기에 이미 중산층들이 두껍게 거주할 신도시의 여건이 마련되어 있다. 거기에 추가로 입주를 모두 마치고 도시가 안정기에 접어들어 전셋값이 오르면, 동탄2신도시의 전성기가 올 것이다. 아이들 키우기 좋은 명품 도시가 될 것으로 보인다.

다만, 인근 수원의 대장인 광교와 그 위 분당으로 상위권 학생들이 빠져나가지 않을까 하는 우려가 있을 수 있는데, 세대 수 약 12만이 채워질 것이기 때문에 충분한 교육 인프라가 들어올 것으로 예상한다. 학생 수가 많은 곳에 학원들이 생기기 마련이다. 비평준의 장점을 살려서 우수한 학생들이 일반고로 조금 더 진학해준다면 대학 진학 성적도 올릴 수 있으리라 예측한다.

이웃 동네 동탄1신도시의 학군 현주소

잇단 동탄2신도시의 입주 시기마다 몸살을 앓는 곳은 인근 동탄1 신도시다. 실거주자야 걱정이 없겠지만 동탄1 신도시에는 세를 준 사람도 많이 있기 때문이다. 현지 중개사에게 물어보니 3,000세대 정도가 동시에 입주하면 동탄1 신도시는 어김없이 전셋값이 조정되거나 하락을 겪었다고 한다. 사실 현재로서는 실거주로 보자면 기반 시설 면이나 상업 시설 면에서 동탄1 신도시가 낫다. 10년을 자리 잡은 인프라니까.

동탄1 신도시에서 인기 있는 학군은 석우중학교와 솔빛중학교를 꼽을 수 있다. 석우중은 수학 중점 학교로 인기가 있으며, 솔빛중은 중심 상업과 멀어 유해 시설이 없다. 학원가 이용도 편리하다. 이 외에도 반송중, 예당중, 푸른중 등이 있다. 능동중학교는 혁신 학교로 내신 경쟁

동탄1신도시 쪽 솔빛나루 학원가의 위치

을 피해 최상위권이 전략 내신을 확보하여 세마고등학교 등으로 진학하기 위한 전략적인 징검다리로, 진학하기도 한다고 한다.

학원가 동향을 알려주자면, 남광장 쪽 학원가와 솔빛, 나루 학원가가 있다. 이 두 대표적인 학원가에는 빽빽하게 학원이 들어차 있으며 하교 시간 이후부터 여느 학원가처럼 활기차다. 동탄에서 아쉬웠던 대형 학원들도 입점하고 있다는 반가운 소식이다. 수지나 강남 쪽에서 영업하던 원장들이 학원을 개원하고 있으며 강사들도 초빙해 오고 있다. 이에 따라 초기 학원들의 영업 전략상 설명회도 활발하게 이루어지고 있다. 여기서 최근 입시 동향과 교육 정보가 많이 오고 간다.

동탄은 지역 경제 수준이 결코 낮은 도시가 아니다. 향후 동탄2신도시 입주가 끝나고 나면 동탄1신도시와 동탄2신도시 전체의 규모가 상당하기 때문에 학원을 경영하는 사람들에게도 매력도가 올라갈 것이며 동탄맘들에게도 아이의 실력별, 취향별로 사교육을 골라 시킬 수 있을 것이다.

동탄은 비평준 지역이다. 어느 고등학교의 진학 선호도가 높을까? 세마고등학교, 동탄국제고등학교(동국고), 화성고등학교는 자사(자율형 사립 학교) 및 자공(자율형 공립 학교)이기에 여전히 강세를 보인다. 일단은 최상위 이과로 진학하려는 학생들은 자공고인 세마고(자율형 공립 학교)를 꼽는다. SKY 및 의대 진학에 꾸준히 좋은 성과를 보여주면서 그리 멀지 않은 권역에 위치한 기숙형 학교로, 학비 부담이 없다는 장점도 한몫한다. 화성고(일반고, 교육부 지정 기숙형 학교, 선발고)도 기숙학교며 입학 실적이 개선되고 있어 선호한다. 솔빛중에서는 말하면 입 아플 명문고인 외대부고로의 진학도 선호하고 있다.

문과 학생들에게는 기숙학교 동탄국제고도 선호하는 학교다. 재미있는 것은 이 학교의 기숙사는 일반 기숙학교가 1주 간격으로 아이들이 집으로 가는 데 반해 2주 간격으로 집으로 가기 때문에 그 점을 꺼리는 학생도 더러 있다. 최상위권 학생들은 주중에는 학교에서, 주말에는 학원에서 보충하는데 학원 최상위권 수업에 격주로 빠져야 하기 때문이다. 이 외 수원외고도 문과 학생들이 선호하는 학교다.

일반고로는 전통적으로 병점고등학교와 서울대 진학 성적이 개선되고 있는 동탄고등학교로의 진학을 선호한다. 그런데 동탄고는 매년 커트라인이 큰 폭으로 내려 1지망에서 미달이 계속 발생했고, 병점고도 몇 년째 1지망에서 미달 발생으로 추가 모집이 있어 상위권과 하위권 학생들의 편차가 이전보다 많이 벌어졌다는 학원가의 소식이다. 최근에는 좀 더 가까운 근거리 학교로 진학하는가 보다.

학원가 입학 설명회에 따르면 2017년과 2018년에는 반송고등학교와 나루고등학교의 컷이 높아졌다. 최근에 이 두 학교의 상위권 학생들이 내신 목표로 자사고, 특목고 진학 대신 지역 고등학교로 입학한 사례들이 상당히 늘었다고 한다. 정시 축소, 수시 강화 때문이다. 반송고는 190점 이상(경기도 200점 만점 기준)인 학생이 330명 중 75명 이상 입학했다고 하니 상위권이 꽤 두꺼워지고 있다는 것을 알 수 있다. 이러한 움직임들은 새로 바뀌는 입시제도에 적응하고자 학부모들도 더욱더 발 빠르게 대처한다는 증거다.

동탄은 앞으로 아이가 어린 가정이나 초등학생 자녀를 둔 가정이 살기 좋은 도시가 될 것이다. 일단 도시가 살기 편하게 계획되어 있다. 여

솔빛마을 근생에 생긴 학원가

기에 동탄 주민들이 염원하는 트램이 건설된다면, 생활 편의시설이 위아래로 연결되어 중앙 대로를 통해 오가기도 좋고 서울이나 지방 주요 도시를 오가기가 더욱 편해질 것이다.

동탄2신도시와 함께 동탄1신도시도 앞으로 주지해야 하는 도시다. 동탄2신도시가 입주 물량으로 가격이 흔들린다면 광비콤과 인접한 동탄1신도시를 눈여겨봐도 좋을 듯하다.

좋은 집 구하는 기술

꼬박꼬박 월세 받는 오피스텔 투자의 모든 것

07

학군에서 벗어나 부동산 투자 이야기를 좀 해볼까 한다. 요즘 아파트 규제가 많다. 게다가 가격 상승으로 투자금이 많이 들어 진입 장벽이 높아졌다. 그래서인지 오피스텔 투자 문의가 많이 온다. 오피스텔 투자 선배로서 허심탄회하게 알려드릴까 한다.

처음에 부동산 투자를 오피스텔로 월세 세팅을 하면서 시작했다. 학원 강사를 하다 보니 저녁에 일해야 했고, 아이가 생기고 나니 몇 년 뒤 아이가 컸을 때가 걱정되었다. 남의 아이들을 가르치느라 정작 내 아이와의 시간을 보낼 수 없기 때문이었다. 이런 직업의 특성 때문에 월세 수입이 간절했다. 그런 간절한 마음으로 시작했던 월세 투자의 첫걸음이 오피스텔이었다. 한 채 한 채 늘어갈수록 통장에 들어오는 월세는 안정감과 위안을 주었다. 참으로 고맙고 알토란 같은 월세가 나오는 오피스텔인데 동시에 애증의 오피스텔이기도 하다. 지금부터 그 이유를 하나씩 말하고자 한다.

오피스텔 투자의 기초

처음 오피스텔 투자를 시작한 건 2013년이다. 수도권 부동산시장이 바닥을 지나 다시 꿈틀꿈틀 상승의 기지개를 펼치려는 때였다. 이 타이밍에 본격적으로 부동산에 관심을 가진 것은 참 행운이다.

부동산에서 가장 중요한 것은 타이밍과 지역과 종목, 이렇게 세 가지다. 상승기 초반에는 수익형보다는 시세 차익형이 낫다. 오피스텔보다는 초소형 아파트를 구매해서 월세나 전세로 세팅했더라면 아마 많은 시세 차익도 덤으로 얻었을 텐데, 아쉽게도 오피스텔 중 원룸형은 과잉 공급으로 시세 상승의 달콤한 열매는 얻지 못했다. 원룸 오피스텔이 아파트에 비해 잘 오르지 않는 이유는 과다 공급과 다가구, 신축 원룸 등 경쟁 상품이 비교적 자주 출현하기 때문이다.

여기서 잠깐, 아파트와 비슷하지만 다른 특성을 지닌 오피스텔! 무엇이 다를까? 일단 대지지분이 다른데, 오피스텔은 대지지분이 상당히 적은 편이다.

오피스텔은 기본적으로 수익형 물건으로, 월세를 받고자 하는 사람에게 적합한 투자 상품이다. 오피스텔 투자가 적합한 연령대도 따로 있다. 나이가 아직 젊고, 근로가 가능한 연령대라면 시세 차익형에 투자를, 은퇴를 앞두고 안정적인 월세 수입을 얻고 싶은데 관리도 편했으면 한다면 오피스텔이 좋은 선택지가 될 수 있다. 상가는 아무래도 상권 등 공부할 것이 많고 일단 가격도 좀 더 비싸기에 투자금이 더 필요하다. 또, 원룸형 오피스텔의 경우 뷰나 향에 따른 임대료 차이가 거의 없기 때문에 매매가격이 싼 것을 고르는 것이 좋다.

임차인이 선호하는 오피스텔은?

오피스텔 투자의 기초를 알았으니, 이제 어떤 오피스텔을 구해야 할지 알아보자. 첫 번째, 1인 가구가 선호할 입지여야 한다. 일자리가 풍부한 곳의 직주근접 30분 거리에 위치한 오피스텔이 바로 그것이다. 요즘은 결혼도 늦게 하고, 사회생활을 비교적 늦게 시작하기 때문에 취업 후 혼자 사는 1인 가구가 증가하는 추세다. 서울의 메인 일자리인 도심권, 강남권, 여의도권 3개 권역 중심과 판교테크노밸리, 마곡 업무지구, 가산·구로디지털단지 등의 메인 일자리에서 환승하지 않고 30분 이내에 갈 수 있는 곳이 좋다.

여기서 주의해야 할 것이, 1인 가구는 의외로 회사와 집이 너무 가까운 것은 선호하지 않는다. 임차인들이 실제로 해준 이야기로는 직장이 집과 너무 붙어 있으면 주말에도 일하는 기분이 든다는데, 정말 그런가? 추가로 주의 깊게 봐야 할 지하철은 2호선, 9호선, 7호선, 3호선, 신분당선 등으로 주요한 일자리를 통과하는 주요 노선이다.

두 번째, 오피스텔은 초역세권을 좋아한다. 역세권 도보 5분(여자 걸음 기준) 이내일수록 좋고, 비를 맞지 않는다면 금상첨화다. 오피스텔은 상업지에 지어지기 때문에 대부분 역에서 가깝다. 그리고 또 한 가지, 한

밤중에도 택시 이용이 쉬우면 더더욱 좋다. 혼자 사는 싱글족이 일을 마치고 밤늦게 귀가할 때 너무 조용한 주택가를 걸어야 한다면 무서움을 느낄 수도 있으니까. 그리고 오피스텔 특성상 꼭 직장인 수요만 있는 것이 아니다. 자영업 등 밤늦게 가게를 마치고 귀가하는 사람이나 새벽 오픈을 위해 일찍 나서야 하는 사람에게도 택시 잡는 것이 중요하다.

세 번째, 오피스텔 뒤편으로 혼밥이 가능한 식당이 많아야 한다. 인근에 백화점이나 마트가 있으면 더할 나위 없고 말이다. 그리고 다이소와 스타벅스도 싱글족에게는 소중한 존재다.

네 번째, 예산이 된다면 이왕 브랜드 오피스텔이 좋다. 관리가 잘 되어야 건물 노후도 천천히 오고, 그만큼 오랜 시간 안정적으로 임차할 수 있기 때문이다. 그리고 임대인에게 임차하기에도 유리하다. 푸르지오시티, 디오빌, 아크로빌, 아이파크 등 대형 건설사에서 분양하는 오피스텔이 재매각 시에도 조금 유리하다. 건물 내 관리단이 잘 꾸려져 관리비가 적당하며, 세대 수가 많은 오피스텔이면 더 좋다. 건물 내 헬스클럽이 있는 것도 임차인이 선호하는 요소 중 하나긴 하지만, 헬스클럽과 주차는 1인 가구에 필수적인 요소는 아니다.

다섯 번째, 가장 먼저 언급한 직주근접 외에도 오피스텔이 필요한 입지는 학생 수요다. 건대 근처라든지, 강남역 1번 출구 인근은 의대, 치대, 로스쿨 등 전문 시험을 준비하는 학생이 많이 거주하는 곳이다. 전문 학원들이 들어서면서 오피스텔과 기숙 시설이 인근 다가구에 많다. 임대료도 좋고, 공실도 거의 없다. 대치동 인근도 단기 학원 통원을 위한 단기 풀옵션 임대를 하는 오피스텔이 있다.

경기도 모 지하상가의 경우에는 지하상가와 맞닿은 오피스텔은 낡았지만 인기가 높다. 그 이유는 저층부는 상가처럼 활용이 되어 임차가 항상 활발하기 때문이라고 한다. 정말 다양한 오피스텔의 세계가 있지 않은가?

오피스텔 투자, 주의할 점은?

오피스텔 투자 시 주의할 점도 있다. 좋은 중개사를 만나 위탁하면 좋다. 대부분의 오피스텔은 한 건물에 5~10채까지 복수로 구매하고 한 부동산에 위임하여 관리를 맡기곤 한다. 따라서 좋은 부동산을 만나 관리를 위탁하면 정말 손 갈 것이 없다.

임대하는 분당과 부천에서 그런 좋은 부동산을 만났다. 매년 재계약이 이루어지는 월세의 특성상 계약할 때마다 가야 하는 번거로움이 있지만, 부동산만 잘 만난다면 직접 가지 않아도 부동산에서 척척 알아서 처리해준다. 수리할 일이 생겨도 부동산 사장님이 대신 가서 봐주니 고마운 일이 한두 가지가 아니다. 반대로 좋은 부동산을 만나지 못하면 모두 직접 처리해야 하니 번거로움이 늘어날 수밖에 없다.

주변에 공급이 많은지도 꼭 살펴봐야 한다. 주변에 신축 오피스텔이 공급된다면 임대료에 영향을 줄 수 있다. 오피스텔은 10년 차쯤부터 노후가 오기 시작한다. 에어컨도 그렇고 대부분의 집기가 빌트인이다. 세탁기를 비롯해서 붙박이장, 냉장고까지. 이것들이 고장 나는 시기가 대략 이쯤부터라 수리비가 부대 비용으로 지출되기 시작한다.

신도시 오피스텔 투자

그렇다면 신도시에 신규 분양하는 오피스텔들은 어떨까? 위례, 삼송, 미사, 다산, 광교, 동탄과 같은 신도시라면 아파트뿐만 아니라 상업지에 오피스텔도 함께 분양한다. 원룸 오피스텔에서 중요한 것은 앞에서 말한 것처럼 1인 가구의 수요다. 직주근접과 밀접한데, 일단 신도시에 전철이 아직 없다면 수요를 충족시키기 어렵다. 그리고 신혼부부와 저학년 아동이 많이 거주하는 신도시 특성상 싱글족에게는 외로움을 배가시키는 거주지가 될 수도 있다.

반면에 투룸 오피스텔은 원룸 오피스텔보다 공급이 적다. 혹시 신도시에 방 2개 혹은 3개 등이 있는 아파트 형태에, 매매가가 주변 아파트보다 턱없이 저렴하다면 기회가 될 수도 있다. 단, 구조나 내부 크기가 아파트와 비슷해야 한다는 점, 잊지 말아야 한다.

오피스텔 분양을 정말 많이 물어보는데, 주변에 일자리가 많지 않다면 조금 있다가 진입하는 것을 추천한다. 요즘은 대출 규제로 예전처럼 대출을 가득 받아 월세를 여러 개 세팅하는 것이 어려워졌다. 그렇게 하려면 임대 사업자를 내고 사업자 대출을 받아야 한다. 그리고 사업자를 내면 각종 세제 혜택을 받지만 임대 상한 규정이 있다. 아직 일자리가 들어서지 않은 곳에서 입주 첫해에 제대로 된 월세나 전세를 받는 것은 쉬운 일이 아니다. 임대 사업자로 월세를 꾸준히 늘려가고 싶다면 5% 상한 제도를 꼭 기억해야 한다. 그리고 한 가지 더! 전업주부거나 직장인이 아니라면 건강보험료가 부과되니 이 점도 주의하자.

부동산 투자에도 승률이 있다?! 잃지 않는 투자 하는 법!

08

근래 부동산 투자 관련해 많은 질문을 받는다. '누가 부동산으로 돈을 벌었다더라', '이거 해도 되냐', '이 물건 어떠냐' 등… 사실 투자라는 것이 안전한 게 어디 있을까? 그저 조금이라도 더 돈을 잃지 않기 위해서 돌다리도 한 번 더 두들겨 본다는 심정으로 열심히 공부하고, 알아보고 하는 것이다. 백 퍼센트 안전한 것은 없지만, 그래도 확률이란 것이 있다. 투자의 승률을 올리기 위해서 되도록 호재가 있는 것, 수요가 있는 것에 투자하는 것이 좋다. 그리고 승률이 높은 종목이 있다면 반대로 확률이 낮은 것도 있다.

나 역시 몇 가지 기준을 세우고 확률이 낮은 종목에는 투자를 지양하는데, 승률이 낮아 개인적으로 선호하지 않는 투자처를 말하고자 한다. 이 내용은 개인적인 의견임을 미리 밝힌다. 내 의견이 조금이나마 도움이 되었으면 하지만, 투자 시에는 본인의 상황과 자금력에 맞게 선택해야 한다.

모집 공고만 보면 정말 매력적인 지역주택조합

요즘 정말 많이 물어보는 상품 중 하나다. 지역주택조합은 이렇게 부동산이 호황일 때 조합원 모집을 많이 한다. 대부분 역세권에 입지 좋은 곳에 있으며, 신축인데 청약통장도 필요 없는 데다가 분양가도 시세보다 매우 저렴하다. 또한, 유명 브랜드가 건축하는 경우도 많다. 재개발과 비슷하다고 생각해 혹하는 사람도 많을 텐데, 재개발과는 비슷한 듯 다르다.

먼저, 지역주택조합 아파트란 무주택 조합원들을 주체로 투자자금을 모은 뒤 시공사를 선정해 짓는 아파트로, 다음 그림과 같이 무주택 조합원 자격 조건을 갖추기만 하면 청약통장 없이도 조합원 자격을 얻을 수 있다.

일단 가입은 참 편하고 쉽다. 이렇게 좋은 조건에 시세보다 저렴한 곳에 새 아파트라니! 게다가 조합원이 되려면 청약통장이나 가점이 없어도 되고 계약금만 있으면 된다. 그런데, 자격 조건 중 4번 조항이 문제가 된다. 조합이 해산할 때까지 이 자격 조건을 유지해야 하므로 해당 기간 중 주택을 추가로 사거나 할 수 없다. 몇 년이고 재산 증식할 기회를 놓치면서 자격을 유지해야 하는 것이다.

그까짓 자격 조건, 아파트 지어질 때까지만 유지하면 되는 거 아니

지역주택조합원 자격 조건

1	무주택자 세대주 (단, 85㎡ 이하 주택 1채는 가능)
2	조합 아파트가 설립되는 해당 지역구 6개월 이상 등본상 거주자 (서울, 경기, 인천)
3	투기 과열 지구는 조합 설립 인가 신청일로부터 1년 전 기준
4	지역주택조합 설립 인가 시점부터 조합이 해산할 때까지 자격 조건 유지

나는 사람도 있을 테다. 처음 조합원 모집 때 말한 것처럼 진행이 척척 잘되기만 한다면 무슨 문제가 있을까? 그러나 상당수 사업장에서 사업이 지체되는 경우가 많다. 알기로는 지역주택조합의 사업 진행 성공률은 약 20~30% 정도다. 사업이 지체되는 동안 사업비가 증가하게 되고, 싸게 분양받았지만 결국 추가 분담금이 늘어날 수도 있으며, 또 상승장이 꺾이면 한동안 분양을 못 할 수도 있다. 이런 점을 보완하기 위해 정부는 2017년 6월 주택법을 개정하기도 했지만, 여전히 위험 부담이 큰 것은 사실이다.

물론 지역조합주택이 다 잘못된 것은 아니다. 하지만 이런 위험성에도 지역주택조합 아파트에 꼭 투자해야겠다는 사람은 가입 전, 토지 매입이 몇 퍼센트나 진행되었는지 꼭 확인하고, 주택법 개정 이후 지자체장의 신고필증을 획득했는지도 확인해야 한다. 정부에서도 주택법 개정 외에 조금 더 강력한 법을 만들어 지역주택조합을 관리하고, 서민의 피해를 줄일 수 있도록 해야 한다.

소액으로 고수익 창출? 수익형 호텔

'수익률 00% 보장', '전문성을 가진 업체에서 운영을 대행하기에 임차인을 구할 필요가 없고 복비 등의 거래 비용이 들지 않는 좋은 투자처!' 흔한 수익형 호텔의 광고 문구다. 수익형 호텔은 투자금을 받고 투자자 대신 숙박업을 운영하며 그 수익을 투자자에게 일부 지급하는 방식으로 운영된다. 공실 위험이 적고, 적은 금액으로 고수익을 창출할 수 있으며, 기존의 오피스텔 등에 투자하는 것보다 나은 투자처라고 광고한다. 정말 혹하지 않는가?

그런데 꼭 알아야 할 것이 있다. 호텔은 객실 가동률이 중요한 사업, 즉 관광업이기 때문에 시기를 탄다. 사드 문제 등 국제적 이슈가 발생하면 사업장 이익이 줄어든다. 관련 법규 또한 권리를 보장받기에 어려움이 있으며, 초과 공급된 부분도 문제가 된다. 사기는 쉬워도 팔기는 어렵다.

투자자에게 꾸준한 수익을 안겨주는 사업장도 물론 있다. 그렇지만 스스로 옥석을 가리지 못한 채 분양 상담사의 말만 철석같이 믿고 계약하면 소중한 내 돈을 잃을 수도 있다는 점을 명심해야 한다.

'내 거인 듯 내 거 아닌 내 거 같은' 토지 기획 부동산

사실 부동산의 꽃은 토지라고 해도 과언이 아니다. 결국 아파트도 다 지분이 중요한 것 아니겠는가? 원론적인 땅 투자에 대해서 깊게 이야기하기는 어렵지만, 기본 몇 가지만이라도 안다면 많은 도움이 될 것이다.

국토개발이나 그린벨트 해제 등으로 논밭 주인들이 돈을 많이 벌었다더라 하는 이야기는 한 번쯤 들어봤을 것이다. 나 역시 '그린벨트 해제로 땅값이 올라 몇 배의 수익이 난' 친구 아버지의 일화를 들은 적이 있다. 에쿠스를 타고 밭에 도착해 트렁크를 열면 곡괭이 등 농사 도구로 가득 차 있다는 식의 이야기 말이다.

아래 사진을 보면 대규모 그린벨트 해제로 만들어진 미사 강변 도시 일대 시세가 상승률을 보였다. 특히, 미사 강변 도시의 중심인 망월동은 지난 3년간 80% 이상 올랐다.

땅은 정말 매력적인 투자처임이 틀림없다. 한번 터지면 몇 배 오르는 건 우습다고 하니까 말이다. 그런데 보통 100평, 200평 이렇게 파는 사람들이 조금씩 떼서 팔지는 않는다. 이런 틈새를 파고든 영업 수

단이 있으니 '토지 기획 부동산'이다. 여러 명이 1,000~2,000만 원씩 소액으로 투자하고 이 돈을 모아서 토지를 매입한다. 나중에 매도할 때 수익을 배분하기로 하고. 하지만 이게 어느 유명한 노래 가사처럼 '내 거인 듯 내 거 아닌 내 거 같은 너'다. 분명 내 돈이 들어갔는데 권리 행사하기가 매우 어렵다. 잘 되면 좋지만 돈이 묶이는 것이 가장 문제고, 팔고 싶을 때 마음대로 처분하지도 못한다. 좋은 땅이면 다행인데 묻지마 투자를 하는 경우에는 쓸모가 없는 땅일 수도 있다. 따라서 더욱 신중해야 한다.

부동산 투자를 하면서 확률이 낮은 것들을 조심하고 피하자는 주제로 이야기해봤다. 투자는 과감해야 할 때가 있고, 조심하면서 진행해야 할 때가 있다. 지금은 상승기 초입이 아니기 때문에 과감함은 조금 내려놓을 필요가 있다. 내 돈을 넣었는데 내 것이라고 주장할 수 없는 투자는 안 하는 것이 마음 편하다. 여러분이 잃지 않는 투자를 했으면 좋겠다. 더불어 내 집 마련의 꿈도 포기하지 않았으면 한다.

실수요자들이 내 집 마련
더 어려워진 이유

투자자라면 매주 꼭 확인해야 할 지표가 KB 주간보고서와 감정원 주간보고서다. 두 자료가 다를 때도 종종 있기는 하지만, 이런 주요 지표를 꾸준히 읽다 보면 부동산에 대한 전반적인 감각을 키울 수 있다. 어느 지역의 시세가 얼마나 상승했고 그 요인은 무엇인지, 반대로 다른 지역은 얼마나 하락했고 그 이유가 무엇인지 보이게 되는 것이다. 부동산 투자자에게 시장의 흐름과 방향을 파악하는 것이 매우 중요한 만큼, 매주 꾸준히 보는 것을 추천한다.

이번에는 방금 말한 지표를 통해 수도권 주택시장의 동향을 살펴보고, 현장에서 들려오는 현 부동산시장 상황이 어떤지를 이야기해볼까 한다.

뜨거웠던 8월 마지막 주, 서울은 온통 빨강!

첫 번째 그림은 8월 3주, 전주 대비 서울 아파트 매매가격 변동률이다. 서울 대부분 지역이 0.5% 이상 상승했다. 두 번째는 8월 4주, 전주 대비 서울 아파트 매매가격 변동률로, 1주 동안 1% 이상 상승한 곳이 무려 8곳이다.

8월 마지막 2주간 KB 주택시장 동향 지표를 확인 후, 깜짝 놀랐다.

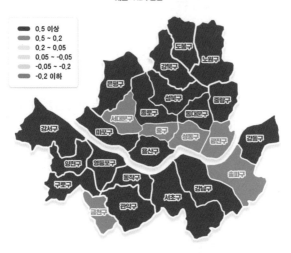

서울 아파트 매매가 동향 (8.20 기준)

자료 : KB부동산

- 0.5 이상
- 0.5 ~ 0.2
- 0.2 ~ 0.05
- 0.05 ~ -0.05
- -0.05 ~ -0.2
- -0.2 이하

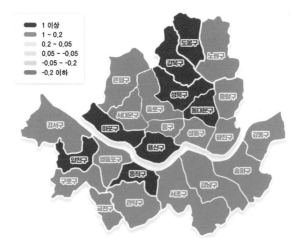

서울 아파트 매매가 동향 (8.27 기준)

자료 : KB부동산

- 1 이상
- 1 ~ 0.2
- 0.2 ~ 0.05
- 0.05 ~ -0.05
- -0.05 ~ -0.2
- -0.2 이하

그림과 같이 서울 전역이 다 빨간색과 주황색으로 물들어 있었다. 심지어 노란색조차 없었다. 이러한 급격한 상승 흐름은 어디서부터 시작되었을까? 2018년 4월 정부가 다주택자에게 양도세 중과를 시행하면서, 서울 및 수도권 핵심지역에서는 대부분의 사람이 미리 주택을 양도하거나 임대 사업을 등록했다. 이러다 보니 4, 5, 6월의 부동산시장은 조용했다. 하지만 조정 기간이 오래가지는 않았다.

서울은 양천구 목동의 소형 아파트가 먼저 움직이며 거래가 시작되었다. 그 이후 7월 보유세 개편안이 발표되자 은마, 잠실주공5단지 등 낙폭이 컸던 단지를 시작으로 다시 매수세가 흐름을 탔다.

"6월에 2건 거래되었는데요, 지난주에 10건 넘게 거래되었고 지금도 2건 거래 직전이에요." 잠실주공5단지에서 공인중개소를 하는 사장님의 문자를 받고 직감했다. 아, 다시 시작이구나! 그 주에는 상담을 요청하는 많은 사람을 챙기느라 한 주가 어찌 지나갔는지 모르겠다. 분명 뉴스에 '다시 상승세 시작! 매매물건이 없어…'와 같은 말이 나오면 매도자들은 있던 매물을 거두어갈 것이고, 아파트 가격이 오르는 것은 불 보듯 뻔한 일일 테다.

부동산 현장, 이미 매도자 우위로…
매수자는 서울 넘어 수도권 신도시까지

실제로 지금 현장에는 거래할 물건이 남아 있지 않다. 조정 기간 쌓여 있던 매물이 소진되고 나니 그 뒤로는 거래가 뚝 끊긴 것이다. 이러한 매물 부족 현상과 서울 아파트값이 더 오른다는 심리적 요인은 실수요자의 마음을 급하게 만들었다. 이미 2018년 초 덧없이 오르기만 하는 가격에 올라타지 못했던 실수요자들은 똑같은 일을 또 겪을까 두려움도 있을 테고 말이다. 하지만 그때와 달라진 점은 이제 팔 사람이 많이 줄었다는 점이다. 주택 가격은 상승 기조로 돌아섰는데, 다주택자의 물건은 이미 한차례 소진이 된 터라 지금은 한 단지 내 매물이 몇 개 되지 않는다. 매도자 입장에서 생각해보자. 하루에 문의 전화가 몇 통씩 걸려오고, 집을 보러 오는 사람도 적지 않은데 지금 집을 팔고 싶을까? 그렇다. 이미 시장은 매도자 우위로 돌아섰다.

요즘 장은 빠르게 돌아간다. 빠르게 올라가고 빠르게 쉰다. 카페와 밴드, 오픈 채팅 등 다양한 루트를 통해 부동산 정보가 실시간으로 퍼진다. 시세며 특정 단지의 세세한 거래 내역까지 바로바로 받아보는 그런 초스피드 공유 시대다. 따라서 투자자 및 실수요자는 현장에서 오고 가는 정보를 미디어보다 먼저 습득하고, 상황을 파악하는 수밖에 없다.

현장에서 접한 소식은 이러했다. 한 달여를 달군 서울의 부동산 상승 기조는 현재 잠시 쉬어 가는 장세다. 매물을 거둬들이는 매도자와 너무 오른 가격이 부담스러운 매수자 간 줄다리기 속에서 말이다. 반면 서울 외곽 지역과 수도권 신도시는 매수세가 이어지고 있다. 인근 신축 아파트 입주로 한동안 잠잠했던 화정 별빛마을도 다시 바삐 움직였다고 한다. 그 외에도 서울 외곽 지역의 소식이 유난히 많이 들려온 한 주였다.

'고분양 관리지역' 서울은 청약 열풍!
하지만 "내 가점으로는…"

한편 서울 집값이 또다시 들썩이면서 규제와 상관없이 서울의 청약 열기가 지속되고 있다. 이에 평균 당첨 가점은 2017년보다 올랐다. 무주택 기간과 통장 가입 기간이 길고, 부양가족 수까지 많은 고가점 통장들이 어디서 그렇게 끊임 없이 나오는지 놀라울 따름이다.

하반기에도 이러한 서울의 '로또 청약' 열풍은 계속 이어지겠다. 서울은 주택도시보증공사(HUG)에서 건설사들의 신규 분양 아파트 분양가를 제한하는 고분양가 관리 지역이다. 따라서 해당 지역에서 마지막 분양한 아파트를 기준으로 분양가가 책정되기 때문에 주변 시세보다 싸게 책정될 수밖에 없다. 이러한 이유로 지난 3월 디에이치자이개포(개포8단지 재건축) 분양 당시 1순위 청약에 3만 1,000여 명이 몰리고 평균 25 대 1, 최고 90 대 1의 경쟁률을 기록했다.

다만, 청약제도를 통해 내 집 마련을 꿈꾸는 수요자들에게 가장 아쉬운 점은 일반 분양분 수가 극히 적다는 점이다. 이것들은 모두 재정비사업 재건축이나 재개발을 통해서 나온 물량이기 때문에 조합원 물량은 사고팔기가 어렵다. 2017년 8·2 부동산 대책 이후 조합원 지위 양도가 금지되었기 때문이다. 재개발은 사업시행인가를 받은 시점에 따라 다르지만, 재건축은 조합원 지위 양도가 허용되는 예외 조건을 만족하는 세대의 물건이 아니라면 매매가 불가능하다. 강남권 외에도 서울에 유망 청약지는 많다. 최근 상승세가 좋은 청량리 일대도 주목해볼 만하다.

그 외 서울 지역 유망 청약지

자료 : 월천대사

단지명	가구 수	시공사
청량리롯데캐슬SKY-L65	1,425 가구	롯데건설
아현2구역	1,419 가구	현대산업개발, SK건설
홍제역효성해링턴플레이스	1,116가구	효성
길음1롯데캐슬	2,029가구	롯데건설
수색9구역	753가구	SK건설
증산2구역	1,386가구	GS건설
청량리동부청과한양수자인	1,552가구	한양

누구나 새 아파트에 살고 싶어 한다. 20년 차가 넘어간 2베이 아파트에 인피니티 풀은 바라지도 않는다. 준공된 지 이미 오래된 구축 아파트에는 지하 주차장도 없고, 그 흔한 커뮤니티시설도 없다. '나도 신축 지하 주차장이 있는 4베이 아파트에 살고 싶다.' 많은 사람의 바람일 것이다. 서울에 거주하는 맞벌이 부부 및 고소득 전문직들의 소득수준은 꽤 높다. KB 부자보고서에 따르면, 재건축부동산 외 금융자산을 10억 원 이상 소유한 사람의 수도 상상 초월하게 많다. 그 사람들 역시 새 아파트에 살고 싶지 않을까?

정부는 주택공급이 충분하다고 말한다. 투기의 원흉은 강남 일대 재건축 단지들이라며, 재건축 규제를 강화해 부동산시장 과열을 억제하겠다고 한다. 대표적인 재건축 규제책으로는 재건축 초과이익환수제 부활, 재건축 연한 강화, 안전 진단 강화 등이 있다. 하지만, 지금 공

1 송파·하남 북위례　　**2** 과천지식타운　　**3** 성남판교대장지구　　**4** 하남감일지구

단지명	가구 수	시공사
위례A3-1	558가구	GS건설
리슈빌	502가구	계룡건설
위례 호반베르디움3차	690가구	호반건설
위례 호반베르디움5차	709가구	호반건설
과천지식정보타운S6블록	659가구	대우건설, 태영건설, 금호건설
과천지식정보타운S8블록	608가구	우미건설, 신동아건설
과천지식정보타운S5블록	584가구	대우건설, 태영건설, 금호건설
성남시 판교대장지구 A3·4·6블록	850가구	미정
하남시 감일지구 B2블록	560가구	한양

급되는 재정비 물량이 끝나면 서울에 새 아파트는 한동안 더 이상 없다. 재건축 초과이익환수금을 내도 끄떡없는 아파트는 규제와 관계없이 진행할 것이고, 일부 단지들은 리모델링을 추진할 것이다. 리모델링은 소유주에게 좋을 뿐, 신규 입주 물량을 많이 공급해주지는 못한다. 물론 리모델링도 추가 부담금을 감당할 수 있을 정도로 가격이 형성된 입지에서나 원활히 진행될 것이다.

　서울에 이어 경기도 부동산시장도 들썩이고 있다. 그중에서도 북위례, 과천 지식정보타운, 성남 판교 대장지구, 하남 감일지구를 추천한다.

잔여 세대 당첨, 경쟁률 10,000 대 1?!

새 아파트를 구하기 위해, 우리에게 남은 방법은 무엇일까? 청약에서

부적격을 받거나 당첨되고 계약을 포기한 잔여 세대 당첨이 남았다. 청약통장이 없어도, 주택을 기존에 소유하고 있어도 청약이 가능하기 때문에 1주택인 사람들이 선호하는 내 집 마련 방식이다. 1주택자는 무주택 기간을 인정받을 수 없어서 가점이 낮다. 요즘 같은 청약 열기 속 새 아파트에 당첨되기에는 가점이 턱없이 부족하다. 1주택자도 새 아파트에서 살고 싶다. 현재 사는 구축 아파트에서 신축 아파트로 갈아타고 싶은 것은 당연하다.

그런데 잔여 세대 추첨 방식이 바뀌면서 이 방법도 어려워졌다. 예전에는 모델하우스가 오픈하면 내 집 마련 신청서를 통해 잔여 물량을 받을 관심 세대를 사전에 모았다. 그리고 분양대행사 재량으로 선착순, 현장 추첨 등 방법을 통해 잔여 세대를 분양했다. 지금은 어떨까? 인터넷으로 신청을 받는다. 접수 방법이 쉬워지면서 주변에 비해 시세가 낮거나, 입지가 좋은 곳은 경쟁률이 10,000 대 1을 훌쩍 넘어선다. 로또보다 더 당첨되기 어려운 새 아파트다. 땡볕 아래 모델하우스 앞에 줄 서서 실수요자끼리 경쟁하고 추첨받을 수 있던 과거가 그립다.

주변에는 잔여 세대를 통해 갈아타기에 성공해 내 집을 마련하거나 첫 주택을 마련한 실수요자가 많다. 하지만, 현재의 청약 방식은 신혼부부 자격요건을 갖추지 못하거나, 가점이 낮은 부부에게는 당첨 확률이 매우 낮은 불리한 방식이다. 정부는 이전 방식이 일부 떴다방에 의해 악용되었던 점을 고려해, 이를 방지하려는 방법으로 온라인 추첨 방식을 택했다고 한다. 과연 떴다방을 통해 계약된 잔여 세대가 총량 중 몇 세대나 있었을까? 상황이 이렇다 보니 실수요자의 관심은 재개발 입주권까지 오게 된다.

지금 실수요자들, 내 집 마련하기 너무 어렵다. 투자자들 역시 손발이 묶였다. 대출은 어려워지고, 분양권 재당첨은 금지되었다. 입주 관리도 해야 하고, 이주비 대출 관리는 물론 역전세에도 대비해야 한다. 이러한 이유로 최근 투자를 활발히 하는 투자자는 거의 없다. 투자자들도 리스크 관리를 하고 있기 때문이다. 혹시 리스크 관리 없이 지금도 무리하게 투자하고 있다면, 위험하다. 투자를 멈출 필요는 없지만 안전장치는 필수다! 총부채 관리와 함께 어떻게 변할지 모르는 상황을 대비해 자금의 유동성을 확보해둬야 한다.

지금 서울은 매수를 원하는 실수요자가 많다. 1주택자들은 갈아타고 싶어 하고, 무주택자들은 내 집을 마련하고 싶어 한다. 정부는 실수요자 보호를 목적으로, 이제 1주택자 대상으로도 종합부동산세를 올리고, 보유세 부담도 늘리겠다고 한다. 하지만 내 생각은 다르다. 1주택자도 실수요자다. 실수요자 보호가 목적이라면 무주택자뿐만 아니라 1주택자를 위한 대책도 함께 나와야 한다. 아끼고 절약해서 내 집 마련하고, 다달이 대출이자를 내는 사람을 투기한다고 볼 수는 없으니까.

1주택자들이 '재개발'로 눈을 돌리는 이유는?

9·13 부동산 대책이 발표되고, 9·21 공급 대책을 통해 30만 호 공급안이 나왔다. 그리고 대책의 후속 조치인 주택공급에 관한 규칙 일부 개정안이 11월 말 공포 및 시행을 앞두고 있었다. 9·13 대책의 주요 내용은 보유세 강화와 심화한 대출 규제, 청약제도의 개선 그리고 임대 사업자 혜택의 축소다. 즉, 주택은 거주하는 곳 한 채 외에는 추가 구매를 하지 말라는 정부 메시지인 것이다.

대책이 나오고 나서 가장 동요한 계층은 1주택자다. 특히 그중에서도 신혼 때 마련한 소형 주택에 거주하거나, 똘똘하지 못한 한 채를 보유하고 있어 '갈아타기'를 고려하는 1주택자에게는 여러모로 반갑지 않은 대책이다. 그렇다면, 갈아타기를 고려하는 1주택자는 어떤 사람일까?

이들은 대부분 30대 후반에서 40대로, 신혼 때 마련한 1주택을 소유하고 있을 것이다. 현행 청약 가점 제도상 무주택 기간에서 만점을 받기 어렵기 때문에 가점은 낮고, 신혼부부 특별 공급 대상에서도 당연히 제외된다. 어느 정도 소득이 뒷받침되어서 이제는 아이를 위해 더 나은 곳으로 이사를 희망하는 사람은 고민이 많을 수밖에 없다.

일반 분양은 어렵고, 재건축은 규제가 너무 심해졌다. 이들이 선택할수 있는 대안은 무엇일까? 최근에 주목받는 '재개발'을 위주로 요즘 부동산시장에 대한 이야기를 이어가 보도록 하겠다.

재개발이 '핫'한 세 가지 이유

재개발은 도로, 상하수도, 공원, 학교 주차장 등 정비 기반 시설이 열악하고 노후, 불량 건축물이 밀집된 '지역'을 개발하는 사업이다. 반면 재건축은 정비 기반 시설은 양호하지만 노후한 '건축물'을 대상으로 한다는 점에서 차이가 있다. 재개발과 재건축, 말은 비슷하지만 다른 개념이다.

위에서 말한 상황이 반영되어 요즘에는 투자자뿐만 아니라 실수요자까지 재개발에 관심을 보인다. 최근 투자자와 실수요자가 재개발에 주목하는 이유는 크게 세 가지다.

첫째, 재건축의 투자금이 상승해서 재개발이 그 대안으로 떠오르고 있기 때문이다. 재건축 단지들은 이번 서울 부동산 상승장을 주도한 원

재개발과 재건축 구분하기

자료 : 월천재테크 아따빵빵 재개발 강의안

재개발

정비 기반 시설이 열악하며
노후, 불량 건축물이 밀집된 지역이 대상

주 건축물 빌라, 단독주택, 다가구 주택 등
대표 지역 한남동, 성수동, 수색증산 등

재건축

정비 기반 시설이 양호한 지역의
노후, 불량 건축물이 대상

주 건축물 아파트, 단독주택 등
대표 지역 반포 주공1단지, 잠실 주공5단지 등

인 중 하나라고 봐도 무방하다. 매매가격 자체도 오른 데다 노후한 주택의 특성상 전, 월세 가격도 낮고 대출은 예전처럼 나오지 않으니 투자금이 상승한 것이다.

둘째, 재개발은 재건축에 비해 상대적으로 거래가 쉽기 때문이다. 재건축은 주택 가격 급등의 주범으로 지목되면서 재건축 연한을 기존 30년에서 40년으로 변경하는 안이 고려되고 있고, 안전진단 강화, 재건축 초과이익환수제 부활 등 여러 가지 규제를 받고 있다. 그리고 8·2 부동산 대책 이후 조합원 지위 양도금지 규정에 따라 예외 조항 물건이 아니면 사실상 구매가 어렵다. 또한, 재건축은 대부분 좋은 입지에 진행되는 경우가 많아 인기가 높을 수밖에 없다.

셋째, 청약 당첨의 높은 문턱을 경험한 사람들이 실거주를 목적으로 재개발 입주권에 관심을 두기 시작했다. 1주택자들처럼, 청약을 통해 신축 아파트를 분양받는 것이 어려워진 사람들이 신축 아파트를 손에 넣기 위한 대안으로 재개발을 생각하는 것이다. 조금 복잡하고 어렵지만, 결과적으로 신축 아파트를 구할 수 있다는 점에서는 같다. 최근에는 언론에서도 재개발을 자주 다뤄 예전보다 재개발이 그렇게 낯선 분야가 아니게 되기도 했다.

그 외에도 물건 자체의 감정평가액이 적어 보유세 부담 또한 적다는 점, 재개발지 주변 시세의 상승으로 사업성이 올라갔다는 점도 재개발이 '핫'해진 이유라고 볼 수 있다.

가치가 올라가는 재개발 지역의 특징은?

재개발은 기본적으로 열악한 동네에 개발되는 물건이다. 당연히 처음에는 인기가 없다. 하지만 개발 구역이 하나둘씩 완성되면서 입주하는 단지가 나오기 시작하면 철거된 지역의 바뀐 모습이 가시화된다. 이때부터는 직주근접의 편리함과 신축 대단지의 장점이 부각되면서 가격 상승이 이뤄진다.

그 뒤에는 사업성 부족으로 진행하지 못했던 인근 재개발조합들도 다시 움직이는데, 2018년 상반기가 그러한 시점이었다. 일단 인근 지역에 거주하는 사람들이 동네가 바뀌는 모습을 보게 되고, 이웃이 조합원이었기에 구전효과도 만만치 않다. 그래서 재개발지는 한 구역이 성공하면 인근 구역도 사업이 진행되는 경우가 많다.

재개발지는 '뉴타운'으로 불리는 곳이 대다수다. 아래와 같은 특징을 모두 가진 뉴타운 지역은 완성되면 가치가 올라갈 수밖에 없다.

가치가 올라가는 뉴타운 지역의 특징

- 도심 재생 구역의 범위가 넓다.
- 핵심 전철 노선이 지나고 있다.
- 구역 내에 초등학교와 중학교(+고등학교)가 있다.
- 주변에 작더라도 학원가 입점 가능성이 있는 구도심 상가가 있다.
- 인근에 백화점이나 대형 마트가 있다.
- 인근에 하천이나 큰 공원이 있다.
- 해제되는 구역 없이 전면 개발된다.

자료: 책 <나는 부동산으로 아이 학비 번다>

서울의 인기 재개발 지역은?

지금 서울 곳곳에서 재개발 사업이 한창이다. 최근에 1~2년 사이 활발히 분양하고 있거나 분양 예정인 서울의 대표적인 인기 재개발 지역은 마포구와 서대문구, 은평구, 동대문구, 성북구, 강북구 그리고 마지막으로 영등포구다. 이 외에도 양천구, 노원구, 송파구에서도 재개발 사업이 진행 중이다.

아파트 밀집 지역이었던 곳은 재건축으로, 노후한 주택이 밀집된 곳은 재개발로 진행되는데 일부 주택지는 주택 재건축으로 진행되기도 하니 주의해야 한다. 반대로 아파트지만 재개발구역 내에 개발되어 재개발로 진행되는 곳도 있다.

재개발, 주의해야 할 점은?

재개발 사업은 새 아파트를 받는 방법이고, 최근 부동산시장 상황에서 장점이 많은 방법이지만 꼭 주의해야 하는 부분이 있다.

먼저, 조합원 수가 많기 때문에 사업 진행이 좀 더딘 편이다. 실수요자에게는 올해나 내년에 곧 분양할 예정인 관리 처분 전후의 물건지를 추천하는 편이다. 정말 안타까웠던 방배 13구역의 이슈를 보더라도 관리 처분을 통과했다고 해서 꼭 안심할 수 있는 것은 아니기 때문에 리스크가 있는 투자 방식이라는 점도 잊으면 안 된다. 재건축처럼 노후한 아파트라도 주변 거주 요건이 양호한 곳을 구입하는 것이 아니기에 사업이 멈추거나 지체된다면 세입자 구하기가 어려워질 때도 많다. 또한 여기저기 수리해줘야 하는 유지 보수비도 들어간다.

주변 시세 상승으로 서울시 재개발지의 프리미엄은 급격히 상승한 상태다. 이제는 새로 바뀐 8·2 대책으로 재당첨 금지에 해당하지 않는 세대면서 9·13 대책으로 강화된 대출 요건에도 대출이 가능한 실수요자 또는 현금 부자만이 입주권을 구매할 수 있는 상황이다. 실거주 목적으로 입주까지 기다리지 않고 투자 목적으로 입주권을 산다면 이 점을 꼭 고려해야 한다. 받아줄 수 있는 수요가 줄어든 셈이니까. 하지만 반대로 실수요자로 무주택이거나 1주택 이하에 대출이 가능한 세대라면 투자자가 진입할 수 없는 시장이 되어버린 입주권 구매에서 우위를 가질 수 있다.

입주권 대출은 크게 이주비 대출과 중도금 대출 두 가지가 있다. 강화된 대출 요건으로 입주권 수요가 줄어들고 있다는 점도 꼭 기억해야 겠다.

지금 인기 종목의 핵심은 신축인지, 준신축인지, 신축될 것인지, 이 세 가지로 압축된다. 아무래도 그중에서 신축이 대세라고 생각한다. 소 득이 받쳐주는 실수요층이라면 누구나 새집에 살고 싶은 열망이 있을 수밖에 없다. 신축 수요와 가격이 훨훨 날아오르니 구축도 덩달아 가 격이 절반 이상 따라가는 '키맞춤'을 하는 양상이다.

곧 재건축 재개발지에서 분양이 재개된다. 청약을 기다리는 모든 사 람에게 행운이 있기를 응원한다. 서울 시내에 웬만한 청약지는 입지가 좋다.

부동산 재테크와 법률에 대해 알아보자

새벽하늘의
부동산 아울렛

15년 전, 공무원 박봉으로 3,000만 원을 모아 경기도의 한 외진 곳에 있는 아파트에 전세로 들어갔다. 그리고 얼마 후 그 아파트는 경매로 넘어갔다. 부동산과 경매에 대해서 아무것도 몰랐던 그 시절을 돌이켜 생각해보면 끔찍한 추억이다. 하지만 그 사건을 계기로 냉정한 자본주의 사회에서 정말 중요한 부동산과 경매에 눈을 떴다. 16년 동안이나 학교에 다니면서도 배우지 못한 것을 그때서야 배운 것이다. 이때부터 새로운 세상이 펼쳐졌고 '안정적'이라고 착각하며 살던 굴레를 벗어났다.

부동산이란 재테크의 범주를 넘어서 우리 생활의 한 부분이다. 어떤 선택을 하느냐에 따라 자산의 규모가 달라지고 주거 환경이 바뀐다. 그리고 사고파는 과정에서, 또 임대하거나 임차하는 과정에서 반드시 알아야 할 법률도 있다. 특히 부동산경매란 부동산을 싸게 사기 위한 매우 유용한 방법이며, 부동산과 관련된 법률에 대해 A에서 Z까지 총 망라된 종합선물 세트라고 할 수 있다.

이 장을 통해 여러분은 자본주의 사회에서 왜 부동산을 보유해야 하는지부터 시작해 어느 지역이 상승할 것이고, 또 하락할 것인지 등 부동산시장 흐름을 파악할 수 있을 것이다. 또한 경매로 부동산을 싸게 사는 방법, 세상을 살아가는 데 필요해서 꼭 공부해야 할 내용이지만, 학교에서는 배울 수 없는 부동산 법률 상식을 쉽고 재미있게 알아볼 수 있다. 따라서 임대하거나 임차할 때 부동산 관련 필요한 법률을 참고한다면, 손해 보는 일을 최소화하면서 좀 더 유리한 조건으로 계약할 수 있을 것이

다. 그리고 부동산 흐름과 함께 싸게 살 수 있는 경매 사례를 살펴본다면, 내 집 마련

은 물론 더 나아가 부동산 투자를 할 때도 많은 도움이 될 것이라고 확신한다.

아파트 구매와 전세, 어느 쪽이 이득일까?

01

"지금 서울 분위기가 심상치 않은데 지금이라도 집을 사야 하나요?" 부동산 투자뿐만이 아닌, 실거주 목적으로 아파트 매입을 고민하는 사람들이 한결같이 물어보는 질문이다. 2018년 4월, 현재 시점에서 과연 어떻게 하는 것이 현명한 선택일까?

대한민국에는 전세라는 독특한 제도가 있어 꼭 집을 사지 않더라도 비싼 월세 부담 없이 일정 금액의 전세금만으로 효율적인 주거 생활을 할 수 있다. 지금껏 전세금이 많이 오르기도 했지만 정부에서는 전세자금 대출 지원도 적극적이어서 추가적인 상승을 대비할 수 있는 장치도 마련되어 있다. 더구나 전세는 집을 취득하는 비용 및 재산세 등의 세금 부담도 없을뿐더러 집값이 하락하더라도 그에 대한 직접적인 피해가 없다는 점에서 많은 사람이 이용하는 임대 형태다. 하지만 요즘 서울, 특히 강남 지역 집값이 계속 상승하는 걸 체감하다 보면 전세로 살던 사람들은 상대적 박탈감을 느낄 수밖에 없다. 따라서 지금이라도 집을 사야 할지를 심각하게 고민하지 않을 수 없다.

인플레이션 시대 실물자산 보유가 유리

전세냐 매매냐, 이에 대한 답은 지역에 따라, 그리고 현재의 가격이 대략 어느 정도의 위치에 왔느냐에 따라 다르겠지만 실거주 목적의 장기적인 관점에서 본다면 단기간 큰 폭으로 급상승한 아파트가 아니라는 전제하에 집을 사는 게 경제적으로 유리하다. 여기에는 여러 가지 이유가 있겠지만, 우선 경제가 정상적으로 계속해서 성장하는 한 인플레이션이 발생할 수밖에 없고, 화폐의 가치는 계속 하락한다. 이런 이유로 물가 또한 상대적으로 계속해서 상승하는데, 실물자산인 부동산 또한 물가상승률을 웃돌면서 상승한다.

이런 상황에서 전세처럼 자산을 화폐로 가지고 있으면 실물자산으로 가진 것보다 상대적으로 가치가 떨어지는 것이다. 이런 현상에 대해서는 복잡하게 설명할 필요 없이 몇 군데 아파트를 임의로 지정하여 시뮬레이션을 해보면 이해가 쉬울 것이다.

전세 vs 매매, 5년 뒤 자산 차이는?

먼저 강동구 둔촌동에 있는 신동아파밀리에 전용면적 $84m^2$ 아파트를 예로 들어보자. 이 아파트의 2013년 4월 기준 매매가격은 약 4억 8,000만 원이었고 전셋값은 약 2억 9,000만 원이었다. 그리고 5년이 지난 2018년 4월의 매매가격은 약 6억 6,000만 원이고, 전셋값은 약 5억 원이다.

그럼 2013년 4월에 2억 9,000만 원을 가지고 전세로 들어갔을 때와 매입했을 때를 시뮬레이션 해보자. 먼저 2억 9,000만 원을 주고 전세로 들어갔다면 지난 5년 동안 상승한 전셋값은 2억 1,000만 원이니 전셋값은 매년 평균적으로 4,200만 원 정도 상승했다. 즉, 2년마다 전세금 8,400만 원 정도를 계속해서 올려줘야 이 아파트에 살 수 있는 것이다. 이 정도 금액이라면 상승하는 전세금을 모으기도 빠듯할 것이다. 결국, 저축이 아닌, 전세를 위해 열심히 돈을 모아 전세금을 올려준 것이고 이렇게 모인 돈은 현재의 전세금 5억 원이다.

그럼 만약 2013년 4월에 집을 샀다고 가정해보자. 이때, 당시 이 아파트의 매매가격은 4억 8,000만 원이었고 전셋값이었던 2억 9,000만 원으로 이 아파트를 살 경우 1억 9,000만 원이 부족하기 때문에 대출을 받아야 한다. 추가로 취득세와 함께 소유권이전등기를 하기 위한 비용도 들어간다. 이와 같은 비용을 1,000만 원 정도라고 한다면 총 대출 2억 원을 받아야 한다.

대출에 대한 연이율을 대략 평균 4% 정도로 잡는다면, 매년 이자 800만 원이 지출된다. 5년 동안 낸 이자를 합하면 4,000만 원이다. 하지만 전세의 경우 전세금 상승을 위해 매년 4,200만 원 정도를 모아야 했으니 매입했을 경우 1년 동안 열심히 모은 이 4,200만 원에서 이자 800만 원을 내면 3,400만 원 남짓(월 283만 원 정도)의 돈이 남는다. 이

둔촌동 신동아파밀리에 전세와 매매 5년 후 순 자산 비교

구분	연 소요 금액	5년간 소계	5년 후 순 자산
2억 9,000만 원 전세 (2억 9,000만 원 전세금)	전세금 상승 연평균 4,200만 원	5억 원 (전세금)	5억 원
4억 8,000만 원 매입 (1,000만 원 매입비, 2억 원 대출)	현 시세(6억 6,000만 원) - 대출금(2억 원)	4억 6,000만 원 (순 자산)	= 5억 9,300만 원
	연 적금 3,400만 원 (2%)	+ 1억 7,700만 원 (적금)	
	연 이자 800만 원 (4%)	- 4,000만 원 (이자)	
	연 재산세 80만 원	- 400만 원 (재산세)	

금액은 은행에 적금하면 될 것이다. 적금 이율을 평균 2% 정도로 하여 월 복리로 5년(60개월) 동안 낸 결과를 계산해보면 세후 약 1억 7,700만 원이 된다. 그리고 매년 재산세를 80만 원 정도 내야 하니 5년 동안 총 400만 원이 지출된다.

결국, 5년 동안 적금으로 모은 돈은 1억 7,700만 원이고, 대출이자로 낸 돈이 4,000만 원, 재산세로 낸 돈이 400만 원이다. 그리고 2018년 4월 이 아파트의 시세는 6억 6,000만 원이니 여기서 대출금 2억 원을 빼면 이 아파트에 대한 순 자산은 4억 6,000만 원이 된다.

지금까지의 내용을 계산해보면 아래와 같다.

4억 6,000만 원(아파트 순 자산)

+ 1억 7,700만 원(적금)

– 4,000만 원(이자)

– 400만 원(재산세)

= 5억 9,300만 원(5년 후 순 자산)

결론적으로 말하자면 전세로 들어가서 열심히 돈을 모아 전세금을 올려줬다면 2018년 4월 기준 재산은 5억 원이 되는 것이고, 집을 샀다면 5억 9,300만 원이 되는 것이다.

더 중요한 것은 현재 가격

결국, 집을 사는 것이 경제적으로 9,300만 원 정도의 이득을 가져다준다. 하지만 현실적으로 전세금을 올려주기 위해 2년마다 평균 8,000만 원이 넘는 금액을 마련한다는 것은 쉬운 일이 아니다. 게다가 이미 8·2 부동산 대책에 따른 양도세 중과, 장기보유특별공제 배제 유예기간(18년 3월 31일)이 지났기 때문에 다주택자의 급매물이 사라진 상태고, 강남발 급등 분위기가 전이되어 일반 소유자들 또한 매물을 거두어들였다. 따라서 매매가격은 향후 더 큰 폭으로 상승할 가능성이 높아 보인다. 그렇다면 매매를 선택한 것과 전세를 선택한 것의 순 자산 차이는 더 벌어지는 결과가 될 것이다.

다른 지역에 있는 아파트로 비교해본다면?

예로 든 곳이 핫한 지역이라 그런 것일까? 그렇다면 지극히 조용한 서울 외곽에 있는 아파트를 시뮬레이션을 한 결과를 보자. 중랑구 묵동에 있는 신도1차 아파트 전용면적 84m²를 예로 들어봤다. 이 아파트의 2013년 4월 전세시세는 2억 3,400만 원 이었고 매매시세는 3억 4,000만 원 이었다. 그리고 2018년 4월 시세는 전세 3억 4,800만 원, 매매 4억 4,000만 원이다.

따라서 2013년 4월 당시 전세금 2억 3,400만 원을 가지고 이 아파트를 사기 위해서는 대출 1억 1,200만 원을 받아야 했고, 1년 이자는 448만 원(월 37만 원 정도)이며, 전세금 상승 1년 평균은 2,280만 원, 이자를 내고 적금 가능 금액은 1년에 1,832만 원(월 152만 원 남짓)이다. 금리 2%, 월 복리로 5년(60개월) 동안 적금할 경우 세후 9,525만 원 남짓의 목돈이 된다. 그리고 5년간의 재산세는 대략 215만 원 정도다. 위에서 말한 현금 흐름을 정리하면 아래와 같다.

묵동 신도1차 전세와 매매 5년 후 순 자산 비교

구분	연 소요 금액	5년간 소계	5년 후 순 자산
2억 3,400만 원 전세 (2억 원 전세금)	전세금 상승 연평균 2,280만 원	3억 4,800만 원 (전세금)	3억 4,800만 원
3억 4,000만 원 매입 (600만 원 매입비, 1억 1,200만 원 대출)	현 시세(4억 4,000만 원) - 대출금(1억 1,200만 원)	3억 2,800만 원 (순 자산)	3억 9,870만 원
	연 적금 1,832만 원 (2%)	+ 9,525만 원 (적금)	
	연 이자 448만 원 (4%)	- 2,240만 원 (이자)	
	연 재산세 43만 원	- 215만 원 (재산세)	

이 또한 전세로 들어가는 것보다 매입했을 때가 5,070만 원 정도 경제적 이득이 되었다. 그리고 이 아파트도 향후 추가적인 상승을 할 가능성이 매우 크다.

지금까지의 결과를 통해 인플레이션 체계에서 내 집 마련으로 실물 자산을 보유하는 것과 전세로 화폐 자산을 보유하는 것 중 어느 쪽이 경제적으로 이익이 될 것인지, 그리고 그 원리는 무엇인지 충분히 이해할 수 있을 것이다.

이와 같은 시뮬레이션은 기간을 길게 잡을수록 더 확연해진다. 결국, 부동산을 보유한다는 것은 장기적으로 봤을 때 현금을 가진 것보다 훨씬 유리한 게임이다. 따라서 내 집 마련은 가장 확실한 재테크의 시작이라고 할 수 있다.

부동산 계약 파기,
중개보수 내야 하나요?

02

8·2 부동산 대책 적용 시점인 4월 1일을 앞두고 아파트 거래가 활발했다. 매도자 중 다주택자 입장에서는 4월 1일부터 적용되는 양도세 중과를 피해가기 위해서고, 매수자 입장에서는 4월 1일 이후 매물이 줄면서 가격이 상승할 수도 있다는 우려 때문에 매도, 매수 심리의 교집합 범위가 일시적으로 넓어진 것이다. 이런 이유로 지난 2월 서울 아파트 매매량은 1만 1,000여 건을 훌쩍 넘는, 비수기 최고 거래량을 경신했다. 이는 2월 평균 거래량의 두 배 가까운 수치다.

이렇게 아파트 거래가 활발한 가운데 부동산 중개보수에 대한 논쟁도 많아질 수밖에 없는 지금, 중개보수에 대해서 정리해보도록 하자.

중개보수, 얼마나 내야 하나?

아래 표는 주택 중개에 대하여 법으로 정해놓은 중개보수요율표다.

주택 중개보수요율표

자료 : 한국공인중개사협회

거래 내용	거래 금액	상한 요율	한도액	중개보수 요율 결정	거래 금액 산정
매매 교환	5,000만 원 미만	1천분의 6	25만 원	중개보수 한도 = 거래 금액 × 상한 요율 (단, 이때 계산된 금액은 한도액을 초과할 수 없음)	매매: 매매가격 교환: 교환대상 중 가격이 큰 중개대상물 가격
	5,000만 원 이상 ~ 2억 원 미만	1천분의 5	80만 원		
	2억 원 이상 ~ 6억 원 미만	1천분의 4	없음		
	6억 원 이상 ~ 9억 원 미만	1천분의 5	없음		
	9억 원 이상	거래 금액의 1천분의 ( )이하		상한 요율 1천분의 9 이내에서 개업공인중개사가 정한 좌측의 상한 요율 이하에서 중개 의뢰인과 개업공인중개사가 협의하여 결정함.	
임대차 등 (매매 교환 이외의 거래)	5,000만 원 미만	1천분의 5	20만 원	중개보수 한도 = 거래 금액 × 상한 요율 (단, 이때 계산된 금액은 한도액을 초과할 수 없음)	전세: 전세금 월세: 보증금 + (월 차임액 × 100). 단, 이때 계산된 금액이 5,000만 원 미만일 경우 : 보증금 + (월 차임액 × 70)
	5,000만 원 이상 ~ 1억 원 미만	1천분의 4	30만 원		
	1억 원 이상 ~ 3억 원 미만	1천분의 3	없음		
	3억 원 이상 ~ 6억 원 미만	1천분의 4	없음		
	6억 원 이상	거래 금액의 1천분의 ( )이하		상한 요율 1천분의 8 이내에서 개업공인중개사가 정한 좌측의 상한 요율 이하에서 중개 의뢰인과 개업공인중개사가 협의하여 결정함.	

• 분양권의 거래 금액 계산: [거래 당시까지 불입한 금액(융자 포함)+프리미엄]×상한 요율

예컨대 아파트를 1억 9,000만 원에 매입했다면, 중개보수는 거래 금액 1억 9,000만 원의 0.5%인 95만 원인데, 한도액이 80만 원이니 80만 원만 지급하면 된다. 5억 원에 매입했다면 5억 원의 0.4%인 200만 원을 지급하면 되는 것이다.

만약, 2억 원에 전세 계약을 했다면 0.3%를 적용하여 60만 원을 지급하면 되고, 보증금 5,000만 원에 월세 100만 원으로 계약했다면 {5,000만 원+(100만 원×100)}=1억 5,000만 원이므로 0.3%를 적용한 45만 원만 보수로 지급하면 된다. 좀 더 정확히 말하자면, 표에 나온 요율은 '상한 요율'이다. 즉, 정해진 상한 요율 이내에서 중개 의뢰인과 중개사가 협의하여 결정하라는 뜻이다.

하지만 실무에서는 관행적으로 주택 거래에서 매매의 경우에는 9억 원 미만, 임대차의 경우에는 6억 원 미만일 경우 상한 요율을 기준으로 중개보수가 결정되며, 이에 대해 의뢰인도 특별한 불만을 제기하지 않는 경우가 대부분이다.

그렇다면, 오피스텔의 중개보수는?

그런데 종종 논란이 되는 것이 바로 주거용 오피스텔이다. 원칙적으로 주택이 아닌 부동산에 대한 중개보수 요율은 0.9%이며 오피스텔 또한 건축법상 주택이 아니기 때문에 이에 해당한다.

예컨대 전셋집을 구하다 마음에 드는 집이 있어 전세 2억 원에 계약하려는데 그 집의 건축법상 용도가 오피스텔일 경우 중개보수는 0.9%로 일반주택일 경우보다 무려 3배나 많아진다. 이런 논란 때문에 2015년 1월 6일부터 오피스텔도 주거용일 경우 기존 일률적인 0.9%에서 매매 0.5%, 임대차 0.4%로 개정되었다. 따라서, 가령 주거용 오피스텔을 전세 2억 원에 계약할 경우 0.4%인 80만 원만 보수로 지급하면 된다.

하지만 주거용 오피스텔이라고 해도 전용면적이 85m²를 초과하면 개정된 법을 적용받지 못하고 0.9%를 기준으로 보수를 지급해야 한다. 따라서 계약서에 도장을 찍기 전에 보수 부분에 대해 반드시 공인중개사와 협의하는 것이 좋다. 만약 보수에 대해 별다른 언급이 없다면 상한 요율 0.9%가 청구되기 때문이다.

부가가치세, 별도로 납부해야 할까?

앞선 예처럼 아파트를 5억 원에 매입할 경우 중개보수의 상한은 200만 원이 된다. 그런데 종종 이에 대한 부가세 10%인 20만 원을 별도로 납부하라고 요구하는 경우가 있다. 이럴 때는 내는 것이 맞을까?

결론부터 말하자면 내는 게 맞다. 워낙 이런 분쟁이 많았던 터라 2006년도에 건교부가 법제처에 유권해석을 의뢰했고, 회답 내용은 "공인중개사의 업무 및 부동산 거래 신고에 관한 법률 제33조 제3호에서 규정하고 있는 법정중개보수에는 부가가치세가 포함되지 아니하므로 공인중개사가 법정중개보수를 초과하여 부가가치세를 수령하는 것은 동법 제33조 제3호의 규정에 위반되지 않는다."였다.

하지만 부가가치세라는 것은 일반과세사업자가 소비자에게 공급가액의 10%를 받아 국세청에 내는 것이다. 그렇다면 공인중개사가 간이

과세사업자일 경우 부가세가 발생하지 않는다. 그런데 소비자 입장에서는 중개업자가 간이과세사업자일 경우 내지 않아도 되는 부가세를 중개업자가 일반과세사업자란 이유로 추가 비용을 내야 하는 격이 된다.

위에서도 언급했듯이 법정중개보수는 고객이 지급해야 할 보수의 상한선을 정해놓은 것이니 이 부분에 대해서는 계약할 때, 부가세까지 보수에 포함된 조건으로 명시하면 될 것이다. 예컨대, 부가세에 대한 별다른 언급이 없다면 일반과세사업자의 경우 중개보수에 부가세 10%가 더해져 합계된다. 하지만 미리 중개보수에 부가세까지 포함한 조건으로 협의한다면 안 그래도 비싼 중개보수에 부가세까지 별도로 내는 사태를 피할 수 있을 것이다.

중개보수, 지급 시기는?

그렇다면 중개보수는 언제 지급하면 될까? 먼저 관련된 법령을 살펴보면 아래와 같다.

공인중개사법 제32조(중개보수 등)

① 개업공인중개사는 중개업무에 관하여 중개 의뢰인으로부터 소정의 보수를 받는다. 다만, 개업공인중개사의 고의 또는 과실로 인하여 중개 의뢰인 간의 거래행위가 무효·취소 또는 해제된 경우에는 그러하지 아니하다. 〈개정 2014.1.28.〉

② 개업공인중개사는 중개 의뢰인으로부터 제25조 제1항의 규정에 의한 중개대상물의 권리관계 등의 확인 또는 제31조의 규정에 의한 계

약금등의 반환채무이행 보장에 소요되는 실비를 받을 수 있다. 〈개정 2014.1.28.〉

③ 제1항에 따른 보수의 지급시기는 대통령령으로 정한다. 〈신설 2014.1.28.〉

공인중개사법 시행령 제27조의2(중개보수의 지급시기)

법 제32조 제3항에 따른 중개보수의 지급시기는 개업공인중개사와 중개 의뢰인간의 약정에 따르되, 약정이 없을 때에는 중개대상물의 거래대금 지급이 완료된 날로 한다.[본조신설 2014.7.28]

즉, 별다른 약정이 없다면 잔금을 치르는 날 지급하면 된다. 그리고 통상적으로도 그렇게 한다. 하지만 아래 부동산 매매계약서 내용을 살펴보도록 하자.

부동산 매매계약서 제8조

[중개보수] 부동산중개업자는 임대인과 임차인이 본 계약을 불이행함으로 인한 책임을 지지 않는다. 또한 중개보수는 본계약체결과 동시에 계약 당사자 쌍방이 각각 지불하며, 중개업자의 고의나 과실 없이 본 계약이 무효, 취소 또는 해약되어도 중개보수는 지급한다. 공동중개인 경우에 임대인과 임차인은 자신이 중개 의뢰한 중개업자에게 각각 중개보수를 지급한다.

공인중개사 사무소에서 작성되는 계약서의 99%는 이처럼 '계약 체결과 동시에' 지급하는 것으로 기재되어 있다. 따라서, 깔끔하게 잔금 치르는 날 중개보수도 같이 내고 싶다면, 이 부분에 대해 수정 요청을 하는 것이 좋다.

계약이 파기되었는데, 중개보수를 지급해야 할까?

결론부터 이야기하자면 공인중개사법 제32조 제1항에 의거 지급해야 한다. 그리고 부동산 매매계약서를 보면 제8조에 꼼꼼하게 명시되어 있다. 즉, 공인중개사의 과실이 아닌, 계약 당사자 간의 사정으로 계약이 파기되었다면 그 당사자들 모두 중개보수를 지급해야 한다. 하지만 실무에서는 좀 다르다. 예컨대 계약금 1,000만 원을 주며 아파트 매매 계약을 체결했지만, 매수자의 사정으로 잔금을 지급할 수 없게 되어 계약이 파기되었다. 이때 원칙적으로는 매수자와 매도자 모두 중개보수를 지급해야 하는데, 계약금 1,000만 원을 몰수당한 매수자 입장에서 중개보수까지 지급할 사람은 많지 않을 것이다.

법대로라면 공인중개사 입장에서 매수인을 상대로 보수를 청구하는 소송을 제기할 수는 있지만, 이 상황에서 소송을 제기하는 중개사 또한 많지 않을 것이다. 하지만 계약금을 수취한 매도자 입장에서는 중개보수를 지급해도 괜찮을 것이다. 부동산 중개보수에 대한 수많은 분쟁, 소비자 입장에서는 아는 만큼 그 분쟁을 줄일 수 있다.

03

부동산 경매, 얼마나 싸게 살 수 있을까?

아파트를 매입하는 방법은 일반 매매나 분양 등 여러 가지 방법이 있지만, 그중 경매는 물건만 잘 선별한다면 시세보다 훨씬 저렴하게 매입할 수 있는 방법이다. 얼마 전 경매로 낙찰된 사례를 통해 부동산 경매에 대해 알아보자.

청담자이, 경매로 얼마나 싸게 살 수 있나?

강남에서 둘째라면 서러워할 만한 청담동 청담자이 전용면적 89㎡가 경매로 진행되었다. 해당 물건은 104동 2층이다. 감정평가된 금액은 18억 5,300만 원이지만 2018년 4월 기준 실거래된 금액은 26억 원이

2017타경103987 ·서울중앙지방법원 본원 · 매각기일 : 2018.04.03.(火) (10:00) · 경매 3계 (전화:02-530-1815)

소 재 지	서울특별시 강남구 청담동 134-38, 청담자이아파트 104동 2층			도로명주소검색			
새 주 소	서울특별시 강남구 영동대로138길 12, 청담자이아파트 104동 2층					
물건종별	아파트	감 정 가	1,853,000,000원	오늘조회: 1 2주누적: 6 2주평균: 0 조회동향		
				구분	입찰기일	최저매각가격	결과
대 지 권	46.123m²(13.952평)	최 저 가	(80%) 1,482,400,000원	1차	2018-03-06	1,853,000,000원	유찰
				2차	2018-04-03	1,482,400,000원	
건물면적	89.115m²(26.957평)	보 증 금	(10%) 148,240,000원	낙찰 : 1,750,000,000원 (94.44%) / 미납		
				매각결정기일 : 2018.04.10 - 매각허가결정		
매각물건	토지·건물 일괄매각	소 유 자	(주)버	차순위신고금액 : 1,704,999,999원 (92.01%)		
				매각결정기일:2018.06.07-차순위매각허가결정		
개시결정	2017-08-08	채 무 자	(주)버	대금지급기한 : 2018.07.06		
				대금납부 2018.07.04 / 배당기일 2018.08.03		
사 건 명	임의경매	채 권 자	(주) 홀딩스	배당종결 2018.08.03		

경매로 진행된 청담자이아파트(자료: 굿옥션)

었다. 하지만 경매로 진행된 물건은 2층이므로 저층에 한강 조망이 불가하다는 핸디캡을 적용한다면 시세를 22억 원 정도로 볼 수 있다. 이렇게 시세와 감정평가액이 차이가 큰 대표적인 이유는 감정평가 당시와 매각기일(경매 입찰에 참여할 수 있는 일자)의 기간 동안 가격이 상승 또는 하락했기 때문이다. 경매가 진행되는 절차에서는 보통 감정평가 후 약 6개월에서 8개월 후에 매각기일이 잡히는데, 그 기간 해당 물건의 시세가 변할 수 있기 때문이다.

이렇게 진행된 시세 22억 원의 청담자이아파트 전용면적 89m²는 과연 얼마에 낙찰되었을까? 낙찰된 가격은 17억 5,000만 원이었다. 시세보다 무려 4억 5,000만 원이나 싸게 매입한 것이다. 그런데 더 재미있는 사실은 17억 5,000만 원에 낙찰받은 사람이 잔금을 납부하지 않아서 17억 원에 입찰한 차순위매수신고인(낙찰자가 잔금을 납부하지 않을 경우를 대비해서 예비당첨자와 비슷한 지위를 신청한 사람)이 최종적인 낙찰자가 되었다. 즉, 17억 원에 낙찰받은 것이다.

경매, 권리 문제는 없을까?

이렇게 싸게 낙찰받을 수 있는 이유는 경매 절차가 일반적인 매매 절차보다 까다롭기 때문이다. 하지만 천천히 짚어보면 그리 어려운 것도 아니다. 먼저 등기사항전부증명서상의 권리를 살펴보자.

2016년 8월 12일, (주)○○홀딩스가 해당 물건을 담보로 돈을 빌려주면서 16억 800만 원의 근저당을 설정했다. 그런데 소유자가 채무를 불이행해서 결국 (주)○○홀딩스는 경매를 신청했다. 이렇게 경매가

• **등기부현황** (채권액합계 : 1,608,000,000원)

No	접수	권리종류	권리자	채권금액	비고	소멸여부
1(갑2)	2012.06.26	소유권이전(매매)	(주)버■			
2(을12)	2016.08.12	근저당	(주)■ ■홀딩스	1,608,000,000원	말소기준등기 확정채권대위변제전:■ ■저축은행	소멸
3(갑5)	2017.08.09	임의경매	(주)■ ■홀딩스	청구금액: 1,556,579,061원	2017타경 103987	소멸

• **임차인현황** (말소기준권리 : 2016.08.12 / 배당요구종기일 : 2017.10.19)

임차인	점유부분	전입/확정/배당	보증금/차임	대항력	배당예상금액	기타
(주)송■	점포 204호	사업자등록: 미상 확 정 일: 미상 배당요구일: 없음	미상		배당금 없음	대표 진■■, 근린생활시설
비엔■■ ■■(주)	점포 204호	사업자등록: 미상 확 정 일: 미상 배당요구일: 없음	미상		배당금 없음	대표 김■■, 근린생활시설
최■■	주거용 204호	전 입 일: 2011.11.07 확 정 일: 미상 배당요구일: 없음	미상		배당금 없음	

〈비고〉
(주)송■■ ■ ■ ■임차인 (주) ■■■■■의 진술에 의하면 임차인(주)송■과 비엔 ■■ ■ (주)가 사무실로 사용하고 있다고 하고 임차보증금 10억,월 차임은 300만원이라고 함(현황조사보고서 참조)
최■■:채무자의 대표이사임
2018. 3. 5.자 (주)송■, (주)비엔■■■■ ■, 최■■ 무상임차사실확인서 제출

청담자이 경매 물건 권리 분석 자료 [자료: 굿옥션]

진행되어 낙찰되면 근저당과 경매개시결정 등기는 모두 소멸된다. 결국 낙찰 후 등기부에 남은 권리는 없으므로 권리적으로는 문제 될 것이 없다.

다음은 임차인 여부를 살펴보자. 임차인은 총 3명이 있는데, 두 법인은 사업자등록 또는 주민등록을 하지 않았기 때문에 낙찰 후 임차인의 지위는 소멸한다. 그리고 나머지 임차인 최○○은 전입신고가 되어 있다. 그 일자가 등기부상 가장 빠른 근저당설정일(2016.8.12)보다 빠르기 때문에 만약 임차인이라면 낙찰 후에도 임차인의 지위가 소멸하지 않는다. 그런데 최○○은 채무자 회사의 대표이사고 임차인이 아니라는 확인서를 법원에 제출했기 때문에 결국 낙찰 후 모든 임차인 또는 점유자의 권리는 소멸한다.

결국 이 경매 사건에서 문제가 될 만한 권리는 없다. 따라서 낙찰자는 시세 22억 원의 아파트를 17억 원에 온전히 매입할 수 있었던 것이다. 따라서 내 집 마련을 할 계획이 있거나 부동산에 투자할 계획이 있다면 이처럼 부동산 경매를 통해 시세보다 최소 몇천만 원에서 최대 몇억 원을 더 싸게 매입하는 것도 매우 괜찮은 방법이다.

보증금 돌려받지 못할 때, 어떻게 대처하나요?

04

수도권은 지방과 달리 전세가율이 상대적으로 낮다. 하지만 2014년부터 매매가격과 전셋값의 차이가 급격히 줄어들기 시작하며 매매와 전세 가격 차이만큼만 현금을 투입하여 아파트를 매입하는 일명 '갭투자'가 성행하기 시작했다. 적은 금액으로도 아파트를 여러 채 매입할수 있다는 장점이 있지만, 만약 향후 전셋값이 떨어질 경우 위험해질수 있는 투자 방식이다.

그런데 일부 지역에서 역전세 현상이 발생하며 우려가 현실이 되고 있다. 이런 상황에서 전세보증금을 돌려받지 못해 발을 동동 구르는 임차인들이 늘어나고 있다. 임차인으로서 보증금을 돌려받지 못할 때, 가장 합리적으로 대처하는 방법이 무엇인지 정리해보자.

이사 날짜, 언제까지 통보해야 할까?

계약 만기가 다가오면 임차인 입장에서는 계약을 연장하여 계속 이 집에 살지, 아니면 이사할지를 결정하고 집주인에게 알려줘야 한다. 만약 계약을 연장하여 계속 살고 싶다면 당연히 집주인의 승인이 있어야 한다. 하지만 이사 가기로 했다면, 이때는 집주인의 의사와 상관없이 임대차계약은 종료된다.

여기서 중요한 건 임차인은 반드시 임대차계약을 종료한다는 의사 표현을 집주인에게 해야 한다는 것이다. 즉, 계약 기간이 만료되어도 자동으로 계약이 종료되는 게 아닌, 의사 표현을 해야만 계약이 종료된다는 것이다. 계약 종료를 통보해야 하는 기간은 계약 만기 6개월 전부터 1개월 전까지다. 쉽게 말해 계약 만기일 기준 최소한 1개월 전에는 계약을 종료하겠다는 의사 표현을 해야 한다.

만약 통보하지 않으면 어떻게 될까?

이럴 때는 기존 계약과 같은 조건으로 임대차계약이 2년 동안 자동 연장되는 것으로 처리되는데, 이를 법률용어로 '묵시적 갱신'이라고 한다. 예컨대 오산시에 있는 아파트에 2년 전 전세 3억 원에 입주했는데 지금은 오히려 전셋값이 2억 5,000만 원으로 5,000만 원이 하락한 상태라면 시세에 맞게 보증금을 하향하여 재계약하거나, 더 좋은 조건의 아파트로 이사하면 된다.

하지만 계약 만기 1개월 전까지 집주인에게 계약을 종료하겠다는 통지를 하지 않았다면, 임대차계약은 2년 전과 같은 조건인 전세 보증금 3억 원으로 2년간 자동연장 된다. 그렇다면 이렇게 묵시적 갱신이 되었을 경우, 임차인은 영락없이 2년 동안 이와 같은 조건으로 계속 거주할 수밖에 없을까?

그렇지는 않다. 임차인은 묵시적 갱신 이후 임대인에게 언제든 계약 해지를 요청할 수 있고 계약 해지를 통지한 날로부터 3개월이 지나면 계약 해지 효력이 발생한다. 다행스럽기는 하지만 어찌 되었건 3개월 이라는 시간이 지체되는 것이니 전셋값이 하락했다면 늦어도 계약 만기 1개월 전까지는 집주인에게 임대차 종료 또는 보증금을 조정하여 재계약하자는 의사 표시를 하는 게 중요하다. 그런데 만약 임대인 입장이라면 이야기는 달라진다. 반대로 전셋값이 상승했는데, 묵시적 갱신이 되었다면 임대인 입장에서는 2년 동안 계약 해지가 불가능하다. 묵시적 갱신 후 계약 해지를 주장할 수 있는 건 임차인만의 고유한 권리인 것이다. 그리고 그러한 통지를 했다는 증거를 남겨놓기 위해서 원칙적으로는 내용증명을 발송하는 것이 가장 확실한 방법이다. 번거롭다면 문자메시지로라도 증거를 남겨둬야 한다. 그래야 혹시 모를 분쟁에서 유리할 수 있다.

보증금, 법적으로 언제 돌려받나?

임대차 보증금을 주고받는 과정 중 견해 차이로 때때로 분쟁이 되는 경우 중 하나가 바로 보증금 지급 시기다. 집주인 입장에서는 집을 먼저 빼야 보증금을 지급하겠다 하고, 임차인 입장에서는 보증금을 먼저

줘야 이사한다고 주장한다. 그렇다면 법으로 정해놓은, 임차인이 집주인에게 보증금을 받아야 하는 시기는 정확히 언제일까? 보기 중 정답을 찾아보자.

〔보기〕

1. 계약서상 계약 만기일
2. 실제 계약 만기일
3. 이사하는 날
4. 모든 짐을 다 빼고 점유를 집주인에게 넘겨주는 순간

정답은 바로 4번이다. 즉, 집주인에게 집을 온전하게 인도해줌과 동시에 보증금을 받는 것이다. 이를 법률용어로 '동시이행관계'라고 한다. 반대로 이야기하면 임대차계약 만기가 되었다고 해도 임차인이 집을 비워주지 않은 상태라면 아직 보증금을 돌려받을 조건이 안 된 것이다.

이 내용은 임대차 관련 분쟁에서 매우 중요한 요소다. 예를 들어, 계약 기간이 만료되어 임차인이 집주인에게 만기일에 맞춰 이사를 나갈 것이니 그 날짜에 보증금을 반환해달라고 통지할 경우 일반적으로 집주인은 그 일정에 맞춰 집을 팔든가, 아니면 다른 임차인을 들인다.

그리고 이 과정에서 매매 잔금이나, 들어오는 임차인에게 받은 보증금을 곧바로 이사 나가는 임차인에게 지급해준다. 즉, 통상적으로 상

호 간 일정을 맞춰서 움직인다. 하지만 일정이 맞지 않거나, 매매, 전세 시세가 하락해서 집주인이 현재 임차인의 보증금을 지급할 능력이 되지 않을 경우에 문제가 되는 것이다.

집주인에게 보증금 반환을 거절당하면?

임대차계약이 만료되어 임차인이 이사를 나가겠다고 집주인에게 통지했는데 집주인이 모르쇠로 일관한다면 어찌해야 할까?

위에서도 언급했듯이 집을 비워주기 전까지는 집주인에게 보증금 미지급을 이유로 청구할 수 있는 권원이 없는 상태다. 그렇다고 집을 먼저 비워주는 것은 대단히 위험하다. 왜냐하면 집주인이 계속해서 보증금을 안 줄 경우 임차인 입장에서 보호받을 방법이 없어지기 때문이다. 그리고 현실적으로도 전세의 경우, 보증금을 받기 전까지 다른 집 전세로 들어갈 수 있을 만큼 현금을 많이 보유하기도 쉽지 않을 것이다.

이럴 때는 임대차 형태가 월세인지, 전세인지에 따라 대처 방법을 달리할 수 있다. 먼저 월세라면, 그리고 꼭 이사해야 하는 상황이라면 가장 먼저 '임차권등기명령'을 법원에 신청한다. 직접 신청해도 되고 일정 요건이 충족된다면 대한법률구조공단을 통해 무료로 진행할 수도 있고(인지대, 송달료는 납부해야 하며 해당 금액은 5만 원 미만이다), 조건이 안 된다면 법무사에게 의뢰하면 된다(보수는 몇십만 원 정도이며 인지대, 송달료, 법무사 보수 등 지출된 비용은 임대인에게 청구하여 받을 수 있다). 임차권등기명령을 신청하면 통상 일주일 이내 인용되면서 해당 주택 등기사항전부증명서에 임대차내용이 등기된다. 임차권등기 후에는 이사해도 임차인의 권리를 그대로 유지할 수 있고 집주인이 보증금을 지급해주기 전까지는 임차권등기가 계속해서 남아 있게 되어 간접적으로 보증금 상환을 강제할 수 있다. 그리고 집주인 마음대로 해당 주택을 다른 사람에게 임대하는 것도 수월치 않게 된다.

이사했다면 이후부터는 당연히 월세를 안 내도 되며, 반환받지 못한 보증금에 대해서는 연 15% 이율의 이자를 청구할 수 있으며, 임차권등기명령 신청에 지출된 비용도 집주인에게 청구할 수 있다.

만약 전세라면 집을 먼저 비워줄 상황이 쉽지 않기에 곧바로 보증금 반환청구소송을 진행하는 것이 좋다. '지급명령'이라는 간단한 절차로도 가능하며, 이 또한 대한법률구조공단을 통해 무료로 진행하거나 법무사를 통해 비교적 저렴한 비용으로 진행할 수 있다. 이 절차를 진행할 경우 집주인 입장에서는 압박을 느끼고 보증금 반환에 적극적으로 임할 가능성이 커진다.

끝까지 모르쇠로 일관할 경우에는 어쩔 수 없이 해당 주택을 경매신청해야 한다. 이때도 마찬가지로 보증금 반환청구 소송과 경매신청에 지출된 제반 비용을 청구하여 배당받을 수 있다. 만약 여유가 된다면 임차권등기명령 후 집을 비워준 상태에서 전세금에 대한 연 15%의 이자 청구도 가능하기 때문에 임대인에게 더 큰 압박으로 작용할 것이다.

'다가구주택' 보증금 지키려면 꼭 확인해야 할 3가지

05

대한민국은 여러 형태의 주택 중 아파트 선호도가 유난히 높다. 하지만 아파트가 전체 주택에서 차지하는 비중은 전국적으로 60%가 조금 넘는 수준이다. 그리고 나머지는 다세대와 다가구, 단독주택으로 구성되어 있다. 참고로 서울의 아파트 비율은 특별시, 광역시 중 최하위인 58% 정도밖에 되지 않는다. 그래서인지 서울의 아파트 가격은 한번 상승세를 탔을 때 기세가 더 매서운 모양이다.

아파트, 다세대, 다가구, 단독주택 등 주택의 종류는 건축법에 따라 구분된다. 그런데 우리가 실생활에서 군이 주택의 종류를 구분할 필요가 있을까? 결론부터 이야기하자면 그래야 한다. 만약 임차인일 경우 보증금을 지키기 위해서는 꼭 구분할 수 있어야 한다. 이번 칼럼에서는 임차인이라면 알아야 할 주택 구분에 대해 알아보자.

다가구와 다세대 그 차이는?

다가구와 다세대의 차이는 무엇일까? 무슨 말장난 같을 수도 있지만, 다가구와 다세대는 매우 큰 차이가 있다. 그리고 이 차이로 임차인의 전세보증금이 안전할 수도, 위험할 수도 있다.

우선 이 둘은 외형적으로는 별다른 차이가 없다. 다가구는 주택으로 사용하는 층이 3층 이하고, 다세대는 4층 이하지만 다가구의 경우 일반적으로 칭해지는 반지하를 제외한 3층이다. 그리고 다세대라고 해도 3층으로 건축한 건물이 있어 외형적으로 구분하기는 쉽지 않다.

아래 사진처럼 둘 중 어떤 건물이 다가구주택이고 다세대주택인지 외형만으로는 구분이 어렵다. 그리고 호수별 주거 공간이 분리된 것도 같다.

다가구

401호	402호
301호	302호
201호	202호
101호	102호

다세대

401호	402호
301호	302호
201호	202호
101호	102호

다가구

하나의 등기부

별도의 토지등기부 있음

다세대

등기부	등기부
등기부	등기부
등기부	등기부
등기부	등기부

집합건물 등기에 포함

그러나 등기사항전부증명서에 등기된 형태는 완전히 다르다. 다가구의 경우 건물 전체가 하나의 등기부로 구성되어 있고, 다세대의 경우는 호수마다 개별적인 등기부가 존재한다. 게다가 다가구는 토지등기부가 별도로 있지만, 다세대의 경우는 해당 호수 등기부 하나에 토지에 대한 내용까지 모두 들어가 있다. 이런 형태의 건물을 '집합건물'이라고 하며 아파트와 일반적인 상가 등 우리가 접하는 대부분 건물이 사실상 이와 같은 집합건물에 해당한다.

이렇게 다른 등기부의 형태로 임차인의 권리도 달라진다. 다가구와 다세대 임차인의 권리는 어떻게 다른지 더 구체적으로 알아보자.

다가구와 다세대, 보호받을 수 있는 조건 다르다!

우리나라는 1980년대 초까지만 해도 임차인의 지위가 너무도 불안전했다. 임차인이 해당 주택에 전세권 설정을 해두지 않는 이상, 집주인이 바뀌거나 해당 주택이 경매로 넘어가면 아무런 권리행사도 하지 못한 채 쫓겨나야만 했다. 그렇다고 상대적 약자인 임차인이 임대인에게 전세권 설정을 요구한다는 것은 현실적으로 쉽지 않은 일이었다. 그래서 사회적 약자인 임차인을 보호하기 위해 제정된 특별법이 바로 주택임대차보호법(주임법)이다.

주임법이 제정, 시행된 이후부터 임차인은 전세권을 설정하지 않아도 주택을 인도받을 때 전입신고만 제대로 했다면, 매매 또는 경매로 인해 집주인이 바뀌어도 여전히 임차인의 권리를 주장할 수 있게 되었다. 이를 법률용어로 '대항력'이라고 한다.

단, 대항 요건을 갖추기 전 설정된 근저당이나 가압류 등의 빠른 권리에는 대항하지 못한다. 반대로 말하자면, 임차인이 대항 요건을 갖추기 전까지 등기부상에 아무런 권리가 없었다면 임차인은 대항력이 있기 때문에 보증금 전부를 받기 전까지는 그 어떤 경우에도 집을 비워주지 않을 권리가 있는 것이다.

이와 같은 대항력을 취득할 요건이 바로 전입신고다. 전입신고 시 다가구는 지번까지만 일치하면 되지만, 다세대의 경우 해당 호수까지

정확히 일치해야만 한다. 따라서 이 부분에서는 다가구가 다세대보다 유리하다고 할 수 있지만, 그 외 나머지 부분에서는 모두가 불리하기 때문에 전세 계약 전 아래 내용을 반드시 확인해야 보증금을 안전하게 지킬 수 있다.

다가구주택 보증금 지키려면? 이 3가지는 꼭 확인하자!

첫째, 등기부에 나타나지 않는 다른 호수의 임대차보증금을 확인해야 한다. 다가구는 건물 전체 중 일부만 임차하는 형태기 때문에 임차인이 입주하기 전부터 등기부상 근저당 등의 담보 물건이 설정된 경우가 대부분이다. 하지만 집값보다 그 비율이 낮은 경우, 예컨대 해당 다가구주택의 시세는 8억 원 정도인데 대출(근저당)이 2억 원 정도고, 들어갈 호수의 전세보증금이 2억 원이라면 별다른 걱정 없이 입주하는 경우가 많다. 하지만 만약 다른 호수들에 먼저 들어온 임차인들의 보증금 합이 6억 원이라면 경매가 진행될 경우 가장 마지막에 들어온 임차인은 보증금을 한 푼도 못 받고 쫓겨날 가능성이 크다.

공인중개사를 통해 다가구주택을 임차할 경우, 공인중개사는 위와 같은 내용을 확인하여 설명하도록 법으로 되어 있다. 만약 확인, 설명하지 않음으로 임차인이 피해를 볼 경우 손해배상 해야 한다는 대법원 판례(2011다63857)가 있다. 하지만 소송이라는 절차를 진행해야 하는 번거로움이 있고, 또 공인중개사의 과실을 증명하는 과정도 쉽지 않기에 계약 전 임차인 입장에서는 이를 반드시 체크하여 공인중개사에게 확인받고 설명을 들어야 한다.

둘째, 임대인에게 체납된 세금이 있는지도 반드시 확인해야 한다. 임대인에게 세금이 체납되어 있으면, 경매 진행 시 세금의 배당순위는 '법정기일' 기준이다(해당 부동산에 발생한 당해세는 이보다 순서가 더 빠르다). 법정기일이란 국세 당국에서 세금납부 고지서를 발송한 날 또는 신고의무가 있는 세금에 대한 그 신고일이다. 즉, 일반적인 방법으로는 알 수도 없고, 그 순위 또한 상대적으로 빠르다.

예컨대 다가구주택의 시세가 8억 원 정도인데 대출(근저당)이 2억 원이고 다른 호수 보증금의 합이 2억 원, 그리고 들어갈 호수의 전세보증금이 2억 원이라면 외형상으로는 별다른 문제가 없는 것으로 보이지만, 이미 체납된 세금이 4억 원일 경우 가장 마지막에 들어온 임차인은 마찬가지로 한 푼도 배당받지 못한 채 집을 비워줘야 한다.

그렇다면 임대인의 세금체납 여부를 확인할 방법은 무엇일까? 그것은 바로 임대인의 국세, 지방세 완납증명원을 통해 확인하는 것이다. 이 또한 공인중개사가 중개 과정에서 임대인에게 발급을 요구하여 확인시켜줘야 한다. 현실에서는 임대인 입장에서 "뭘 이렇게 까다롭게 굴어!"라며 발급을 거부하는 경우가 있는데, 사실 발급받는 게 그리 번거로운 것은 아니다(홈택스, 위택스 사이트에서 온라인으로 발급이 가능하며, 가까운 주민센터에 방문해서도 발급받을 수 있다). 따라서 만약 임대인이 발급을 거부한다면 의심해볼 충분한 여지가 있는 것이다. '뭐 별일 있겠어? 괜찮겠지.'라는 안이한 생각으로 계약했다가 낭패를 보는 사례들이 적지 않다.

셋째, 대리인이 적법한 대리권이 있는지를 확인해야 한다. 다가구의 경우 공인중개사나 그 밖의 관리인이 임대인에게 위탁을 받아 해당 건물의 계약, 관리를 전담하는 경우가 많다. 그래서 계약할 때도 임대인

다가구주택 전세 계약 전,
꼭 확인해야 할 3가지

· · ·

☑ **1. 다른 호수의 임대차보증금을 확인하자.**
해당 주택의 시세와 대출(근저당),
먼저 들어와 있는 임차인의 보증금 합을 따져봐야 한다.

☑ **2. 임대인에게 체납된 세금이 있는지 확인하자.**
공인중개사에게 요청해서 계약 전 확인하고,
발급을 거부할 경우, 의심해 봐야한다.

☑ **3. 계약 대리인에게 적법한 대리권이 있는지 확인하자.**
집주인 본인이 아닌 대리인과 계약시,
위임장, 인감증명서, 신분증 사본을 확인해야 한다.

과 직접 하는 것이 아닌, 위와 같은 대리인과 하는 경우가 많은데, 이 때 임차인 입장에서는 반드시 그 대리인이 임대인에게 적법한 권한을 위임받았는지를 확인해야 한다. 만약 이를 제대로 확인하지 않고 계약 했을 경우 나중에 임대인에게 보증금을 돌려받는 데 크나큰 문제가 될 수도 있다.

예컨대 계약 만기가 되어 계약했던 그 대리인에게 연락했는데 연락 이 되지 않고, 어렵게 집주인을 찾아 보증금 반환을 요구했지만 자신 은 계약한 적도 없고, 보증금을 받은 적도 없다고 한다면? 결국, 소송 을 진행해야 하는데 계약 과정에서 임차인이 대리권을 제대로 확인하 지 않은 과실이 인정된다면, 결국 보증금을 돌려받지 못하는 상황이 발생할 수 있다. 그리고 다가구주택에서는 이런 유형의 사기가 적지 않게 발생하는 게 현실이다.

이런 사태를 예방하기 위해서는 대리인과 계약 시 반드시 임대인의 인감이 날인된 위임장과 인감증명서, 신분증 사본을 확인하고, 위임장에 위임된 범위를 확인해야 한다. 그리고 이와 같은 서류들의 사본을 받아 계약서와 함께 가지고 있어야 한다. 계약금, 잔금을 이체할 때도 반드시 예금주가 임대인임을 확인해야 한다.

다가구주택 전세 계약 전, 적어도 이 세 가지 내용은 꼭 체크하자. 이런 사항들을 일일이 확인하는 것이 번거롭고 골치 아플 수 있다. 하지만 결국 문제가 생기면 책임은 고스란히 계약 당사자에게 돌아온다. 따라서 임대차계약을 할 때, 특히 전세로 들어갈 집이 다가구주택이라면 내 소중한 보증금을 지키기 위해서 꼭 확인하기 바란다.

전세 세입자, 보증금 지키기 위해 꼭 알아야 할 것은?

06

서울 주택 가격이 지난 몇 년간 가파르게 상승 후 소강상태를 보인다. 소강상태가 지속되면서 지금이라도 집을 사야 하나 고민하던 사람들이 결국 전세를 선택하는 경우가 많아졌다.

2018년 7월 18일, 서울부동산정보광장에 따르면 상반기 서울 임대차 시장의 거래량은 총 8만 9천여 건이었는데, 이 중 6만 4천여 건이 전세 거래였다. 비율로 본다면 71%가 넘는다. 서울 부동산시장 분위기가 침체에 빠져 전세 거래가 가장 많았던 2014년 이후 최고치다. 이렇게 다시 전세 비중이 높아지고 있지만 우리는 거의 전 재산에 가까운 전세금을 안전하게 지키는 방법에 대해서 얼마나 알고 있을까?

부동산 경매 물건 사례를 보면 보증금의 상당 부분을 돌려받지 못한 채 퇴거하는 임차인의 비중이 상당하다. 이는 임대차와 관련해 기본적인 법률 지식이 없는 것에서 비롯하는 경우가 많다.

　교육 수준이 가장 높은 나라 중 하나인 대한민국에서 이처럼 실생활에 필요한 기본적인 내용을 몰라 전 재산에 가까운 보증금을 잃는 일이 생긴다는 것은 참으로 아이러니하다. 이번 시간에는 영어, 미분, 적분보다 더 중요한 임차인으로서 반드시 알아야 할 내용에 대해 정리해보자.

꼭 보자! '등기사항전부증명서'

전세 계약을 할 때, 그리고 잔금을 납부하며 입주하면서 전입신고를 하기 직전까지 반드시 확인해야 할 서류는 바로 등기사항전부증명서다. 예전 명칭이 등기부등본이었기에 아직도 일상에서는 등기부등본이라 통용된다.

　등기사항전부증명서에는 현재 소유자가 누구인지, 그리고 이 부동산을 담보로 대출받은 내역이 있는지(근저당), 채무를 상환하지 않았거나 세금 등을 납부하지 않아 이 부동산에 보전처분(압류, 가압류)이 되어 있는지 등의 내역이 나와 있다.

　등기사항전부증명서 '을구'를 보면 소유권 이외 권리에 관한 사항을 확인할 수 있다. 이 내용을 보고 내가 진짜 집주인과 계약하는 것인지, 임차인인 나보다 앞선 권리들은 무엇인지, 그래서 내 보증금이 안전한지를 반드시 확인해야 한다.

　공인중개사를 통해 전세 계약을 체결할 경우 물론 이런 내용을 확인

새벽하늘의 부동산 아울렛

해주지만, 최종 선택은 본인이 해야 한다. 좀 더 자세히 설명하자면, 계약 상대방이 진정한 소유자인지의 여부는 공인중개사가 확인하여 계약을 진행하지만, 등기사항전부증명서에 나타난 권리 순서와 설정된 금액에 따라 과연 내 보증금이 안전한지의 여부는 스스로 확인할 수 있어야 한다.

내 보증금, 정말 안전할까?

예를 들어보자. 전세로 계약할 아파트의 현재 매매시세는 3억 원이고, 전세금은 2억 원, 이 아파트 등기사항전부증명서에 나타난 권리는 근저당 1억 원이다. 이 상황에서 전세 2억 원에 들어갈 경우 내 보증금은 과연 안전할까?

만약 집주인이 대출 이자를 제때 내지 않아 경매가 진행된다면, 법원은 낙찰된 금액을 가지고 법에 정해진 순서대로 채권자들에게 돈을 나누어주게 된다. 이것을 경매 절차에서는 '배당'이라고 한다. 하지만 위와 같이 임차인이 전세로 들어가기 전에 근저당 1억 원이 설정되어 있다면, 배당순위는 근저당 1억 원이 먼저, 그리고 남은 돈을 임차인에게 배당해준다.

그런데 경매는 통상적으로 시세보다 낮은 금액에 낙찰되는 경우가 대부분이다. 만약 2억 8,000만 원에 낙찰되었다면 임차인은 1억 8,000만 원밖에 배당받을 수가 없다(실질적으로는 경매 진행 비용 100여만 원 정도가 가장 먼저 공제되기에 이 금액마저도 제외된 금액을 배당받는다). 이렇게 되면 임차인은 보증금 2,000만 원을 받지 못했지만, 이 집을 낙찰자에게 비워줘야 한다. 못 받은 2,000만 원은 기존 집주인에게 돌려받아야 하는데, 경매가 진행될 정도라면 지급할 수 있는 여력이 없을 가능성이 크다. 결국 위와 같은 상황이라면 보증금이 위험할 수도 있는 것이다.

꼭 하자! '전입신고'

주택보급률이 턱없이 낮았던 옛날(지금도 서울과 경기도는 주택보급률이 100% 미만이다), 임차인은 절대적인 을의 위치였다. 그리고 법적으로도 전세권을 설정하지 않는 한 임차인은 일반 채권자의 지위였기 때문에 전세로 살던 집의 소유자가 바뀌면 계약 기간이 남았다 해도 집을 비워줘야 했다. 게다가 경매라도 진행될 경우에는 임차인은 아무런 법의 보호를 받지 못했다. 일반 채권자에 불과했던 임차인은 그 어떤 경우에도 낙찰자에 대항할 수 없었다. 즉, 보증금 반환 여부와 상관없이 낙찰자에게 집을 비워줘야 했다.

이런 문제점을 해결하기 위해 1981년 3월 5일 특별법이 제정되어 시행되는데, 그것이 바로 주택임대차보호법이다. 이때부터 비로소 임차인은 일정 요건을 갖출 경우 전세권 설정을 하지 않고도 임차인의 지위를 보장받을 수 있게 된다. 그 일정 요건 중 가장 중요한 요건이 바로 전입신고(주민등록)다. 쉽게 말해 전세권 설정을 하지 않은 상태라면 임차인은 해당 주소로 이사하면서(이를 법률용어로 '점유'라고 한다) 반드시 전입신고를 해야 법적으로 보호를 받을 수 있다. 반대로 이야기하면 주택임대차보호법 시행 이후부터는 전세권을 설정하지 않아도 점유와 함께 전입신고만 제대로 하면 임차인의 지위를 보장받을 수 있다.

하지만, 전입신고만이 능사가 아니다. 위에서 설명했듯이 점유와 전입신고를 하는 날짜에 등기사항전부증명서에 근저당 등의 권리가 이미 있으면 임차인의 권리 순서는 그 이후가 된다. 따라서 배당받는 순서도 위에서 예를 든 것처럼 근저당이 우선이며, 임차인이 그다음 순서가 된다. 이때 임차인은 보증금 전부를 다 배당받지 못한다고 해도 낙찰자에게 집을 비워줘야 한다.

만약 이사(점유)하면서 전입신고를 하는 날짜에 등기부상 아무런 권리가 없었다면 임차인이 가장 우선순위가 되면서 그 어떤 상황에도 비교적 안전한 지위를 유지할 수 있다. 이를 법률용어로 '대항력 있는 임차인'이라고 한다. 따라서 전입신고는 임차인의 입장에서 생명과도 같으며 가급적이면 전입신고를 하는 당일까지 등기부에는 아무런 권리가 없어야 안전한 것이다. 하지만 전세가율이 낮을 경우라면, 예컨대 매매시세가 3억 원이고 근저당 설정 금액이 1억 원인 집에 전세 1억 원에 들어간다면 이때는 임차인이 후순위라고 해도 비교적 안전하다고 볼 수 있다.

꼭 필요하다! '확정일자'

이렇듯 전입신고는 임차인의 입장에서 가장 중요한 요건이다. 그러나 위에서 예를 들었듯 임차인이 배당을 받기 위해서는 '확정일자'를 받아둬야 한다.

확정일자란 임대차계약서를 공증받는 것이라고 이해하면 되는데, 일반적으로 임대차계약서를 들고 관할 주민센터에 방문해서 받을 수 있으며, 인터넷등기소에서 계약서 스캔 파일을 제출해 받을 수도 있다.

이 확정일자가 얼마나 중요한 것인지 예를 들어 살펴보자. 매매시세가 3억 원, 근저당 1억 원이 설정된 집에 전세 1억 원으로 들어갔다. 그런데 얼마 후 이 집 등기부에 2억 원의 근저당이 추가로 설정되었고 급기야 경매가 진행되어 2억 8,000만 원에 낙찰되었다.

〔권리 순서〕

① 근저당 1억 원

② 임차인 보증금 1억 원

③ 근저당 2억 원

이렇게 되면 ①근저당 1억 원이 가장 먼저 배당되고 그다음 ②임차인에게 1억 원이 배당되며, 남은 8,000만 원이 ③근저당에 배당된다. 하지만 이때 임차인이 ①근저당 다음으로 배당을 받기 위해서는 반드시 확정일자가 있어야 한다는 것이다. 만약 확정일자를 받지 않았다면, 또는 ③근저당 이후 확정일자를 받았다면 임차인은 한 푼도 배당받지 못한 채 낙찰자에게 집을 비워줘야 하는 사태가 발생한다. 따라서 전 재산에 가까운 소중한 전세보증금을 잃고 싶지 않다면, 최소한이 내용만이라도 확인하고 전세 계약을 체결해야 할 것이다.

임차인을 위한 '소액보증금 상향' 허점은 없을까?

07

소액보증금이 무엇일까?

아파트 월세를 구하던 A 씨는 시세 1억 원에 근저당 1,000만 원이 설정된 소형 아파트를 공인중개사에게 소개받았다. 월세는 보증금 1,000만 원에 월세 40만 원의 조건이었다. 과연 이런 조건의 아파트에 월세로 들어가도 괜찮은 것일까?

만약, 입주 후 이 아파트가 경매로 넘어가서 9,500만 원 정도에 낙찰될 경우 근저당 8,000만 원 배당 후에도 1,500만 원 정도가 남게 된다. 따라서 임차인은 확정일자를 받고 배당요구를 했다면 보증금 1,000만 원을 안전하게 배당받을 수 있다. 하지만, 아파트 시세가 8,000만 원으로 떨어져서 7,500만 원 정도에 이 아파트가 낙찰된다면 어떨까? 임차인은 보증금을 한 푼도 배당받지 못하고 낙찰자에게 집을 비워줘야 한다.

이 보증금이 임차인의 전 재산이었다면, 임차인은 기본적인 생활이 불가능해질 것이다. 그래서 국가에서는 '일정 금액 이하'의 적은 보증금으로 세를 사는 영세 임차인을 위해 법으로 정해진 배당순위와 관계없이, 경매 절차에서 가장 먼저 일정 금액을 배당해주는 법을 제정했다. 이것을 '최우선변제'라고 하며, '일정 금액 이하'에 해당하는 금액을 '소액보증금', 그리고 가장 먼저 배당해주는 '일정 금액'을 '최우선변제금'이라고 한다. 그래서 위 사례의 경우 '최우선변제'가 적용되어 임차인은 1,000만 원 전부를 배당받을 수 있다.

소액보증금, 어떻게 바뀌나?

대한민국은 전형적인 인플레이션 기반의 경제 체계기 때문에 매년 물가가 오르고, 그에 따라 주택의 전세와 월세도 꾸준히 상승해왔다. 따라서 소액보증금의 범위와 최우선변제를 받을 금액 또한 정부는 변경해왔다.

법무부에서 이번에 내놓은 소액보증금 개정안은 다음과 같다. 내용에 대해 간단히 설명하자면, 기존에는 서울시에 있는 보증금 1억 원 이하 주택이면 전세든 월세든 경매가 진행될 경우 권리 순서에 상관없이 법원에서는 임차인에게 3,400만 원을 최우선으로 배당했다. 하지만 8월 중 개정안이 시행되면, 임차인은 보증금이 1억 1,000만 원 이하일

최우선 변제 기준 개정안

자료 : 법무부

지역		최우선변제 적용 보증금		최우선변제금	
		현행	개정	현행	개정
1호	서울시	1억 원 이하	1억 1천만 원 이하	3,400만 원 이하	3,700만 원 이하
2호	과밀억제권역, 용인·세종·화성	8,000만 원 이하	1억 원 이하	2,700만 원 이하	3,400만 원 이하
3호	광역시, 안산·김포·광주·파주	6,000만 원 이하	-	2,000만 원 이하	-
4호	그 밖의 지역	5,000만 원 이하	-	1,700만 원 이하	-

경우 3,700만 원을 가장 먼저 배당받을 수 있게 된다(단, 시행일 이후 설정된 근저당권 등의 물권이 가장 앞 순위일 경우에 적용).

변경 내용을 보면, 과밀억제권역 구간에 해당하는 범위에 용인시와 세종시, 그리고 화성시가 추가되었으며 보증금의 범위도 8,000만 원에서 1억 원으로, 최우선변제금은 2,700만 원에서 3,400만 원으로 무려 700만 원이나 상향되었다. 그리고 파주시도 이제 당당히 광역시에 해당하는 구간으로 승격되었다.

소액보증금 상향, 어떤 영향이 있을까?

이처럼 소액보증금의 범위와 최우선변제금의 액수가 상향되면 어떤 영향이 있을까?

임차인 입장에서는 당연히 경매가 진행될 경우 배당받을 수 있는 금액이 많아져서 이득을 볼 수 있다. 하지만 이득을 보는 사람이 있으면 손해를 보는 사람도 있기 마련이다. 어떤 사람이 손해를 보게 될까? 손해를 보는 측은 다름 아닌 그 밖의 채권자들 전부다. 더 정확히 말하자면 임차인보다 순위가 빠른 채권자들이다.

예를 들어보자. 은행에서 아파트 담보대출을 진행하려는데 그 아파트의 시세는 1억 원, 지역은 서울이며 대출해줄 금액은 6,000만 원이다. 그냥 단순히 생각하자면 은행 입장에서는 위 조건으로 대출을 진행해도 큰 문제가 없어 보인다. 하지만 대출해준 이후 그 아파트에 임차인이 들어갔는데 보증금 범위가 소액보증금 이하라면 문제가 발생한다.

왜냐하면 배당순위는 소액보증금 기준에 따른 최우선변제금이 가장 우선이기 때문이다. 따라서 9,000만 원에 낙찰될 경우 가장 먼저 최우선변제금 3,400만 원이 임차인에게 배당되며, 그다음으로 은행이 배당받을 수 있는 금액은 5,600만 원으로 원금을 손해 보게 된다.

이런 이유로 은행이 주택담보대출을 해줄 때는 최우선변제금에 해당하는 금액을 제하게 된다. 이것이 소위 '방 빼기'다. 따라서 최우선변제금이 상향될 경우 은행은 그만큼의 금액을 빼고 대출을 진행하기 때문에 결과적으로 대출을 받는 소유자 입장에서는 대출을 받을 수 있는 한도가 줄어들게 된다. 쉽게 말해 서울은 최우선변제금이 3,400만 원에서 3,700만 원으로 300만 원 상향되었기에 대출받을 수 있는 한도 또한 300만 원이 줄어들 것이고, 과밀억제권역과 용인, 화성, 세종시의 경우 대출한도가 무려 700만 원이나 줄어들게 된다.

소액보증금 제도, 문제는 없을까?

영세한 임차인을 보호한다는 법의 취지는 매우 바람직하다. 하지만 최우선변제금은 기존에 공시된 권리의 순서와 상관없이 가장 먼저 임차인에게 배당을 해준다는 파격적인(?) 성격으로 악용되는 사례도 적지 않다.

예컨대 경매 진행이 예상될 때, 소액보증금에 해당하는 금액으로 방 한 칸을 임대할 경우 임차인은 그에 해당하는 최우선변제금을 가장 먼저 배당받을 수 있다. 게다가 최우선변제 적용 보증금, 즉 소액보증금은 보증금 외에 월세는 전혀 반영되지 않는 것도 제도의 허점이다. 쉽게 말해 서울에서 보증금 1억 원에 월세 300만 원으로 사는 임차인 또한 보호대상이라는 것이다. 당연히 이 조건의 임차인이 영세한 임차인이라고 볼 수 없을 것이기에 좀 더 세부적인 검토가 필요하다.

최우선변제금 배당 조건은?

최우선변제금이란 위에서 설명했듯이 보증금이 일정 범위 이하여야 한다. 하지만 이 조건만으로 무조건 배당을 받을 수 있는 것은 아니다. 최우선변제금을 배당받기 위해서는 당연히 진정한 임차인이어야 한다. 그리고 해당 주택을 인도받음은 물론 반드시 주민등록을 해야 하며, 이 모든 조건이 최소한 경매 진행 전에 이루어져야 한다. 마지막으로 반드시 배당요구종기일 전에 배당요구를 해야 한다는 사실을 꼭 숙지해야 한다.

교묘한 부동산 '대리인 사기', 대처법은?

08

임대차계약은 집주인과 직접 해야 하는 것이 원칙이다. 하지만 때로 대리인과 계약하는 경우가 있다. 대리인과 계약하는 것 자체가 문제가 되지는 않는다. 하지만 부동산 사기 피해 사례 중 대리인 계약을 가장하는 경우가 많은 것이 문제다. 집주인이 아닌 대리인과 계약을 체결할 경우, 내 보증금을 안전하게 지키려면 어떻게 해야 할까?

대리인 사기의 유형은?

A 씨는 전세를 구하다 마음에 드는 집이 있어 공인중개사 사무소에서 다가구주택 전세 계약을 체결하기로 했다. 공인중개사는 본인이 해당

다가구주택 전부를 집주인에게 위임받아 관리하고 임대차계약도 체결한다며 집주인의 인감이 첨부된 위임장을 보여준다.

A 씨는 이를 믿고 별다른 의심 없이 그 중개사와 임대차계약을 체결하고, 잔금을 치른 뒤 원하던 집에 입주했다. 그런데 얼마 후, A 씨는 집주인에게 황당한 통보를 받는다. 자신은 임대차계약을 체결한 사실이 없으니 집에서 나가라는 것이다. 이럴 경우 A 씨는 어떻게 해야 할까?

사실 이와 같은 사례는 '다가구주택' 거래에서 종종 발생하는 사례다. 매스컴을 통해서도 심심치 않게 접할 수 있다. 이런 사건의 내막은 다음과 같다.

다가구주택과 다세대주택의 차이

예를 들어, 10세대 다가구주택의 집주인이 인근 공인중개소 한 곳을 지정하여 건물에 대한 관리와 함께 임대차계약에 관한 사항까지도 모두 위임한다. 하지만, 만에 하나 위임을 받은 중개사가 불순한 의도를 가질 경우 다음과 같은 상황이 벌어질 수도 있다.

한 세대를 전세 2억 원에 임대차계약을 한다. 하지만 집주인에게는 보증금 1,000만 원에 월세 80만 원으로 계약한 것처럼 위조된 계약서를 만들어 보고하면서 1,000만 원만 건넨다. 월세는 자신의 돈으로 매월 집주인에게 입금한다. 이런 방식으로 10세대 모두를 조작할 경우, 19억 원 목돈이 생기는데 이 시점에 유유히 사라져버리는 것이 대리인 사기 수법이다. 만약 이런 상황에 놓인다면 임차인은 보증금을 포함한 임차인의 권리를 보호받을 수 있을까?

대리인 계약 꼭 확인해야 할 것

대리인과 계약했다는 이유만으로 효력이 없는 것은 아니다. 하지만 계약 당사자로서 꼭 확인해야 할 몇 가지가 있는데, 그에 따라 임차인으로서 보호받을 수도 있고, 그렇지 못할 수도 있다. 그럼 A 씨의 계약 당시 상황을 살펴보면서 효력이 있을지 체크해보자.

위 임대차계약을 체결할 당시 중개사무소에서는 A 씨에게 아래와 같은 위임장을 보여주었다. 위임장의 내용에는 문제가 없어 보였다. 그리고 위임장에는 첨부된 인감증명과 같은 인감도장이 날인되어 있

위임장

[위임내용]

1. 임대차계약 대행 및 임대보증금 수령에 관한 위임
2. 월세 및 권리비 징수에 대한 위임
3. 청소관리 및 건물 보수에 관한 위임

[첨부서류]

인감증명 1부(2008년 6월 발행본)

[위임일자]

2008년 11월 부터

었다. 그래서 A 씨는 해당 주택을 2014년 2월, 전세 2억 원에 임대차 계약을 체결한다. 그리고 계약금과 잔금 모두 임대인 명의 통장에 이체하고 입주했다.

그러던 어느 날, 건물 중앙 현관 앞에 같은 건물에 사는 임차인들이 모여 있었다. 왠지 모를 불안감이 엄습하는 가운데 들려오는 내용은 어처구니없게도 집주인에게서 명도소송이 들어왔다는 것이다.

내용인즉슨, "집주인인 나는 임대차계약을 체결한 사실이 없고, 보증금을 받은 사실도 없으니 모두 나가 달라."였다. 날벼락 같은 소식에 분개하여 임차인들이 모인 것이었다. 이에 놀란 A 씨는 황급히 전세 계약을 한 공인중개소로 쫓아갔고, 다행히 그 중개업자는 그곳에 있었지만 이미 집주인에게 고소를 당해 정신이 없는 상황이었다. 그 가운데 본인은 이미 집주인에게 자기가 받은 보증금을 약속어음 및 근저당 설정 형태로 지급했다고 주장한다.

이런 골치 아프고 불안한 상황 속에서 A 씨는 황급히 집주인에게 임대차계약 해지를 통보하고, 보증금을 반환해달라는 내용증명을 발송했다(이것이 향후 중요한 역할을 한다). 집주인의 반응은 어땠을까?

예상대로 집주인은 본인이 임대차계약을 체결한 사실도 없고, 보증금을 받은 사실도 없으니 그냥 나가라는 주장만을 반복했다. 이렇게 되면 방법은 보증금반환청구 소송을 하는 수밖에 없다. 그러기에 앞서 이럴 때는 하루빨리 임차권등기명령 신청을 해야 한다. A 씨는 어쩔 수 없이 변호사를 선임해 임차권등기명령 신청과 소송을 제기했고, 이에 임대인은 다음과 같이 주장한다.

좋은 집 구하는 기술

"나는 임대차계약에 있어서 월세계약에 대해서만 대리권을 줬다."

"나는 중개사에게 대리권에 대한 권리를 이미 2012년 5월에 회수했다."

"인감증명서의 유효기간은 보통 3개월인데, 계약 당시는 이미 인감을 발행한지 3년이 넘은 시점이었으니 효력이 없다."

"임차인들은 대리권의 유무를 제대로 확인하지 않은 과실이 있다."

집주인

'표현대리' 인정 여부가 관건

이 말은 결국, 그 공인중개사에게 정당한 대리권이 없었고 그 사실을 제대로 확인하지 않은 A 씨에게 책임이 있으니 보증금을 돌려줄 수 없다는 이야기다. 대한민국 민법에는 대리권이 없거나 그 권한을 넘어서 체결된 계약에 대해서는 효력을 인정하지 않는다.

그렇다면 과연 대리권이 있었는지 없었는지의 여부, 그리고 그 권한을 넘었는지의 여부는 어떻게 알 수 있을까? 대리인과 계약을 체결하면서 대리권이 있다고 믿고 계약했는데 나중에 알고 보니 대리권이 없었다면, 그래서 임차인 입장에서 무작정 당해야만 한다면 이는 너무 가혹한 것이 아닐까?

그래서 우리 민법에는 '표현대리'라는 것을 인정해준다. 표현대리란 쉽게 말해 대리인의 대리권이 없다 해도 그 대리인과 계약한 사람이 대리권이 있다고 믿을 만한 정당한 이유가 있다면, 그 계약은 유효한 것으로 인정하는 것이다.

따라서 이 사건의 핵심은 임차인 A 씨가 중개사에게 대리권이 있다고 인식하는데 중대한 과실 없이 정당한 이유로 믿을 수밖에 없었다는 충분한 사유가 있어야 한다는 것이다. 이것이 위에서 설명했던 '계약할 때 꼭 확인해야 할 것'에 해당한다.

위 사례, 결과는?

A 씨는 계약 당시 상황과 함께 계약서, 위임장, 인감증명서를 잘 첨부해서 법원에 제출했다. 과연 이 소송은 어떤 결과가 나왔을까?

임차인은 결국 표현대리를 인정받아 승소했다. 결국 법원은 임차인의 손을 들어주었다. 계약당사자인 임차인의 입장에서 집주인의 인감이 날인된 위임장에 인감증명서도 첨부된 것을 확인하고, 계약금 및 잔금 또한 집주인 계좌로 이체했기 때문에 공인중개사에게 합당한 대리권이 있다고 믿을 수 있는 정당한 이유가 있다고 법원은 판단한 것이다.

집주인이 주장했던 인감증명서의 유효기간에 대해서도 우리의 상식과 법은 다르다. 우리는 보통 인감증명서의 유효기간은 3개월로 알고 있지만, 이는 부동산 등기와 관련된 유효기간이다. 따라서 그 외 일반적인 상황에서의 유효기간에 대해서는 법에 명시된 것이 없다. 즉, 계약당사자 사이 정해진 약정이 없다면 인감증명서의 유효기간은 따로

"피고는 원고에게 200,000,000원 빛 이에 대하여
2018년 2월 29일부터 2018년 4월 27일까지는 연 5%,
그 다음날부터 다 갚는 날까지는 연 15%의
각 비율로 계산한 금원을 지급하라."

법원

정해져 있지 않다.

이렇게 해서 A 씨는 보증금 반환은 물론 임차권등기명령 후 집을 인
도해준 대가로 연 15%의 고금리 이자(?)도 받을 수 있게 되었다. 다행
히 해피엔딩으로 끝났지만, 만약 계약 당시 인감 날인과 인감증명서의
인영이 달랐거나, 위임장에 기재된 사항에 임대차계약에 대한 내용이
없었거나, 계약금과 잔금을 소유자가 아닌 사람의 계좌로 입금했었다
면 A 씨는 임차인의 권리를 보장받기 힘들었을 것이다. 따라서 대리인
과 계약할 때는 반드시 이와 같은 내용을 꼼꼼히 확인해야 한다.

내 아파트가 투기지역으로
지정되었다면?

09

아파트 가격에 가장 큰 영향을 주는 요인은 뭘까? 입주 물량과 수요, 그리고 경기, 유동성, 개발 계획 등 다양한 요인이 있겠지만 가장 직접적으로 영향을 주는 건 뭐니 뭐니 해도 심리다. 여러 가지 요인으로 결국 심리가 움직여야 그것이 가격에 반영되는 것이다.

2018년 8월 20일 기준 서울 아파트 매수 심리는 서울 아파트 시세가 가장 큰 폭으로 상승했던 과거 2006년 후반기 이후 가장 큰 수치를 기록했다. 이후 심리와 시장이 어떤 모습을 보일지 무척이나 궁금하지만, 어쨌건 서울의 상승세는 당분간 쉽게 꺾이지 않을 것으로 보인다.

들썩이는 집값 영향으로 서울시장은 영등포, 용산 개발 임시 중단을 선언했다. 상승세가 좀 진정될 때까지 시장을 자극하지 않겠다는 의미

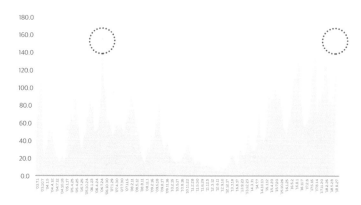

로 해석된다. 그리고 정부는 투기지역, 투기과열지구, 조정대상지역을 추가하는 대책을 내놓았다.

어느 지역이 추가되었는지, 투기지역으로 지정되면 달라지는 게 무엇인지, 그리고 가장 중요한 그 지역의 가격은 어떻게 될 것인지 알아보도록 하자.

부동산 규제 지역, 어디?

이번 8·27 부동산 대책 전까지 지정된 부동산 규제 지역은 다음과 같다. 서울은 강서구, 양천구 등 11개 구가 투기지역, 그리고 나머지 14개 구가 투기과열지구다. 즉, 25개 구 모두 투기지역 또는 투기과열지구다. 그리고 서울 외 지역은 세종시가 투기지역, 투기과열지구로는 과천시, 성남시 분당구, 대구광역시 수성구가 들어가 있다. 나머지 조

조정대상지역

성남시, 하남시, 고양시, 광명시, 남양주시, 동탄2,
부산시 해운대구, 연제구, 동래구, 수영구, 남구, 부산진구, 기장군

투기과열지구

서울시 구로구, 금천구, 동작구, 관악구, 은평구,
서대문구, 종로구, 중구, 성북구, 강북구, 도봉구, 중랑구,
동대문구, 광진구, 과천시, 성남시 분당구, 대구시 수성구

투기지역

서울시 강남구, 서초구, 송파구, 강동구, 용산구,
성동구, 노원구, 마포구, 양천구, 영등포구, 강서구, 세종시

기존 부동산 규제 지역

조정대상지역

성남시, 고양시, 남양주시, 동탄2, 부산시 해운대구, 연제구, 동래구, 수영구,
남구, 부산진구, 구리시, 안양시 동안구, 광교택지개발지구

투기과열지구

서울시 구로구, 금천구, 관악구, 은평구, 서대문구,
성북구, 강북구, 도봉구, 중랑구, 광진구, 과천시,
성남시 분당구, 대구시 수성구, 광명시, 하남시

투기지역

서울시 강남구, 서초구, 송파구, 강동구, 용산구, 성동구,
노원구, 마포구, 양천구, 영등포구, 강서구, 세종시,
동대문구, 동작구, 종로구, 중구

*부산 기장군(일광면 제외)은 조정대상지역에서 해제

지난 8월 28일부로 추가 지정된 규제 지역 현황

정대상지역으로는 경기도 성남시와 하남시 등 6개 시와 부산 해운대구, 연제구 등 7개 구가 포함되어 있었다.

그리고 2018년 8월 28일부로 추가 지정된 곳은 다음과 같다. 투기지역으로 새롭게 편입된 곳은 동대문구와 동작구, 종로구, 중구이며 광명시와 하남시가 투기과열지구로 그리고 구리시와 안양시 동안구, 광교가 조정대상지역으로 지정되었다.

투기지역 지정되면 달라지는 것은?

이처럼 투기지역으로 지정되었을 경우 어떤 것들이 달라질까?

먼저 대출 규제가 강력해진다. 기존 투기과열지구였을 경우에는 다른 집이 있고, 그 집에 주택담보대출이 있다고 해도 KB시세의 30%까지 담보대출이 가능했다. 하지만 투기지역의 경우는 다른 주택담보대출이 한 건이라도 있으면 대출이 불가능하다.

예를 들어, 지방에 아파트가 한 채 있고 담보대출도 있는 상황에서 투기과열지구로 지정된 지역의 아파트를 매입할 경우 주택담보대출은 KB시세의 30%까지 가능하다. 하지만 투기지역으로 지정된 아파트를 매입하는 경우라면 대출 자체가 아예 불가능해진다. 더구나 개인이 아닌 세대로 적용하기 때문에 지방에 있는 아파트가 아내 소유고 남편이 투기지역 아파트를 매입할 경우에도 대출을 받을 수 없다. 그렇다고 방법이 전혀 없는 것은 아니다. 가장 간단한 방법은 기존 주택담보대출을 상환하는 것이다. 하지만 기존 대출은 KB시세의 70% 정도였을 것이고, 새롭게 매입하는 투기지역 내 주택은 40%일 것이다. 40%

라 하더라도 금액이 더 클 경우에만 유용하다.

　이 방법 외에 투기지역에 추가 주택을 매입하는 상황에서 일시적 2주택에 해당하고 기존 주택을 2년 이내 처분하는 조건이라면 30% 대출할 수 있다. 그리고 기존 주택을 매도하는 매매계약을 했다면 그 계약서를 근거로 하여 주택담보대출이 없는 조건인 40%까지 대출할 수 있다. 서민 실수요자에 해당하면 50%까지도 대출할 수 있지만, 투기지역 내 주택을 매입하는 수준이라면 여기에 해당하는 경우는 극히 드물 것이다. 투기지역의 경우 대출만기 연장이 제한된다는 사실도 알아야 한다.

　이와 같은 대출 규제는 주택을 매입할 때뿐만 아니라 보유 도중 담보대출을 받는 경우에도 적용되기 때문에 대출 없이 집을 보유한다고 해도 내 집이 투기지역이라면 이와 같은 내용을 알아야 자금계획에 차질이 없을 것이다.

내 집이 투기지역으로 지정되었다면?

만약 동작구에 아파트를 소유한다면 심히 당황스러울 수도 있다. 기존에는 투기과열지구였는데 투기지역으로 지정되었으니 말이다. 열심히 일해 모은 돈으로 서울에 집 한 채 사서 살고 있을 뿐인데 갑자기 투기지역이 웬 말인가 싶을 수도 있다. 이렇게 규제가 강화되거나 새롭게 규제대상 지역으로 선정된다면 괜히 집값이 내려가는 것이 아닐까 우려된다. 하지만 너무 걱정할 필요는 없을 것 같다. 이처럼 새롭게 규제지역으로 지정된 이유는 이미 많이 올랐다는 방증이고 앞으로 더 많이 오를 것이라고 예상되기 때문에 지정된 것이다. 그리고 더 중요한 사실은 과거를 되돌아봤을 때, 이렇게 규제 지역을 지정해서 상승이 멈춘 적은 단 한 번도 없었다는 점이다. 그렇다고 지정된 지역에 투자나 투기를 하란 말은 아니다.

추가로, 오를 가능성은 매우 높다고 해도 다주택자라면 그 차익의 상당 부분을 양도세로 내야 할 것이다. 하지만 만약 실수요자라면 놓치기 아까운 기회임은 분명하다. 물론, 자금이 있어야 한다는 전제조건은 있겠지만 말이다.

집 살 때 대출되는 경우, 안 되는 경우

10

투기 수요를 억제하기 위해 만들어진 9·13 부동산 대책, 하지만 제도가 바뀌면서 실수요자들 또한 큰 혼란을 겪고 있다.

무주택자거나 자금 여력이 충분하여 집을 살 때 대출이 필요 없는 사람들에게는 이번 9·13 대책이 아무런 영향을 주지 않겠지만 집이 한 채 이상 있는 상태에서 대출을 받아 새로운 집으로 이사하려는 사람에게는 이번 정책이 큰 혼란을 주고 있다.

대출, 어떤 경우에 가능하고 어떤 경우에 불가능할까? 경우에 따라 어떻게 해야 하는지 질문과 답변으로 알아보자.

분양권 중도금 대출의 경우

Q. 지난달인 8월에 서울에 있는 아파트 분양권에 당첨되었습니다. 현재 고양시에 거주 중인 아파트 한 채를 소유하고 있는 상황인데 당첨된 아파트의 중도금 대출을 받을 수 있을까요?

A. 네, 가능합니다. 규제 지역 내 신규주택 취득에 대한 대출 제한은 9월 14일부터 계약 또는 분양한 주택에 대해서만 적용되는데, 그 전인 8월에 당첨된 건이기 때문에 이번 정책과 상관없이 중도금 대출을 받을 수 있습니다.

Q. 그렇다면 위 경우 만약 9월 14일 이후에 분양받은 것이라면 중도금 대출이 불가한 것인지요?

A. 원칙적으로는 불가능합니다. 하지만 기존 주택을 2년 이내 매도한다는 조건이거나, 무주택 자녀가 결혼 등으로 분가하는 조건이라면 중도금 대출이 가능합니다.
여기서 기존 주택을 처분하는 '2년 이내'라는 기준은 분양받은 아파트가 준공된 후 소유권 등기가 완료된 시점부터입니다.

Q. 1주택 가구이고, 규제대상 지역에서 지난 8월에 분양했던 아파트의 분양권을 9월 15일 매입했습니다. 중도금 대출이 가능할까요?

A. 이 경우에는 분양권 거래일을 기준으로 정책이 적용됩니다. 즉, 정책 발표 이후인 9월 15일에 계약이 체결되었으니 이번 대출 규제를 적용받아 원칙적으로 중도금 대출이 불가능합니다.

지난 8월 28일부로 추가 지정된 규제 지역 현황

하지만 위 경우처럼 기존 주택을 2년 이내 매도한다는 조건이거나,
무주택 자녀가 결혼 등으로 분가하는 조건이라면 중도금 대출이 가
능하겠습니다.

Q. 1주택 가구가 규제 지역 내 재개발, 재건축에 따른 이주비와 조합분
담금의 대출을 받을 수 있을까요?

A. 가능합니다. 단, 해당 대출 취급 기간 동안 추가 주택을 사지 않겠다
는 약정을 체결해야 합니다.

신규 주택 취득의 경우

Q. 2주택 가구가 2주택을 2년 이내 모두 처분하는 조건으로 규제 지역 내 신규 주택 구매 목적의 주택담보대출을 받을 수 있나요?

A. 불가능합니다. 2주택 이상일 경우는 모든 주택을 2년 이내 다 처분하겠다는 약정을 한다고 해도 규제 지역 내 신규 주택 구매 목적의 주택담보대출이 원천적으로 불가합니다.

Q. 2주택 가구가 이직을 사유로 규제 지역 내 추가 주택을 구매할 때, 주택담보대출을 받을 수 있나요?

A. 2주택 가구라면 이 또한 불가능합니다.

Q. 2주택 가구입니다. 1채는 아파트며 본인 세대가 직접 거주하고 있고, 나머지 한 채는 오피스텔인데 부모님이 살고 계십니다.
이번에 아이가 고등학생이 되어 교육 문제로 이사해야 하는데 9·13 부동산 대책이 발표되었습니다. 지금 상황이라면 규제 지역 내 주택을 구매할 때 대출이 아예 불가능한가요?

A. 신규 주택 취득에 따른 대출 규제에서 주택 수로 인정하는 기준은 주택법에서 정하는 주택과 입주권, 분양권입니다. 따라서 오피스텔은 주택 수에 포함되지 않습니다. 주거용이라고 해도 마찬가지입니다.
즉, 1주택 가구기 때문에 기존 주택을 2년 이내 처분하는 조건으로 신규 취득하는 주택은 담보대출이 가능합니다.

Q. 빌라 두 채를 보유하고 있으며 그중 한 채는 실거주하고 나머지 한 채는 월세를 주고 있습니다. 아이들이 커감에 따라 집이 너무 좁게 느껴져서 좀 더 넓은 집으로 이사하려는데, 규제 지역 내 집을 살 경우 대출이 불가능한 것인지요? 만약 그렇다면 방법이 없는 것인가요?

A. 질문하신 상황은 2주택 가구기 때문에 규제 지역 내 신규 주택 구매 목적의 주택담보대출이 원천적으로 불가합니다.

방법이라고 한다면 두 가지 정도가 있는데, 첫째는 월세 주고 있는 빌라를 매도하거나 양도, 증여하여 1주택 가구가 된 후 남은 그 주택을 2년 이내 매도하는 조건으로 신규 주택담보대출을 받을 수가 있습니다.

둘째는, 월세 주고 있는 빌라를 임대주택으로 등록하는 것입니다. 임대주택으로 등록할 경우 그 주택은 주택 수에서 제외됩니다. 따라서 1주택 가구로 위와 같이 2년 이내 매도하는 조건으로 신규 취득한 주택은 담보대출을 받을 수 있을 것입니다.

기존 보유 주택담보대출의 경우

Q. 1주택 가구가 규제 지역 내 주택에 대해 임차보증금 반환 용도로 주택담보대출을 받을 수 있을까요?

A. 가능합니다. 이 경우에는 연간 1억 원 한도가 아닌, LTV·DTI 한도 내까지 대출이 가능합니다.

단, 공시가격 9억 원을 초과하는 고가 주택의 경우, 1주택 가구가 임대를 놓던 주택에 전입할 목적으로 대출을 신청하는 경우에만 가능합니다. 만약 해외 근무 등 불가피한 사정으로 당장 전입이 불가능한 상황이라면, 그 이유를 입증할 경우에 예외가 인정될 수도 있겠습니다.

Q. 2주택 가구가 규제 지역 내 주택에 대해 임차보증금 반환 용도로 주택담보대출을 받을 수 있을까요?

A. 원천적으로 불가능합니다. 단, 기존 주택의 매매계약서(계약금 납입내역 포함)를 제출할 경우에는 가능합니다. 물론 향후 기존 주택의 최종적인 매매 내역을 제출해야 합니다. 만약 제출하지 않을 경우에는 대출을 즉각 회수하고, 주택 관련 대출이 향후 3년간 제한됩니다.

전세금, '대항력' 갖춰도
위험할 수 있다?!

11

9·13 부동산 대책 이후 서울 아파트 시장은 소강상태를 보인다. 하지만 일부 경기도와 지방은 오히려 급등하고 있기 때문에 여전히 실수요자는 집을 살 것인지, 아니면 전세로 들어갈 것인지를 심각히 고민하지 않을 수 없다.

결국 집값 상승에 대한 기대수익을 포기하고 최소한 손해 볼 일은 없을 것이라고 믿는 전세를 선택하는 경우도 많다. 하지만 전세라는 제도는 우리가 아는 것보다 훨씬 위험한 요소가 많다. 앞 칼럼에서도 이와 관련된 가장 기본적인 부분을 설명했는데, 이번에는 그 외에 추가로 꼭 알아야 하는 내용을 정리해보도록 한다.

대항력이란?

임차인이란 집주인에게 돈을 빌려주고 그 대가로 집주인의 집을 사용, 수익하는 일종의 채권자다. 하지만 단순 채권자가 아닌, 의식주 중 주에 해당하는 주거를 담보로 하는 임차인이기 때문에 우리나라 법에서는 주거 안정을 위해 임차인에게 일반 채권자보다 훨씬 강한 지위를 부여해 보호하고 있다. 그중 하나가 바로 '대항력'이라는 것이다. '대항력'은 임대차계약을 한 당사자인 집주인뿐만 아니라 그 누구에게도 임차인이라고 주장할 수 있는 힘이다. 더 쉽게 말하자면 집주인이 바뀌어도, 또는 그 어떤 누구에게도 자신의 보증금을 다 돌려받기 전까지는 집을 비워주지 않아도 될 권리다.

그런데 경매나 공매가 진행되면 이야기가 좀 달라진다. 임차인이 입주하면서 전입신고를 하기 전에 근저당, 가압류 등과 같은 다른 권리가 있었다면 임차인의 권리는 낙찰과 함께 모두 사라지게 된다. 즉, 보증금을 다 받든, 받지 못하든 새로운 낙찰자에게 집을 비워줘야 한다. 하지만 입주하면서 전입신고를 할 때 등기부상에 아무런 권리가 없는 상태라면 이 임차인은 자신의 보증금을 전부 받기 전까지는 그 누구에게도 집을 비워주지 않아도 될 권리를 가진다. 이런 임차인을 '대항력 있는 임차인'이라고 한다.

여기까지는 전세를 중개하는 공인중개사도, 그리고 전세로 들어가는 당사자도 상식적으로 아는 내용이다. 그래서 입주하며 전입신고를 하기 전까지 등기부에 아무런 권리가 없다면 나중에 전세금을 돌려받는 데 문제가 없을 것이라고 알고 있다. 하지만 과연 그럴까?

집을 비워주지 않아도 되지만, 전세금을 돌려받을 수 없다면?

우리가 어떤 집에 전세로 들어가는 이유는 집값 하락에 대한 리스크를 회피하기 위한 목적도 있지만, 그 지역에 장기간 머물지 않을 가능성이 높아서 선택하는 경우도 있다. 또는 그 지역, 그 부동산이 굳이 매입할 만큼 매력적이지 않기 때문일 수도 있다. 따라서 임대차기간이 만료되어 다른 곳으로 이사해야 하는 상황에서 계획에 차질 없이 전세금을 돌려받을 수 있어야 한다. 즉, 보증금을 돌려받기 전까지 집을 비워주지 않아도 되는 권리만으로는 안전하지 않다는 것이다. 아래 사례를 살펴보도록 하자.

조선업 경기침체로 집값이 하염없이 추락 중인 거제시에서 한 아파트의 경매가 진행되었고, 9,300만 원 남짓에 낙찰되었다. 그런데 이 아파트에는 임차인이 있었다.

임차인 이○○의 전세보증금은 무려 1억 8,000만 원이다. 하지만 다행히도 이 임차인이 입주하면서 전입신고를 한 2014년 11월 24일에는 등기부상에 아무런 권리가 없었기 때문에 대항력을 가지고 있다. 즉, 보증금 1억 8,000만 원을 전부 돌려받기 전까지는 낙찰자에게 집을 비워주지 않아도 된다. 게다가 확정일자도 받아두었기 때문에 경매 절차에서 배당도 받을 수 있다. 하지만 낙찰된 금액이 9,300만 원 남짓이기 때문에 경매 진행 비용 200여만 원 정도를 제외한 9,100여만 원 정도밖에 배당받을 수 없다. 물론 나머지 보증금은 낙찰받은 사람에게 받으면 된다. 하지만 지금 낙찰자의 상황은 어떨까?

낙찰자는 낙찰된 금액 9,300여만 원에 추가로 임차인에게 8,900여만 원 정도를 지급해야 한다. 결국 1억 8,200여만 원에 아파트를 매입하게 되는 것이다. 그런데 이 아파트의 현재 시세는 1억 5,000만 원 정도밖에 되지 않는다. 쉽게 말해 이 사건의 낙찰자는 그냥 현지 공인중개사 사무소를 통해 이와 비슷한 아파트를 1억 5,000만 원에 살 수 있는데 일반적인 매매보다 복잡한 부동산 경매를 통해 이보다 3,200여만 원이나 비싸게 매입하는 격이 되는 것이다. 입찰 당시에는 아마도 이런 내용을 몰랐을 것이다. 하지만 잔금을 납부하기 전까지 이런 사실을 알게 된다면 어떨까? (이상하게도 낙찰 후에 이런 문제를 알아보는 사람이 많다.)

이런 상황에서 낙찰자의 선택은 두 가지다. 첫째, 시세보다 3,200여만 원을 더 비싸게 사는 것임에도 잔금을 납부한다. 둘째, 입찰할 때 제출한 보증금 930여만 원을 포기하고 잔금을 납부하지 않는다. 여러분이라면 어떤 결정을 할 것인가? 결국 이 사건은 낙찰자가 잔금을 내지 않을 가능성이 매우 크다.

그렇다면 이 사건의 임차인은 또다시 경매가 진행되고, 또 낙찰되어 보증금 전액을 배당 및 낙찰자에게 받아야 하는데 애석하게도 이 아파트의 현재 시세는 1억 5,000만 원이다. 즉, 정상적으로는 낙찰이 될 수 없는 물건인 것이다. 결국 임차인은 집을 비워주지 않아도 되지만 보증금은 돌려받을 수 없다.

보증금을 돌려받으려면 이 아파트가 다시 1억 8,000만 원 이상으로 올라야만 한다. 이와 같은 현상은 해당 지역의 시장 분위기가 매우 좋은 시기에 임대차계약을 한 경우 많이 발생한다. 즉, 매매가격이 오르고 올라 거의 최고점에 다다랐을 시기는 매매뿐만이 아니라 전세로 들어가는 것도 이처럼 위험해질 수 있는 것이다.

그밖에 꼭 확인해야 할 것들

이처럼 매매시세가 계속 떨어지면 임차인도 위험해질 수밖에 없는 것
이다. 하지만 시세가 떨어지지 않는다고 해도 위험해질 수 있는 변수
가 몇 가지 더 있다.

먼저 집주인의 체납된 세금이다. 경매가 진행되어 낙찰되면 채권자
들에게 배당이 시행되는데 이때 소유자에게 체납된 세금의 배당순위
는 당해세(해당 부동산에 부과된 세금으로 재산세)의 경우 무조건 근저당, 임차
인 우선변제권보다 우선순위이며 일반 세금은 법정기일(고지서 발송일, 신
고일)이다. 내용이 어려울 수 있는데 간단히 말하자면 임대차계약 시 이
미 집주인의 체납된 세금이 있다면 경매나 공매 진행 시 그 임차인보
다 배당순위가 빠르다는 것이다. 이렇게 되면 그 금액에 따라 위 사례
처럼 임차인이 대항력을 가졌다고 해도 배당을 받는 데 문제가 생길
수 있다. 이를 예방하기 위해서는 소유자의 국세, 지방세 완납증명서
등을 첨부하면 안전하겠지만 실제로 이런 서류를 집주인에게 요구하
는 공인중개사는 한 번도 보지 못했다.

그밖에 임금채권이라는 것도 있다. 집주인이 고용자이고 피고용자
에게 미지급한 임금이 있다면 그중 3개월 동안의 임금, 3년 동안의 퇴
직금에 해당하는 금액은 무조건 근저당, 임차인 우선변제권 등보다 우
선순위가 된다. 따라서 집주인이 사장이라면 이런 것까지도 문제가 될
수 있다. 하지만 임금체납 여부는 확인할 수 있는 서류가 없을뿐더러

그 체납 시기가 임차인의 권리보다 한참 늦는다고 해도 여전히 우선순위기 때문에 예방할 방법은 사실상 없다.

이처럼 전세라는 제도에는 생각보다 많은 위험이 도사리고 있다. 어쩌면 전 재산일 수도 있는 전세금을 보다 안전하게 지키기 위해서는, 보다 안정적인 주거생활을 하기 위해서는 이처럼 기본적인 내용 정도는 반드시 체크해야 한다.

네?! 우리 빌라가
위반건축물이라고요?

12

A 씨는 얼마 전 서울에 다세대주택(빌라)을 실거주 목적으로 매입했다. 아파트는 가격이 너무 많이 올라버렸고, 이대로 가만히 있다가는 영영 서울에 집을 사지 못할 것 같다는 불안감에 눈높이를 낮춰 다세대주택을 매입한 것이다. 그런데 얼마 후 해당 구청에서 위반건축물로 적발되었다는 황당한 안내를 받았다. 분명 공인중개사를 통해 집을 매입할 때만 해도 아무 이상이 없는 것으로 알았는데, 날벼락 같은 소식을 접하게 된 것이다.

빌라나 다가구는 아파트보다 위반건축물이 비교적 많은 편이다. 그래서 전세로 들어가거나 매입할 때 위반 사항을 잘 모르고 거래할 경우 큰 낭패를 볼 수도 있다. 그리고 위반 내용의 경중에 따라 천국과

지옥을 오갈 수도 있다. 이번 칼럼에서는 다세대(빌라) 거래 시 어떻게 위반 사항을 미리 체크할 수 있는지, 그리고 어떤 위반 사항이 정말 위험한 것인지를 정리해보도록 한다.

위반건축물이란?

땅의 가치는 역시나 입지가 가장 중요하다. 그런데 땅마다 어떤 종류의 건축물을 어떤 규모로 지을 수 있는지가 법으로 정해져 있다. 그래서 이 여부에 따라서도 땅의 가치는 크게 달라진다. 그렇기 때문에 건물을 지을 때는 법이 허용하는 범위 내에서 건축허가를 받고 그것에 맞게 건축하여 승인을 받아야 한다.

만약 허가받은 대로 건축하지 않는다면? 당연히 건축 승인이 되지 않는다. 따라서 애당초 그 내용을 위반하여 건축하는 경우는 많지 않다. 처음에는 제대로 건축하여 사용승인을 받고 그 이후에 변경하는 경우가 많다. 이처럼 법이 허용한 범위를 벗어나는 건축물을 위반건축물이라고 한다. 그리고 이와 같은 위반 사항이 관청에 적발되면 건축물대장에 '위반건축물'이란 꼬리표가 붙게 되며 일정 기한까지 원상복구하라는 시정명령이 나온다.

만약 시정을 하지 않는다면, '이행강제금'이란 페널티가 부과된다. 따라서 부동산을 거래할 때 이와 같은 위반건축물 여부를 반드시 확인하지 않으면 향후 피해가 커질 수 있다.

공인중개사에게 꼭 요청하세요!

공인중개사를 통하면 안전하지 않을까? 원칙적으로 부동산 중개를 할 때 공인중개사는 건축물대장을 확인해 건축물 위반 사항에 대해서도 검토하여 매수인에게 안내해야 하며, 중개대상물 확인·설명서에도 이 내용을 기재해야 한다. 하지만 여러 건의 부동산 거래를 하면서 공인중개사가 건축물대장까지 일일이 확인하는 경우는 많지 않았다. 물론 문제가 생기면 중개 책임을 져야겠지만 상호 협의가 되지 않는다면 법률적인 절차를 거쳐 그 손해에 대해 보상받아야 하며, 그 절차 또한 매우 피곤하기에 처음부터 철저히 확인하는 것이 가장 중요하다.

따라서 최소한 건축물대장 정도는 직접 확인하거나 중개사를 통해 확인해야 한다. 그런데 만약 위반 사항이 있어도 적발되지 않은 상태라면 어떨까? 건축물대장에 표기되지 않으니 그 내용을 알기가 쉽지 않을 것이다. 하지만 위반 사항의 상당 부분을 차지하는 것들에 대해서 간단히 체크해볼 방법이 있다.

위반건축물의 유형은?

위반건축물의 유형은 정말 다양한데, 그중 대다수를 차지하는 내용은 다음 두 가지가 있다.

첫째, 베란다를 확장하는 것이다. 베란다를 확장하는 것이 불법이란 말인가? 우리 집 베란다도 확장되었는데 위반건축물이 아니라고 하던

데? 이런 의문을 해소하기 위해서는 용어의 차이를 알아야 한다. 아래 그림을 보자.

건물의 왼쪽처럼 아래층과 위층의 면적이 달라 생기는 공간을 베란다라고 하며, 오른쪽처럼 거실 등의 공간을 건물 밖으로 돌출시켜 만든 공간을 발코니라고 한다. 그런데 중요한 것은 베란다를 확장하는 것은 불법이며 발코니를 확장하는 것은 합법이다. 따라서 매입하는 빌라의 공간이 확장되어 있다면, 그 확장된 공간이 베란다인지 발코니인지를 확인하면 위반건축물 여부를 판단할 수 있다. 만약 확장된 바닥이 아랫집 지붕에 해당한다면 건축물대장에 기재되지 않았다고 해도 위반건축물이다.

둘째는 용도를 무단으로 변경하는 것이다. 예를 들어, 다세대 건물(빌라) 한 호의 건축물대장을 확인해보니, 용도가 다세대가 아닌 제2종 근린생활시설(사무소)로 되어 있다. 하지만 내부를 봤을 때 일반적인 빌라와 마찬가지로 방, 욕실, 거실, 주방 등의 주거용 구조로 되어 있다면

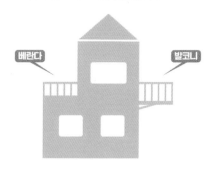

베란다와 발코니의 차이점

베란다

발코니

무단으로 용도를 변경한 것이다. 즉, 위반건축물인 것이다. 그 위반 사항이 다행히(?) 적발되어서 건축물대장에 위반건축물이란 표시가 되어 있다면 그나마 식별하기 수월하겠지만, 만약 적발되지 않았다면 건축물대장상의 용도까지 꼼꼼히 검토하지 않는 한 위반건축물 여부를 알기는 쉽지 않을 것이다.

그런데 여기서 중요한 것이 있다. 같은 위반건축물이라고 해도 첫 번째 경우에 해당되는 베란다 확장에 대한 위반 사항은 그 면적과 경중에 따라 달라지는데 통상 2~4회 정도의 이행강제금이 부과되고 그다음부터는 더 부과되지 않는다. 그리고 때로는 불법 위반건축물 양성화 기간을 두어 그 기간에 위반 사항을 신고하면 심의를 거쳐 합법으로 처리해주는 조치를 하기도 한다. 이렇게 되면 오히려 불법적인 면적이 합법으로 바뀌면서 건축물대장, 등기사항전부증명서 등의 공부상 면적도 그만큼 늘어나는 효과를 볼 수도 있다.

하지만 두 번째 경우의 불법 용도 변경은 이와 같은 양성화 대상에 아예 해당하지 않는다. 결국 불법 개조된 주거용 시설을 철거하여 근린생활시설로 원상 복구해야 하는 것이다. 원상 복구하지 않으면 이행강제금 부과도 몇 회로 끝나는 것이 아닌, 원상 복구가 될 때까지 계속해서 부과된다. 그런데 더 중요한 건 이와 같은 지역은 근린생활시설로서의 수요가 거의 없다는 것이다. 그런 이유로 무단 용도 변경을 한 것이다. 따라서 원상 복구한다고 해도 근린생활시설로는 임대할 수도 매도할 수도 없는 경우가 대다수다.

결론적으로 거래하는 부동산이 다세대나 다가구일 경우에는 반드시 이처럼 위반건축물 여부를 확인해야만 손해를 보지 않는 것이다.

아파트 시장의 바로미터, '준공 후 미분양'

13

대한민국의 아파트 공급 방식은 매우 특이하다. 아파트를 짓기도 전에 수많은 사람이 서로 사겠다고 줄을 선다. 그 때문에 청약이란 제도를 이용하여 수많은 경쟁률을 뚫고 '아파트를 살 기회'에 당첨되어야만 살 수 있다.

요즘 공공분양주택을 선두로 후분양제를 도입하는 정책이 발표되었지만, 공급 물량의 주류를 이루는 민간 분양까지 후분양제로 끌어들이기는 쉽지 않아 보인다. 어쨌건, 이처럼 미리 아파트를 분양하는 제도로 우리는 2~3년 후의 입주 물량과 현재의 아파트 시장의 분위기를 감지할 수 있다. 아파트 시장 상황이 항상 좋은 것만은 아니다. 오를 때가 있으면 떨어질 때도 있는 법이어서 그 흐름을 감지하는 것이 중요

하다. 분양 시장의 분위기를 통해 아파트 시장 상황을 감지할 수 있는
방법을 알아보자.

공사 완료 후 미분양에 주목해야

아파트 시장이 향후 좋아질지, 안 좋아질지 그 분위기를 감지할 때 분
양 시장의 지표는 매우 유용하다. 그중에서도 미분양 물량이 얼마나
되는지를 체크하는 것은 큰 의미가 있다. 특히 준공 후에도 미분양 상
태로 남아 있는 물량이 많아진다면, 아파트 시장의 수요와 공급이 불
균형한 상태라고 판단할 수 있다.

서울 아파트 매매가격지수와 준공 후 미분양 물량을 나타낸 아래 그
래프를 보자. 준공 후 미분양과 매매가격지수는 연관성이 있어 보인
다. 서울의 경우 준공 후 미분양이 순식간에 늘었던 A 구간과 순식간

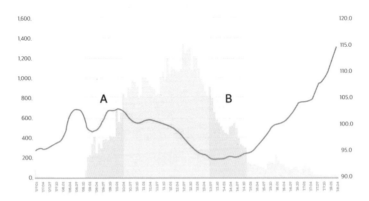

서울 아파트 매매가격지수와 준공 후 미분양 추이

자료 : 국토교통 통계누리, KB 부동산   매매지수 ——   준공 후 미분양 ——

에 줄었던 B 구간의 매매가격 변동을 보면 상관관계를 알 수 있다. 준공 후 미분양 물량이 600호가 넘어가는 순간부터 하락기로 접어들었고, 반대로 600호 밑으로 떨어지는 순간부터 반등하기 시작했다.

서울 및 대도시 미분양 물량 현황은?

그렇다면 며칠 전 발표된 미분양 수치를 보며 전국 아파트 시장의 분위기를 살펴보도록 하자. 먼저 서울은 위 그래프에 나타난 대로 아직 맑음이다. 준공 후 미분양 물량도 적고, 매매 지수도 급락할 조짐은 보이지 않는다. 부산은 좀 재미있는 양상을 띠고 있다. 일반 미분양은 전월보다 189호가 줄었지만, 준공 후 미분양은 오히려 24호가 늘었다.

미미한 수준의 증가기는 하지만 어쨌건 시장이 좋아질 신호는 아니

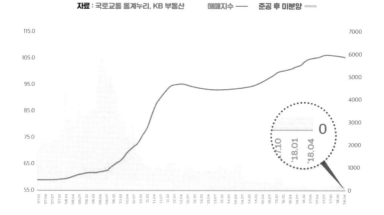

부산 아파트 매매가격지수와 준공 후 미분양 추이

자료 : 국토교통 통계누리, KB 부동산   매매지수 ──   준공 후 미분양 ┅┅

다. 좀 더 지켜봐야겠지만 부산은 당분간 좋은 분위기를 기대하기는 힘들 것 같다. 하지만 미분양 수준으로 봤을 때 하락하더라도 폭이 크지는 않을 것으로 예상된다.

대구는 일반 미분양이 전월 230호에서 194호로 36호 감소했고, 준공 후 미분양도 116호에서 114호로 2호가 줄었다. 꾸준히 좋은 분위기를 이어가고 있다.

인천은 어떨까? 인천은 입주 물량이 비교적 많은 편이라 현재 시장이 그다지 좋지는 않다. 그렇지만 미분양 추이는 그럭저럭 나쁘지 않은 모습이다. 일반 미분양이 1,311호에서 1,186호로 125호 줄었고, 준공 후 미분양도 570호에서 563호로 7호가 줄었다. 무엇보다 매년 엄청나게 쏟아지는 송도의 입주 물량과 비교해 연수구의 준공 후 미분양은 아직도 제로를 유지한다는 것에 관심을 둘 만하다.

광주, 대전, 울산도 그럭저럭 괜찮은 분위기를 이어간다. 따라서 서울과 광역시는 당분간 아파트 시장이 휘청거릴 상황은 아닐 것으로 판단된다.

경기도 미분양 물량 현황은?

다음은 경기도다. 경기도는 워낙 넓기에 시 단위로 확인이 필요한데 지금 의정부시가 심상치 않다. 의정부시의 준공 후 미분양은 지난 4월까지 1호를 기록했는데 5월에는 갑자기 42호가 늘었다. 의정부는 2016년부터 쏟아졌던 입주 물량에도 잘 버텨왔는데 이제는 좀 버거운 걸까?

이럴 때는 좀 더 구체적으로 미분양 대상을 알아볼 필요가 있다. 42호에 해당하는 대상은 2017년에 분양했던 도시형 생활주택으로 추정된다. 그렇다면 이 수치만으로 일반적인 아파트 시장의 분위기 침체로 보기에는 무리가 있을 것이다.

다음은 부천시인데 준공 후 미분양이 41호가 늘었다. 하지만 의정부시와 비슷하게 이 미분양은 일반적인 아파트가 아닌, 100세대 미만의 1동짜리 건물로 추정된다.

그밖에 경기도에는 특별히 눈여겨볼 준공 후 미분양은 없었다. 일반 미분양을 살펴보면 오히려 경기도 전체적으로 403호가 줄었고, 그중 남양주시에서 285호가 감소해 미분양 감소에 가장 큰 공헌을 했으며, 이어서 화성시, 김포시, 이천시 순으로 미분양이 줄었다. 사상 최고치의 입주 물량을 쏟아내는 현재 상황에서 실로 대단하다고 할 수 있다.

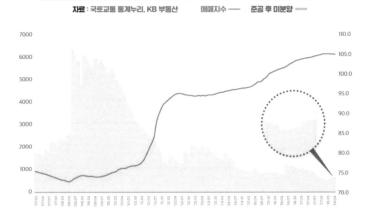

그 외 지역 미분양 물량 현황은?

이제는 지방으로 가보자. 강원도는 평창올림픽 이후 힘을 못 쓰는 분위기다. 준공 후 미분양이 조금씩 늘고 있고, 매매가격지수도 상승을

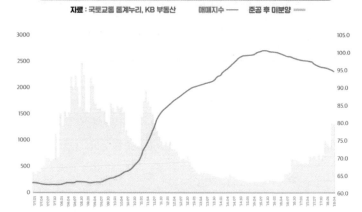

좋은 집 구하는 기술

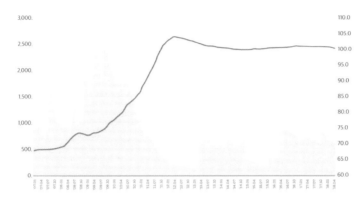

전북 아파트 매매가격지수와 준공 후 미분양 추이

자료 : 국로교통 통계누리, KB 부동산 　　매매지수 ——　준공 후 미분양 〓〓

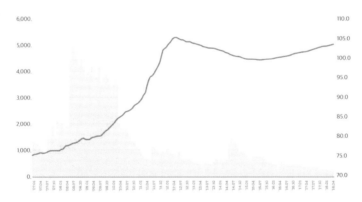

전남 아파트 매매가격지수와 준공 후 미분양 추이

자료 : 국로교통 통계누리, KB 부동산 　　매매지수 ——　준공 후 미분양 〓〓

멈추고 하락 국면으로 접어들었다.

충북은 분위기가 매우 안 좋다. 2015년 후반기부터 미분양이 쌓이면서 줄곧 하락하기 시작했는데, 그 끝이 어딘지 아직 알 수 없다. 충남은 충북과 비슷한 분위기를 보인다.

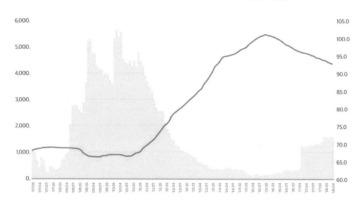

경북 아파트 매매가격지수와 준공 후 미분양 추이

자료 : 국토교통 통계누리, KB 부동산   매매지수 ——   준공 후 미분양 ——

전북은 준공 후 미분양 추이가 매매가격에 상당히 후행하는 모습을 보인다. 그리고 2012년부터 매우 지루한 줄다리기를 하는 모습인데 언제쯤 시장이 움직이게 될지는 좀 더 지켜봐야겠다.

그런데 전남의 모습은 전북과 다르다. 2012년에 꺾였던 시장이 2015년부터 반등하기 시작했고, 준공 후 미분양 또한 조금씩 꾸준히 줄어들고 있는 모습으로 봤을 때 당분간은 좋은 분위기가 지속될 것으로 예상해볼 수 있다.

경북과 경남은 충북과 충남처럼 분위기가 매우 안 좋다. 준공 후 미분양은 계속 증가하는 추세를 보이고, 가격 하락의 끝은 어디인지 알 수 없는 형국이다.

이처럼 대한민국 안에서도 지역별 아파트 가격의 분위기는 제각각이다. 그렇기 때문에 수도권 시장과 지방 시장의 분양 열기도 다를 수밖에 없는 것이다.

대한민국에만 존재하는 아파트 분양 제도, 하지만 이런 제도 때문에 우리는 어느 정도 시장을 예측해볼 수 있다. 아파트를 사고팔기 전에 최소한 미분양 물량만이라도 체크해본다면 좀 더 현명한 타이밍에 거래할 수 있을 것이다.

강남과 강북의 아파트값,
앞으로 더 벌어질까?

2013년 후반기부터 상승하기 시작한 서울 아파트값은 2017년 8·2 부동산 대책 이후 잠시 숨 고르기를 하다 다시 상승을 이어가고 있다. 그런데 이번 상승의 주체는 단연코 재건축 이슈가 있는 강남권이다.

일부 언론에서는 강남과 비강남의 양극화가 더욱더 심해질 것이라는 전망을 하는데, 과연 앞으로의 움직임은 어떨 것인지, 그리고 비강남이라도 집을 사는 게 좋을 것인지, 마지막으로 어느 타이밍에 사는 게 좋을 것인지를 짚어보자.

강남과 강북, 아파트 가격 차이는?

2008년 12월 서울 아파트 중위가격은 4억 8,084만 원이었다. 그리고 한강을 기준으로 남쪽을 강남, 북쪽을 강북으로 분류했을 때 08년 12월 강남의 아파트 중위가격은 5억 6,782만 원이었고 강북의 아파트 중위가격은 3억 7,665원이었다. 08년 12월 당시 강남과 강북의 가격 차는 1억 9,117만 원으로 2억 원이 채 넘지 않았다.

하지만 2015년부터 강남이 본격적으로 상승하기 시작하여 강남과 강북의 가격 차이가 급격히 벌어지기 시작했고, 급기야 2018년 1월에는 4억 원이 넘게 벌어졌다. 좀 더 세부적으로 들여다보면 2015년 1월

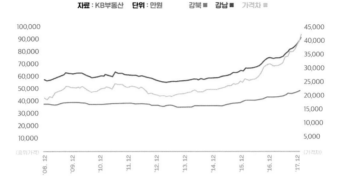

강북, 강남 아파트 중위가격과 가격차

자료 : KB부동산   단위 : 만원   강북 ■   강남 ■   가격차 ■

부터 2018년 1월까지 강북은 3억 6,064만 원에서 4억 7,969만 원으로 1

억 2,000만 원 정도 상승했는데, 같은 기간 강남은 5억 8,086만 원에

서 8억 9,683만 원으로 3억 1,500만 원이 넘게 상승한 것이다. 그러나

비싼 만큼 상승하는 금액도 다를 것이니 비율로 계산한 수치를 살펴볼

필요가 있다.

비율적으로는 강남이 강북보다 약 160%대, 약 1.6배 가격을 유지해

왔다. 그러다 그 차이가 벌어지는 시점이 2016년도부터다. 즉, 15년까지

는 강남과 강북이 비슷한 비율로 상승하다가 16년부터는 강남이 더 높

은 비율로 상승한 것이다.

그 결과 현재는 강남과 강북의 차이가 187%로 벌어졌다. 비율로도 역

대 최고의 가격 차가 되었으며, 조금만 더 벌어진다면 이제 2배가 된다.

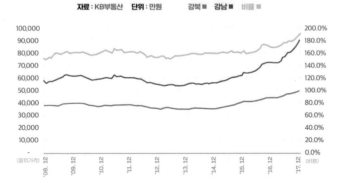

강북, 강남 아파트 중위가격과 비율

자료 : KB부동산   단위 : 만원   강북 ■   강남 ■   비율 ■

강남 아파트는 계속 더 오를까?

여기서 사실 우리가 가장 궁금한 건 강남 아파트값이 앞으로도 계속 상승을 할 것인지, 그리고 강북도 강남 따라 다시 상승을 시작할 것인 지 아닌지다. 현재의 위치와 추가 상승 여부를 가늠할 수 있는 지표는 여러 가지가 있겠지만 그중 전세가율의 수치를 살펴보자.

전세가율이란 매매가격 대비 전셋값의 비율이다. 매매가격이 1억 원이고 전셋값이 5,000만 원이라면 전세가율은 50%가 된다. 다음 그래프는 강남(서울 중 한강을 기준으로 남쪽)의 전세가율과 매매가격지수의 상관관계를 나타낸 것이다. 과거 A 구간을 보면 전세가율이 정점에 다다르고 하락을 시작하는 시점에 매매가격은 본격적으로 상승했다. 그리고 전세가율은 계속 하락하면서 매매가격은 반대로 계속 상승했다.

그런데 재미있는 건 전세가율의 하락이 바닥을 찍고 다시 반등하면

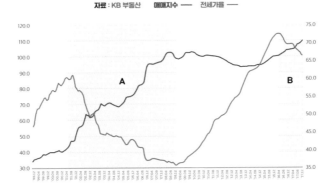

강남 아파트 매매지수 및 전세가율

자료 : KB 부동산   매매지수 ──   전세가율 ──

서부터 매매가격은 하락세로 돌아섰다는 것이다. 이와 같은 추세가 지

속되다가 드디어 B 구간처럼 전세가율이 다시 정점을 찍고 하락하면서

매매가격의 기울기가 커지기 시작했다. 새로운 사이클이 다시 시작된

것이다. 그리고 2017년 12월 현재 전세가율의 위치를 보면 이제 하락을

시작한 초입단계 정도로 보인다.

　그렇다면 과거 패턴을 봤을 때 매매가격의 본격적인 상승 또한 초입

단계라고 할 수 있다. 따라서 강남은 더 상승할 가능성이 매우 크다. 게

다가 서울의 턱없이 부족한 입주 물량과 함께 재개발, 재건축에 따른 멸

실 주택, 초과이익환수제, 분양가상한제 등의 정책에 따른 재건축 및 분

양 심리 위축은 곧 공급 부족을 일으키고, 최저임금의 두 자릿수 인상

및 경기회복, 경제 확장으로 인플레이션의 가속화 등 종합적인 요인을

펼쳐놓는다면 수도권 중 남부 지역에 집중된 과도한 입주 물량만 가지

고 주택가격의 보합 또는 하락을 전망하기에는 역부족이다. 즉, 당분간 추가 상승은 불가피해 보인다.

강남과 강북, 더 벌어질까?

그렇다면 강북의 향후 가격 움직임은 어떨까? 강남이 올랐으니 강북도 따라 오를 것인가, 아니면 질적 시장의 돌입으로 좋은 곳만 계속 오르는 현상이 발생할 것인가?

이와 같은 궁금증을 해결하기 위해서는 먼저 강남의 특성을 살펴봐야 한다. 강남은 대한민국에서 가장 비싼 지역의 대명사로 일컬어지지만, 이는 흔히 강남구, 서초구, 그리고 송파구와 강동구 정도를 말한다. 하지만 위에서 제시한 데이터에서 강남이란 한강 이남 전체를 의미하기 때문에 여러 측면으로 해석해봐야 한다. 부촌의 비싼 아파트 즉, 그들만의 리그에 해당하는 강남 아파트의 가격 움직임은 당장 강북에 영향을 미치지는 않는다. 예컨대 반포 아크로리버파크가 3.3m²당 5,000만 원이 넘었을 때 이와 같은 이슈는 잠시 뉴스거리가 되었을 뿐 당장 강북 아파트의 가격이 상승하지는 않았다.

하지만 이 가격은 서초구, 강남구 신축 아파트의 새로운 가격 기준이 되었다. 즉, 재건축을 바라보는 아파트들의 가격 기준이 된 것이다. 그리고 그 영향이 송파구와 강동구에도 미치면서 재건축 이슈가 있는 오래된 아파트의 가격이 상승했고, 덩달아 일반 아파트들도 함께 오르기 시작했다. 그리고 지금 아크로리버파크는 3.3m²당 약 7,000만 원까지 몰랐다. 그렇다면 이 분위기는 강북으로도 전이될 수 있을까?

과거 사례를 살펴보면 05년도 1월부터 강남구 아파트값이 오르기 시작했다. 그리고 얼마 후 강 건너 성동구가 오르기 시작했고 그다음 엔 강서구, 마지막으로 강북구까지 올랐다. 즉, 서울에서 비싼 지역 순으로 시차를 두고 아파트값이 올랐고, 강북구의 경우 순서는 마지막이었지만 상승률은 오히려 가장 높았다. 그런데 재미있는 건 현재 시점에도 강남구가 급격히 상승하고 있고 성동구가 비슷한 움직임을 보이며, 아직 강서구와 강북구는 큰 움직임을 보이지 않고 있다. 만약 과거 패턴을 반복한다면 강북 또한 일정 시점 후부터는 다시금 강남과의 가격 차이를 줄이며 상승할 가능성이 보인다.

부동산시장은 좋은 입지라면 계속해서 상승하는 특성이 있다. 하지만 가격은 상대적이다. 대세 상승기에는 일정 시차를 두고 대부분의 부동산이 상승한다. 만약 강북 지역의 실거주 아파트 매입을 고민한다면 과거 꾸준히 유지해왔던 강남과 강북의 가격 비율이 일시적으로 깨어진 현재의 시점이 오히려 강북 아파트를 매입하기에 적절한 시기라고 할 수 있다.

이미 오른 아파트,
오르기 전 가격으로 사려면?

연이은 부동산 대책에도, 서울 아파트값은 좀처럼 내려갈 기미가 보이지 않는다. 무주택 실수요자의 고민은 반복된다. 지금이라도 내 집 마련을 하는 것이 좋을까? 좀 더 기다려야 할까? 한다면, 조금이라도 저렴하게 할 수 있는 방법은 없을까?

각 질문에 답하기 전에, 먼저 최근 부동산 정책과 아파트 매매가격의 추이를 살펴보자.

서울과 수도권 아파트 매매가격지수

박근혜 정부 출범 후 서서히 상승하던 수도권의 주택 가격이 과열 조짐을 보이며 가계 부채가 급증하자 정부는 2015년 7월 22일, '가계부채종합관리방안'을 발표한다. 정책 발표 후 5개월 정도의 시차를 보이며 잠시 잠잠하던 부동산시장은 다시금 상승하기 시작했다. 정부는 다시 2016년 11월 3일, 청약제도를 조정하는 대책을 발표하는데, 정권에 대한 불안감과 맞물리며 부동산시장은 안정을 찾는 듯했다. 하지만 문재인 정권이 들어서며 부동산시장은 또다시 움직이기 시작했고, 이에 비교적 강력한 '8·2 부동산 대책'이 발표되었지만, 잠시 하락하는 듯 보였던 서울 부동산 가격은 다시 갈 길을 가고 있는 모양새다.

경기 지역은 폭탄과도 같은 입주 물량 공급이 계속되어 다소 안정된 분위기지만, 공급이 부족한 서울은 인위적인 수요 억제 정책만으로는 그 상승세를 진정시키지 못하고 있다.

조금 더 기다리면 집값은 떨어질까?

문재인 정부는 드디어 상승의 근본적 원인이 되는 공급 부족을 해소할 정책을 마련했다. 지난 11월 '주거복지로드맵'을 통해 서울과 수도권에 신규 택지를 지정해, 주택 공급을 늘리겠다는 계획을 발표했다. 하지만 문제는 지금 당장 시작한다고 해도 입주까지는 최소한 3년 이상의 공백 기간이 발생한다는 것이다. 더구나 재개발과 재건축을 억제하는 정책으로 엇박자를 내며 추진되는 점에서 큰 효과를 기대하기는 무리가 있어 보인다. 따라서 안타깝지만 서울 부동산시장의 상승 분위기는 쉽게 진정되지 않을 가능성이 크다.

부동산시장이란 최소 3년 전의 방향과 정책이 현시점에 와서 효과를 내는 구조기 때문에 지금의 정부로서도 어찌할 방도가 없는 것이다. 당장 분위기를 가라앉히기 위한 수요 억제 정책은 오히려 무주택자들에게 가격 하락의 기대감만 심어준 채 정작 집값은 잡히지 않는 상황을 초래할 수 있다. 과거 참여정부 시절에도 이런 현상이 발생했었다.

지금이라도 집을 사야 할까?

2017년 8·2 대책 이후 실거주 목적이라면 아이러니하게도 서울에, 특히 강남에 집을 사라고 여러 칼럼과 강의에서 이야기했다. 그리고 지금은 이미 가격이 또 올랐다. 하지만, 지금 강남의 아파트 가격 위치를 거품이라고 할 수 있을까?

임의로 선정한 도곡렉슬 전용면적 84m²의 예를 들어보자. 가장 최

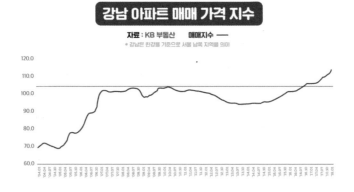

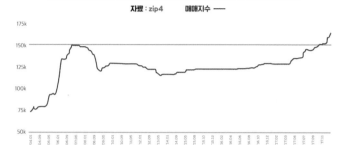

도곡렉슬 전용 면적 84㎡ 매매 가격 지수

자료 : zip4   매매지수 ──

근인 2017년 11월 실거래가는 14억 9,000만 원이었다. 하지만 2018년 1월 현재 입주 가능한 매매 호가는 16억 6,000만 원이다. 아직 실거래 여부는 알 수 없으나, 호가로 볼 때 1억 7,000만 원 정도 상승했다. 그렇다면 지금의 가격 위치는 어디쯤일까?

현재 가격 위치를 가늠하는 방법은 전세가율, PIR 등 여러 가지가 있지만 그중 가장 쉽고 단순한 방법으로 확인해보자. 먼저 서울 중 강남(한강을 기준으로 서울 남쪽)아파트의 매매가격지수를 보면 2006년에서 2009년이 가장 가격 위치가 높았던 시기였으며, 이후 하락하다가 다시 반등하여 현재 위치는 전고점을 한참 넘어 있다.

이에 비해 도곡렉슬은 이제 막 전고점을 돌파했다. 정말 단순한 비교지만 서울 아파트 가격 움직임의 패턴이 그렇다. 물가가 상승하는 것처럼 우상향하지만 오를 때는 급등하고 내릴 때는 그 하락 폭이 상승 폭에 비해 작다. 그리고 다시 반등할 때는 전고점을 훨씬 넘어간다. 또

삼성동 힐스테이트 2단지 전용 면적 84㎡ 매매 가격 지수

자료 : zip4   매매지수 ——

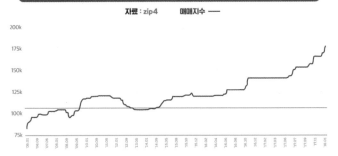

한 가격이 상승할 때는 지역에 따라 일정 시차를 보이며 움직인다. 그렇다면 인근에 있는 다른 아파트의 움직임을 살펴보자.

삼성동 힐스테이트2단지의 경우 2008년 전고점에 비해 지금 가격 위치는 하늘을 날고 있다. 두 아파트는 입지나 교육 환경 등 대부분 조건이 비슷한데 현재 시점에서는 가격 위치가 다른 것이다. 따라서 도곡 렉슬은 현재 가격 위치가 낮다고 할 수 있다. 게다가 8·2 대책 양도세 중과 유예기간 만기인 3월 31일을 기점으로 4월부터 다주택자의 급매물이 사라질 것이며(매매 계약 후 잔금 지불까지 통상 2개월 정도를 두는 거래 관행상 이미 지금의 매물이 급매물일 가능성도 배제할 수 없다), 강남구에서 가장 많은 5,040세대의 개포주공1단지 재건축을 위한 이주도 4월부터 진행될 예정이니 4월을 시작으로 추가 상승을 예상해볼 수도 있다.

또 한 가지 참고할 만한 것은 과거 패턴을 봤을 때 서울 25개 구 모두가 동시에 가격 상승을 했던 것이 아닌, 강남 4구가 먼저 상승한 후 다른 지역들이 일정 시차를 두고 나중에 상승했다는 것이다. 따라서 강남권이 아닌 지역에 실거주 목적으로 집을 살 계획이라면 아직 기회가 있을 것으로 판단된다.

오르기 전 가격으로 아파트 살 수 있는 방법?

노원구에 있는 화랑타운 105m² 타입 아파트를 살펴보자. 시세는 2016년 가을까지만 해도 일반 층 기준 4억 6,000만 원에서 4억 7,000만 원 정도였다. 하지만 지금은 4억 9,000만 원에서 5억 1,000만 원에 거래가 되면서 매물로 나온 물건 중에 일반 층 기준 5억 원 미만은 없다. 그리고 위에서 언급했듯 강남권은 계속 상승세를 보이지만 노원구까지는 아직 온기가 퍼지지 않고 있다. 그렇다면, 과거 패턴을 봤을 때 노원구는 일정 시차를 두고 강남권 상승에 '키맞춤'을 할 가능성을 배제할 수 없다. 이는 비단 노원구뿐만 아닌, 8·2 대책 이후 보합 중인 다른 구도

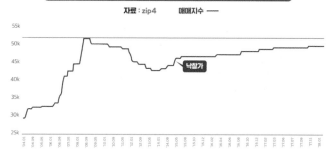

화랑타운 전용 면적 84㎡ 매매 가격 지수

자료 : zip4   매매지수 ——

마찬가지며, 예로 든 해당 아파트는 경매로 진행된 이력이 있기 때문에 선정한 것이다. 그리고 아직 전고점에도 다다르지 못한 상태임을 알 수 있다.

이 아파트는 2013년부터 바닥을 찍고 상승하기 시작했다. 그러다 2015년부터 상승 폭이 둔화하기는 했지만 꾸준히 조금씩 오르며 현재 가격까지 왔다. 이런 모습의 그래프를 보면 2013년까지는 아니더라도 최소한 2015년쯤으로는 돌아가고 싶은 마음이 들 것이다. 강남권에 비해 상승 폭이 크지는 않지만 이미 오른 모습을 봤기 때문에, 사지 못한 아쉬움이 남을 수밖에 없다. 그리고 전망은 전망일 뿐, 현재 기준 무조건 백 퍼센트 상승한다는 보장은 그 누구도 할 수 없을 것이다. 그런데

화랑타운 낙찰 사례

과거의 가격으로 돌아가 매입할 수 있는 수단 중 하나가 바로 부동산 경매다. 예시로 든 화랑타운 아파트가 며칠 전 2015년 가격과 비슷한 4억 6,500만 원에 낙찰된 것이다.

서울 부동산시장의 상승 분위기와 정부의 계속되는 부동산 정책 속에 대중은 많은 혼란을 겪을 수밖에 없다. 집을 샀는데 집값이 하락해버리면 당연히 손해를 보는 것이지만 내가 집이 없는 가운데 집값이 상승해버리면 이 또한 상대적인 손해다. 이런 불확실한 분위기에서 상승과 하락에 대한 모든 불안 요소를 극복할 수 있는 유일한 방법은 싸게 사는 것이다.

하락 시작한 서울 전셋값, 계속 떨어질까?

인사이트
03

2018년 4월 9일을 시작으로 서울 아파트 전셋값이 소폭 하락하기 시작했다. 지금껏 계속 치솟기만 했던 전셋값이 왜 하락하기 시작했을까? 그리고 앞으로 얼마나 더 하락할까?

전셋값, 떨어지는 이유는?

시장에서 가격을 결정하는 가장 기본적인 원리는 수요와 공급이다. 수요보다 공급이 부족할 경우 가격은 상승하고 반대로 수요보다 공급이 많을 경우 가격은 하락한다. 그리고 이 원리는 부동산, 특히 주택에도 적용된다.

주택에서 수요란 여러 가지가 있다. 그중 대표적인 예가 바로 결혼과 이혼, 그리고 독립하여 분가하는 것이다. 이런 행위 자체로 집에 대한 수요는 늘어난다. 그밖에 일자리, 교통, 학군, 주거환경 등 수요가 증가하는 데는 다양한 요인이 있다. 하지만 공급은 단 하나로 압축되는데 그것이 바로 입주 물량이다. 쉽게 말해 늘어나는 수요보다 주택이 적게 공급되면 전셋값은 상승하고, 반대로 공급이 많을 경우 전셋값은 하락한다.

과연 이 법칙이 얼마나 전셋값과 연관이 있었는지 살펴보자. 이 그

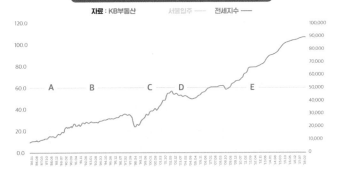

서울 입주 물량과 전세 가격의 관계

자료 : KB부동산   서울입주 ——   전세지수 ——

그래프는 서울 아파트의 입주 물량과 전셋값지수의 관계를 보여준다.

연두색 막대가 입주 물량이고 가운데 부분의 연두색 가로 선은 1년 동안의 적정 입주 물량을 표시해둔 것이다. 참고로 서울의 1년간 적정 입주 물량은 약 5만 호 정도다. 그리고 주황색 선이 전셋값지수다.

먼저 A 구간인 1988년에는 입주 물량이 무척이나 많았고, 그 영향으로 전셋값은 보합을 유지하다 결국 하락했다. B 구간에서는 대체로 입주 물량이 적었고, 그에 따라 전셋값 또한 계속 상승했다. 하지만 C 구간에는 입주 물량이 많았음에도 전셋값이 급등했는데, 이 부분은 단순 입주 물량으로 설명하기 모호하다. 단, 상승률이 높았던 이유에 대해서는 외환위기 때 큰 폭의 하락을 거쳐 다시 상승하는 과정이었기 때문이라고 설명할 수 있다.

그리고 D 구간에 해당하는 2003년에는 역대 최고치의 입주 물량이 있었기에 전셋값은 약 2년간 하락했다. 그 이후부터 서울의 입주 물량은 2005년, 2008년을 제외하고는 계속해서 부족했기에 전셋값은 지금까지 가파르게 상승해왔다. 그리고 지금에야 주춤하고 있다.

입주 물량이 많은데도 왜 전셋값이 올랐을까?

C 구간을 좀 더 자세히 살펴보자. 입주 물량이 많았음에도 전셋값은 상승했다. 이 원인에 대해서는 크게 세 가지로 들 수 있다.

첫째, 인플레이션이다. 즉, 물가(녹색 선)가 꾸준히 상승하듯이, 전셋값도 상승한다는 것이다. 많은 입주 물량은 인플레이션에 의한 상승을 일시적으로 눌러주는 역할을 한다.

둘째, 주택보급률이다. 서울의 주택보급률은 1995년에 68%, 2000년에 77.4%였다. 절대적으로 집이 부족했다. 그렇기 때문에 1995년에서 2002년까지는 입주 물량이 많았어도 전셋값은 계속해서 상승했다고 해석할 수 있다.

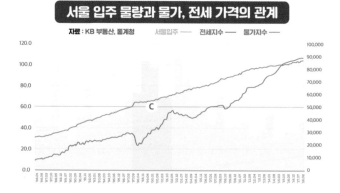

서울 입주 물량과 물가, 전세 가격의 관계

자료 : KB 부동산, 통계청   서울입주 —— 전세지수 —— 물가지수 ——

셋째, 1997년 말에 터졌던 한국의 외환위기다. 이때는 시장의 흐름과 상관없이 모든 자산의 가격이 급격히 하락했던 시기였다. 전셋값도 예외는 아니었다. 이처럼 외부적 충격으로 큰 폭으로 하락했던 자산은 경제가 회복되는 과정에서 원래 상승해야 했던 몫까지 포함하여 큰 폭으로 상승하는 성향이 있고, 서울의 전셋값 또한 마찬가지였다고 볼 수 있다. 이렇게 과거의 원인을 진단해보는 것은 미래를 예측하기 위한 초석이 된다.

입주 물량이 부족한데 왜 전셋값이 주춤할까?

역사적으로 서울의 전셋값이 입주 물량으로 가시화될 만큼 하락했던 시기는 D 구간인 2003년과 2004년뿐이었다. 그 나머지 하락은 외환위기나 금융위기와 같은 외부적 충격에 의해서였다. 물론 지역적으로 좀 더 좁게 들어간다면, 입주 물량이 많은 지역은 전셋값이 제법 큰 폭으

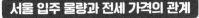

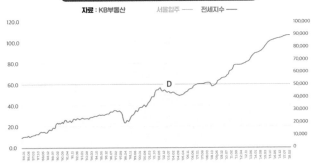

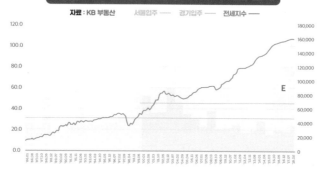

서울, 경기도 입주 물량과 전세 가격의 관계

자료 : KB 부동산   서울입주 ——   경기입주 ——   전세지수 ——

로 떨어지는 경우도 있었지만, 이내 곧 회복되고는 했다. 그런데 지금은 입주 물량이 부족한데도 왜 전셋값이 주춤하는 것일까? 여기에는 두 가지 원인이 있다.

첫째, 경기도의 입주 물량 영향을 받는 것이다. 서울을 분석할 때는 대체재 역할을 하는 경기도를 함께 살펴봐야 한다.

경기도는 E 구간인 2016년부터 입주 물량이 많아지기 시작했고, 급기야 2018년에는 사상 최고치의 입주 물량이 쏟아졌다. 이것이 서울의 전셋값에도 영향을 준다.

둘째, 바로 현재의 가격 위치다. 그래프를 보면 서울 전셋값은 2009년 금융위기 때의 일시적인 하락을 제외하고는 2005년부터 줄기차게 상승해왔다. 그리고 지금은 물가상승률을 넘어서 있다. 즉, 그동안 너무 많이 오른 것이다. 아무리 수요와 공급의 법칙에 따라 가격이 결정된다지만, 거품이 없는 전셋값에는 보이지 않는 심리적 한계치가 있을 수 있다. 그리고 매매가격 상승에 대한 기대감으로 집을 매입하려는 수요가 늘어나면서 상대적으로 전세 수요가 줄어든 현상도 한몫한다.

앞으로 서울 전셋값은?

서울 전셋값이 입주 물량으로 유일하게 하락했던 D 구간을 보면 서울과 경기도 모두 입주 물량이 많았다. 그리고 현재의 E 구간을 보면 경기도의 입주 물량이 폭발적으로 늘어난 시기이며, 2018년에는 사상 최고치를 기록하고 있다.

이에 따라 경기도의 전셋값은 2017년 12월부터 이미 하락하기 시작했다. 이 영향으로 서울 또한 전셋값이 하락할 가능성이 높다. 하지만 서울 자체의 입주 물량은 여전히 매우 부족한 편이다. 게다가 서울은 입주 물량의 상당수가 기존 주택을 철거하고 새롭게 지어지는 재개발, 재건축 형태의 공급이기 때문에 없어지는 주택 수도 상당하다. 따라서

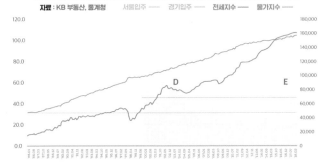

서울, 경기도 입주 물량, 물가와 전세 가격의 관계

자료 : KB 부동산, 통계청   서울입주 ——   경기입주 ——   전세지수 ——   물가지수 ——

서울은 과거 D 구간만큼, 그리고 지금의 경기도만큼 하락 폭이 크고 길지는 않을 가능성이 크다.

하지만 지역적으로 세분화한다면 계속해서 쏟아지는 서초구의 입주 물량과 12월 송파구에 떨어지는 9,510세대의 입주 폭탄은 강남권 전셋값을 끌어내리는 데 매우 큰 영향을 줄 것으로 예상된다. 그리고 지금도 이미 강남권은 이 영향권 안에 들어와 있다. 따라서 이를 참고한다면 좀 더 현명한 이사 준비를 할 수 있을 것이다.

**좋은집
구하는
기술**

초판 1쇄 발행 2018년 3월 10일

지은이 김인만, 아임해피_정지영, 월천대사_이주현, 새벽하늘_김태훈
발행인 홍경숙
발행처 위너스북
경영총괄 안경찬
기획편집 김효단, 김수현

출판등록 2008년 5월 2일 제 2008-000221 호
주소 서울 마포구 토정로 222, 201호(한국출판콘텐츠센터)
주문전화 02-325-8901

디자인 김종민
지업사 월드페이퍼
인쇄 영신문화사

ISBN 979-11-89352-09-7 03320

이 도서의 국립중앙도서관 출판예정도서목록(CIP)은 서지정보유통지원시스템 홈페이지(http://seoji.
nl.go.kr)와 국가자료공동목록시스템(http://www.nl.go.kr/kolisnet)에서 이용하실 수 있습니다.(CIP제어번호: CIP2019004259)